三宅 弘

法科大学院

実務教育と
債権法改正・
情報法制の
研究

花伝社

法科大学院——実務教育と債権法改正・情報法制の研究

目　次

はしがき …… 4

序論

教育現場から見た司法改革──獨協大学法科大学院特任教授13年をめぐる教育と研究についての座談 …… 5

第Ⅰ部　法曹実務教育論

第1章
米国アーカンソー州にて法科大学院教育を想う …… 35

第2章
実務家による公法演習・民事法演習の教授法 …… 39

第Ⅱ部　理論と実務を架橋する研究

第1章
請負契約の報酬請求権と債権法改正──請負契約における仕事が完成しなかった場合の報酬請求権・費用償還請求権についての実務的研究 …… 81

第2章

損害軽減義務を認めた最高裁判決と債権法改正——訴訟代理人の立場から …… 93

第3章

個人情報保護法旧法案の修正提案と弁護士 …… 160

第4章

個人情報保護法の本人情報開示請求権——請求権を否定した東京地裁平成19年6月27日判決の批判的検討 …… 186

第5章

情報公開法・公文書管理法と特定秘密——「時の経過」に関する最近の判決・答申を参考として …… 207

あとがきにかえて
　——法科大学院教育の再生と法学部教育の改革を視野に入れて …… 242

索引 …… 251

はしがき

　2004年4月に獨協大学法科大学院が開設されると同時に、特任教授に就任し、2017年3月までの13年間を、法科大学院教育に携わることとなりました。それまで行政改革としての情報公開法の立法運動を共に歩んだ右崎正博教授の勧めにより、さらには明治初頭に獨逸学協会を開設した西周、金沢卯辰山の洗心庵跡に石碑をたてた天野貞祐などへの思いから、獨協大学が拓く法科大学院教育に懸けたのです。13年間において、200名を超える法務博士、40名を超える弁護士らを育てましたが、同大学院は2015年入学から募集を停止しています。

　本書は、実務法曹としての教育論と、法科大学院創設時に提唱された理論と実務を架橋する法律学研究について取りまとめました。

　少人数教育を掲げたことから、担当した科目は、公法演習、民法演習、民事訴訟法演習、法律文書作成、リーガルクリニック、法曹倫理など広範囲に及び、法科大学院教育のほぼ全体像を肌感覚で知ることができました。第Ⅰ部法曹実務教育論は、教育への最初の思いと、13年間の教育実践を踏まえた主要な法律科目の教育の在り方について、取りまとめたものです。

　理論と実務を架橋する研究としては、既に3・11東日本大震災及び福島第一原発事故を契機に社会科学と司法全体を問うべく『原子力情報の公開と司法国家——情報公開法改正の課題と展望』（日本評論社、2014年）を発表していますが、本書は、同じ思いから、債権法改正の個別課題と情報公開法分野を除く情報法制について、実務法曹として取りまとめました。

　さらに、この教育と研究の全体がわかるように、本書の冒頭に、法科大学院修了生3名の前で語った、教育現場から見た司法改革として法科大学院特任教授13年をめぐる教育と研究についての座談を取りまとめました。

　法科大学院をめぐる評価については様々なものがあることは承知していますし、筆者も、あの時あのようになされていれば、と残念に思うこともありますが、この教育と研究についての成果と反省を、次の世代の法律家において乗り越えていただきたいと思い、本書を公刊いたします。

2016年7月　三宅　弘

序　論

教育現場から見た司法改革――獨協大学法科大学院特任教授13年をめぐる教育と研究についての座談

1　はじめに――なぜ、法科大学院教育にかかわることになったのか

三宅　1999年5月に行政機関情報公開法が成立するまでは、私は、日常の弁護士としての業務の他に、行政改革の観点から、情報公開条例の立法運動と、その条例に基づく非公開決定処分取消訴訟をもって、立法上の課題を解釈論的に詰めていくことに専念していました。行政改革委員会の行政情報公開部会が取りまとめた情報公開法要綱案に基づく立法を、より公開度の高い情報公開法にすべきであるという提言でした。
　情報公開法の制定の後、今度は、司法改革という機運も高まり、ロースクールが始まる初期の段階に、私は、アーカンソー・ロースクールの客員研究員として、アメリカのロースクールの調査研究に行きました。

安齋　アーカンソー大学にはどなたかいらっしゃるのですか。

三宅　それは、アーカンソー大学の盟友、ロバート・レフラー教授、彼は1989年に、ラルフ・ネーダー氏を日本に招いて情報公開法制定のキャンペーンをしたとき以来の親しい友人です。ラルフ・ネーダーが日本に来た1989年、2週間、私は、日本中で講演する彼をみて、非常に感銘を受けました。弁護士としての将来のあり方を考えていったのです。

川上　ロースクールの調査は、どんな感じでしたか。

三宅　2003年に話を戻しますが、たまたま、ロースクールに調査に行っ

て、リーガルクリニックの演習に出て、シラバスにそったクリニックの展開とか、プレ・トライアルの手続を教える過程とか、実際の現場の裁判で、ロースクール生が、検事役をやって、被告人質問するところとか、本当の片田舎の町の裁判所で、陪審裁判で、それが展開されて、その中で、ロースクール生が被告人質問している、というようなのを見たりして。アメリカでは、当時、なぜできるかというと、各州の規則で、ロースクールの学生はスチューデントプラクティス条項というのがあって、できるようになっていたんですが、日本には、そういうものがない。できれば、ロースクールができたら、そういう条項を最高裁判所規則等で作ればできるのではないかと、そういう思いをこめて、2003年3月から4月まで調査研究をしました。このことは、「米国アーカンソー州にて想う」（自由と正義2003年10月号11頁、本書35頁）に取りまとめました。翌年2004年の10月から11月にかけても、近藤卓史弁護士と一緒に、ワシントンDCのアメリカン大学、そこも、クリニック教育が非常に熱心なところで、ある部屋で依頼者と打ち合わせをしているところをカメラで撮って、室外の別の教室で教授が、こういう聞き方がいいとか、この聞き方はどうとか、そういうことを教えるような装置があるようなところで、いろんなテーマでクリニックがなされるのを見たりしていました。日本のロースクールでもそういうことができるようなるのかなと思って行っていましたが、13年くらいたってみると、やはり日本のロースクールはアメリカのロースクールのようにはならなかった、と実感しています。

尾渡　その原因は、どのあたりにありますか。

三宅　というのは、アメリカに行って、クリニックの教授と話をしたときに、「なんで今からロースクールなんてつくるの」と、聞かれた話がありまして。アメリカは、学部で教えないから、みんな、日本の適性試験に相当するLsat（エルサット）を受験して、自己アピールの文書を書いて、いろんなロースクールに応募して、みんな、一律にそこに入っていく。だから、グラジュエイテッドスクールになっている、卒業後のシステムになっていると。

だけど、日本は、学部のときから学生に法律を教えているんだから、そのうえにもう一度新たにつくる意味がどこにあるんだと、聞かれたんですよね。
　そのときは、学部の教育はマスプロ教育で、本当に、ソクラテスメソッドで対話をやりながら一つの結論に導くという、そういう教授法もないし……という話のやり取りをしたのを覚えています。明治以来の官僚養成としての法学部教育があるうえに、法科大学院教育を接ぎ木するという建付けであることから、これをキメラと称する方もいますが、アメリカのロースクールのようにはならなかったということです。その現象は、予備試験の隆盛にあらわれています。法的知識は、広く、大学全般に広がり、さらには司法試験予備校にも及んでいるのです。

川上　司法修習の位置づけについては、どう考えればいいのでしょう。
三宅　日本は、従来からいうと、法曹実務教育は法学部教育とは切り離された司法試験の後に、司法修習という形でできるようになっているのが日本の法曹養成制度の中核だったわけですね。
　司法修習にあたっては、私は、よく、司法研修所6期生の原後山治弁護士に聞きましたけれども、その初期の段階に、諸外国の法曹養成制度を研究して、それで、最高裁の基に、文科省とは別個に、司法修習の職業教育をする、しかも、実際には裁判官養成と検察官養成が中核になったものとして、考えられていたわけです。弁護教官の待遇が、裁判教官や検察教官とは異なり、非常勤扱いというところに、端的に表れています。
　そこには、基本的には学問の自由というのはないけれど、法律実務家としてのスキルを身につけると、そういう意味では戦後日本における一貫した歴史があるわけで、それにまあ、まかせっきりになっていて、法学部の段階では、そういうような実務法曹を養成するための教育はできていなかったと。というところで、予備校が一生懸命、司法試験に合格させるための教育を始めることによって、大学の法学部が、実質的にはそこで勉強するよりも予備校で勉強する方が試験合格に効率的であるというシステムになってしまった。これじゃおかしいということで、

ロースクールを作りましょうということになった。これが、司法制度改革の一つの柱になったわけです。

2 実務と理論を架橋する法科大学院教育

川上　十数年の法科大学院教育をどのようにお考えですか。

三宅　十数年経ってみると、やはり、司法試験がありますから、私が、最初に言ったように、クリニックで、いろいろと実務家としてのスキルを磨くような、そんなことやっていたら試験受からないじゃないかということになりますが、最初はいろんな試みがされましたし、私も、「自由と正義」の編集委員として、ロースクールにおける、いろんな特色ある教育について特集を組んだりしました（自由と正義2009年4月号特集等）。けれども、結果、そういうところは、ほぼ、募集停止してしまって、結局残っているのは、大勢の学生を、ある程度の規模感で教えて、そこから、相応のパーセンテージで合格をするようなシステムの大学院と、少人数の大学院教育をあくまでも続けようとする揺るがぬ教育理念のある学校法人の大学院です。最近ようやく、それだけでは不十分ということで、文部科学省の助成金にかかる加算プログラムによって、クリニックとか、エクスターンとか、いろんなことが企画されていますけれども、それは、アメリカで十数年前に見たのと比べると、全然レベルが違うし、教育法もまだまだ未確定です。まあ、そういうような現状、しかし、まあ、司法試験がありますから、どうしようもないですね。そこで、12年余、教育に携わってきて、いま思っていることをですね、少し整理をしないといけないと思っているわけです。

尾渡　理論と実務の架橋という点では、どのような教育実践をされましたか。

三宅　そういうことで、一つ考えたのは、実務家として、論文を書き続けることです。ロースクールを作ろうとしたときの第二東京弁護士会での議論の中に、実務家も研究論文を書いたりして、その実務の体験を研究に活かしていくというような、そういうことをやらないと、実務と理論

の架橋ということができないと。もちろん、研究者は研究者で、現場の実務をみながらやるべきだと、教育して、それをまた研究に活かす。そういう、研究者と実務家の交流ということを言われましたので、獨協ロー・ジャーナルを作り始めたときに、一番最初に書いたのが、「個人情報保護法の旧法案の修正提案と弁護士」（獨協ロー・ジャーナル1号24頁）という論文です。2003年に個人情報保護法ができるまでの過程について、どういう修正の提案をし、最終的にどういう法律ができたかという立法過程を書いたのがこれです（本書160頁）。これは、当時の学術研究論文の引用数はあまりなく、本格的な研究論文というものではなかったですが、どういう形で法律ができるか、ある程度見ることができて、自分の中では整理ができました。

3　情報公開法の制定・改正案から特定秘密保護法まで

三宅　その後、獨協ロー・ジャーナルには、情報公開法の論文をいくつか発表して、なんとか情報公開法の改正ができるようにと思いました。結果として、情報公開法の改正が結局できないということになってから整理したのが、この『原子力情報の公開と司法国家――情報公開法改正の課題と展望』（日本評論社、2014年）という本です。この第2部は、正に、獨協ロージャーナルで書いた論文を整理して、これから、もう1回改正があるとしたらどういう課題があるかということをまとめました。

安齋　そのあとで、情報公開法改正とは異なる流れになって、特定秘密保護法の立法が出てきましたが、それについては、どうされましたか。

三宅　特定秘密保護法については、2015年になって、特定秘密保護法が、情報公開法と個人情報保護法と公文書管理法との関係でどういうものになっているのかということを整理して、抜本的な見直しをすべきところではあるが、それまでにできる限り、特定秘密保護法が使われないように、そういう法の建て付けと運用をチェックできるようなものにしないといけないだろうと考え、共著で『逐条解説特定秘密保護法』（日本評論社、2015年）において、この点を解説しました。また、特定秘密

護法が参考にしたとされる戦前の治安維持法とか軍機保護法とか、国防保安法などのもとで、ずいぶんと人々がおそれをなして、弾圧されていったという記録がありますから、また、そういう記録が戦争の終結後、直後にすべて、ほとんどすべてが、燃やされて、判決記録もないという事実のもとで、きっちり公文書を管理しながら、どうやってチェックしていくのかということと、それが実際には、直近の問題としては公文書管理法のなかで、保存されている公文書については、時間が経てば「時の経過」という判断で開示をすると、そういうルールができるので、それについて、どういう運用が望ましいかということで、公文書管理委員会の特定秘密公文書等不服審査分科会の答申や、それに類似する情報公開訴訟の判決を分析して書いたりしていますので、これは一つの作業になってくるだろうと思います。「情報公開法・公文書管理法と特定秘密――「時の経過」に関する最近の判決・決定を参考として」最先端技術関連法研究 13 号・14 号合併号（国士舘大学）33 頁がこれです（本書 207 頁）。

4　福島第一原発事故と司法及び学問のあり方

尾渡　ご著書の『原子力情報の公開と司法国家』においては、情報公開とともに、原発問題について、問題提起されていますね。

三宅　原発については、なぜ福島第一原発が事故になるまでに司法が有効に機能してそういう事故を防止することができなかったのかという問題です。このことで議論にして 4 人で書いた本があります。折原浩＝熊本一規＝三宅弘＝清水靖久『東大闘争と原発事故――廃墟からの問い』（緑風出版、2013 年）です。折原浩教授は、私が大学 1 年の時に出会った研究者で、いまも交流がありますし、熊本さんは私より 3 年上で、清水さんは私より一つ下で、ちょうど同じころに大学の中で、大学闘争の後に、どういうことが問われていたのかということを整理するという作業をやった仲間です。

尾渡　東大闘争と原発事故とは、どんな関係があるのですか。

三宅　私自身は、実は、最初は、なぜ東大に入ったのかというと、法学部における官僚養成システムを自分で見てみて、それを政治家じゃなくて政治学という形で分析してみたいと思って入ったんですが、入ってみたところで、いろいろやってみるとですね、1968、69年の大学紛争後の東大ではとても悩むことなく研究ができるような居心地のいい場所ではないように思ったんですね。そのことで、一番象徴的に書いたのは、講演録『弁護士としての来し方とこれから福井でしたいこと——原田湛玄老師と折原浩教授からの"学び"をふまえて』（シングルカット社、2014年）において紹介した、1通の葉書に見る丸山—折原論争です。これが、私にとっては人生を決めた一つの出来事であったんですが、大学2年から3年にかけて、大学闘争のビラを全部整理してたんですね。何々派のビラとか、そういう派に入っていないけれども、悩みながら、大学で、こういう風にあるべきだということを勉強している人のビラとか、そういうのを全部系統的に整理をした。その中から何を見出せるのかというと、科学をすることとか学問をすることの根本的な在り方みたいなものが、当時問われていたので、それを、そういうビラの整理の中から浮かびあがる理論的なものの中で検証していこうという作業を、折原浩さんの、東大の教養学部の研究室で、段ボール一杯のビラを整理していた。

　そのときに、折原助教授（当時）が持ってみえたのが、丸山真男が折原浩に送った葉書。それには何が書いてあるのかというと、ちょうど、東大裁判の、安田講堂とかで逮捕された学生を被告人とする刑事裁判のときに、弁護士じゃないんだけれど、特別弁護人制度によって弁護士ではない折原先生が学生の刑事弁護人をやっていた際に書かれた本で、『東京大学——近代知性の病像』（三一書房、1973年）という本があります。刑事裁判の第1審の特別弁護人としての最終弁論、それを本にしたものです。いかに著名な学者がいずれも、その大学闘争のときに、どのようにふるまったのかということで、一番象徴的なのは、戦後代表する思想家だった丸山眞男さんです。彼は、69年に、東大闘争の法学部の研究室が学生によって占拠されたときに、「軍国主義者もしなかった、

ナチもしなかった、そんな暴挙だ」、そう言ったんですね。丸山さんというのは、戦前、最終的には軍に入れられて、広島で被爆するんですが、それに至る前、南原繁、うちの原後山治弁護士の先生なんですが、南原先生のもとで、日本の政治思想史を研究するように勧められて、日本政治思想史というのをずっと研究していた人で。しかし、軍が、美濃部達吉、天皇機関説事件とかで、学問の自由が侵害される、しかし、大学の中まで、研究室にまではなかった、ということを言いたかったわけです。で、そういうことなんだけれど、その言葉の裏に、自分の拠って立つところだけは別扱いにして、世間的な理論だけを言っているんじゃないかということを、学生から問われていた。

尾渡　丸山さん自身は、東大闘争と自分のかかわりについて、何か書き残していますか。

三宅　それは、後に、丸山真男『自己内対話』（みすず書房、1998 年）という本の中に、いろいろと自分でつづったメモみたいなものが残っていて、自分で反目して、自分は辞めなきゃいけないんじゃないか、ということまで書いてあるんですけれど。

　しかし、この本は、丸山さんの生前には出版されなかったし、丸山さんは東大闘争に沈黙を守った。それで、折原さんが、東大裁判の特別代理人としての最終的な弁論をふまえて、その本を送り、まさに、最高学府の、象牙の塔で何が起きたのか、学者が一体何をしたのか、丸山さんに対して、対話を呼びかけた。折原さんは送って、学生運動なり東大闘争の事実誤認とかそういうものについてきっちり整理して論争しようと呼びかけたんですけど、これに対して丸山さんは、「あなたのような精神的幼児と議論している暇はありません」と、「私にはもっと大事な仕事があるんです」という趣旨の葉書が来るんです。折原さんは、それを持ってきて、「丸山さんからこんな葉書が来たんですよ」という場面があってですね。そのときはそれだけの出来事だったんですが、丸山の死後、それが『丸山真男書簡集５　1992-1996・補遺』（みすず書房、2004 年）というのに収録されていましてね（310 頁）、まあ、後付けできっちりと分かるんですけれど。そのときにですね、私はやっぱり、日

本の最先端の思想家の厳しい戦いみたいなものを見たわけですね。で、大学に私が残るということは、丸山氏側に与することになるわけですよ、私がね。東大の法学部の研究室に残って、教授のもとで教育を受けて、どっか就職口世話してもらって、そういうのが、とても、丸山—折原論争を見るとできなくなっちゃったんですね。

5　政治学研究から弁護士を目指して

川上　それから弁護士を目指すのですか。

三宅　さらに決定的な出来事があります。同じく大学3年のとき、私は、京極純一教授の政治過程論というゼミをとっていて、大飯原子力発電所の設置に関わる町長選挙とアンケート調査という二つの数量分析できる素材を、それで、原発導入を、一旦ゴーサインを出した住民が、いろんな問題が出てくることによって反対に意見が収斂していくと、そういう政治意識の数量分析をしていました。当時、東大には、事務局に大きなコンピュータが1台あったんですけれども、日夜そこに通って、数量を入力して、それは、なんというか、N次元の政治意識を、3次元なり4次元の形に換えるという、そういう作業をするんですね。多変量解析という数学理論を用いて。それが、要するに今の選挙のときの、7時59分59秒という、8時になると予測がぱっと出るじゃないですか。あれは、だいたい、母数が1000〜1500あればある程度純度の高い、確率の高い政治意識が、母数がある程度きっちりしていれば出るという、そういう数量政治学の理論に則ってるんですけれど、それをちょっとやっていたんですよ、私、3年のとき。だから、法学部にいたけれど、民法はちょっと聞いたけど全然勉強はしてなかったし、憲法は、ちょっと小林直樹教授の憲法の講義を聞いて、いろんな人権論とか、まあ国法学が絡みますからね、憲法は国法学の絡みで政治学と絡んでくるんで、私は結構好きだったんで一生懸命やっていたんですけれど、それ以外、法律学は全く勉強せず。団藤重光教授の刑法の講義は、最初に団藤さんの刑法総論に、なんですかね、カントとかヘーゲルくらいまで書いてある、そ

こまでなんか興味持って聞いていた。講義内容が構成要件になった途端に受講をやめた。まあ、そういうところにいたんですけど。原発の問題で大飯町の現場でフィールドワークをしていたときに、地役権の話がわからなくて。大飯原発の端っこのところから送電線で関西電力が送るときの鉄柱の下に地役権が設定されている。そのとき、初めて私は、あぁ、民法ってこういうところで機能しているんだということが、肌でわかって、いろんな社会の問題を解決するときに、政治学の概念だけでなく、法律の概念をうまく整理していけば、社会を現実に変える力になるんじゃないかなと、そのときに思って、それで、やっと腑に落ちて、民法を勉強する気になったんです。それまでは、憲法の条文解釈のアバウトなところだけでなんとか学術論文書くような感じだったんだけれども、これは、解釈法学というのは、きっちりやらなきゃならないんだなと、そのときに初めて思って。

6　法科大学院教育における理論と実務の架橋

川上　弁護士になるきっかけは、法科大学院の教育に結び付くわけですか。
三宅　そうです。ロースクールで教えろといわれたときに、未修の人を教えることにすごい魅力を感じたのは、実はそういうところで、自分がかつて、法学部には属していたけれども法律とは縁のないところで学んでいて、原発問題のフィールドワークをきっかけに法律と出会って、自分が今生活の糧を得ているところまで来た。結構他人とは違った紆余曲折があってこういうところ来てるけど、きっとロースクールにはいろんな人が来てくれると、たぶん、いろんな出会いがあるんじゃないかなということを期待して、特任教授をお受けしたんですね。そういうところから、ロースクール教育に入っていたわけですけれども。それが、一つは、いま言ったようなところで、いろんな論文を書き始めるわけですけれども、もう一つは、実務家による演習をどうやって作るのかということで。右崎正博教授から、2000年ですね、ちょうど、情報公開法が1999年に通って、そのときに、第二東京弁護士会の常議員をやって、司法研

修所を廃止してロースクールを作れと、そういう意見書を出すときに立ち会ったんです。研修所廃止、とその頃は言っていて。その頃に、右崎先生と情報公開法の立法運動を一緒にやっていたので、今度、獨協大学で作りたいからぜひ来てくれませんか、と言われて、右崎先生と一緒に教育と研究ができるのならばと思ったので、獨協でお世話になろうかと思って、まあ、いろいろ、自分なりに教え方の勉強を始めて。

川上　獨協で先生の演習を最初に受講したのですが、準備などはどうされましたか。

三宅　最初の頃はですね、司法研修所の前期教育までをロースクールでやるんだと言われたから、最後のところの、3年生になって演習科目を持たせてもらう頃には、司法研修所で使用する「白表紙」、実際の記録をベースに作って、それで準備書面とか判決を書くという、その、「白表紙」に匹敵するようなものを作る必要があるんじゃないかなと、自分で考えて。自分が担当したのは、公法の演習ですから、一つひとつ、自分がやった事件を白表紙風に全部まとめていったんですね。それと、不法行為法を持たされたので、民法演習でも、日照権の問題とか名誉毀損の問題とか、

　医療過誤と証拠保全とか、交通事故の事例研究とか、まさに、実際に起きて、自分が取り扱った訴訟を白表紙風に整理して。民訴法は、とにかく、坂本恵三教授が、判例をベースに民訴理論が自動的に学べるような教材を中央大学の先生と一緒に作っていたので、そのようなものを使わせてもらいながら民訴法を教えるということでしたけれども。要件事実論をはじめとして、いろんな実務的なことを、そのような中で教えていくというようにしていきました。

安齋　そのような獨協の教育については、論文でおまとめですか。

三宅　獨協ロー・ジャーナル10号で発表した「実務家教員による公法・民事法の教授法について」が、その研究ノートです（本書39頁）。最初は、そういう白表紙を作って、それを大学院3年の前期後期で教えるということで、川上さんの頃は白表紙っぽくて、いまから思うと、教科書もほとんど読んでない人にこんなものを読ませて、申し訳なかったと思

います。むしろ、行政法の教科書をちゃんと読ませる工夫に注力したほうが良かったなと、今になって思うんですけれども。ただし、その教材の解説は、公法演習教えるときには、自分のだいたい教えなきゃいけないところを、塩野宏先生の『行政法』のⅠ（第2版）（有斐閣、1994年）とⅡ（第2版）（有斐閣、1994年）を、ノートにとって自分なりに全部勉強して、それを解説風に白表紙教材の中に全部入れ込んで、その教材を読めば教科書を読んだのと同じことになって、しかも判例も読めるというレジメを作りましたね。しかし、それがまた詳しすぎて、実力が付いた学生にしか対応できないということになりました。おそらく、まったく力のない人と、ちょっと力があってその教材を消化してふっと伸びる人との線が、当時、合格した人と合格しなかった人の線になったんだろうと、私自身は思っているんですが。

安齋　今の演習とは異なるようですが、その教材はどうなったのですか。

三宅　結局、そういうものを最初はやっていたんですけれども、しかし、いまも言ったように、それで受かる人は限られていて、それ以外の人は一生懸命くらいつこうとするけれども、教科書もまともに読んでいなくって、択一も解かなきゃいけないということになると、とても無理だと。そういう話になるから、ちょうど、事例研究シリーズが日本評論社から出たときに、今までこうやってやったところの素材を少し授業で資料として活かしながら、まあ、『事例研究行政法』をベースに授業を組み立てて、その中で実務経験を説明していくという形に切り替えていったわけです。結局、それが司法試験にもマッチするというような形になっていった。

尾渡　その経験をもう少し広げて考えるとどうなりますか。

三宅　私がこういう風にやらざるを得なかったように、日本の実務家教員はおそらくいろんな夢を持って10年余り前にやり始めたんですけれども、結局は司法試験の壁があって、合格させないと何にもならないので、合格のスキルアップの中で、実務的なことを活かしていく、どうやって入れ込んでいくかということに結局ならざるを得なかったんだろうと、今は思いますし、今後も、その限界はですね、どうしても越えられない

んじゃないかなと思ってます。

　そういうわけで、地方の大学も募集停止になって、大手校といくつかの小規模校しか東京近辺では残らないことになってますけど、じゃあ、地方で、大学もないようなところで法律家を目指すのは、もう目指せなくなるんじゃないかと、そうなったら法科大学院によっては学生の多様性は確保できなくなるのではないか、そういうような話になるので、今、特に求められているのは、ICT（情報通信技術）を使った双方向教育を試行していて、その中で、夏の一区間とか冬の一区間を実務教育にあてるという、そういうカリキュラムの組み方をすれば、全国どこにいても質の高い法科大学院教育を受けられるような、そういう法科大学院をいくつか作れないかな、というのが、システム上の、私なりの願望的な課題です。

7　実務の中から理論を組み立てていくことの大切さ

安齋　長年研究してこられた情報公開法や個人情報保護法については、理論と実務の架橋については、どのようにお考えですか。

三宅　仕事の面でいうと、実務の中から理論を組み立てていくことの大切さというようなものをいくつか論文にして、「はしがき」で紹介した拙著『原子力情報の公開と司法国家』として情報公開法と公文書管理法についてはその整理ができました。個人情報保護法の中でいうと、立法過程、それから、個人情報保護法25条という本人情報開示請求権ですが、これ、法制定したときには、請求権的な性格を持っていると、みんな思ってたんですけれども、これを霞が関文学というのでしょうか。条文の書き方を、立法担当者がひねってですね、「求めることができる」という表現にしなかったから、裁判所は、その規定では本人情報開示請求権というのは認めないという東京地裁平成19年6月27日判決・判時1978号27頁が出て、使い勝手が非常に悪くなっている。個人情報保護法が改正されるにあたり、その文言を変えて裁判規範であることについて争いのないような規定にしようと変更されましたけれども、その辺

のところの、批判的検討という形で、実務で今問題になっている最先端のものをとりまとめた論文があります。「個人情報保護法25条の本人情報開示請求権の法的性格—東京地裁平成19年6月27日判決の批判的検討」獨協ロー・ジャーナル4号155頁がこれです（本書186頁）。2015年の個人情報保護法改正によって、本人情報開示請求権の裁判規範化は明定されましたが、そういう論文をまとめていく作業が、これからの法曹について、現場から理論を構築するうえでの一つの参考になると思います。

川上　それ以外にも、実務と理論を架橋するという観点から研究した論文がありますね。

三宅　川上さんと共同執筆のものでは、請負契約で仕事が完成しなかった場合の完成部分についての報酬請求権というのは、民法・債権法改正の中でも最後の論点になりましたが、その辺も、やはり実務を詰めていくと、残されている問題もあります。「請負契約における仕事が完成しなかった場合の報酬請求権・費用償還請求権についての実務的研究」獨協ロー・ジャーナル8号47頁（川上愛助教との共同執筆）ですね（本書81頁）。

川上　民法の判例百選第6版に掲載された最高裁判決もありますね。

三宅　一番象徴的なのは、損害軽減義務を認めた最高裁平成21年1月19日判決・民集63巻1号97頁ですね。損害軽減義務というのを条理によって認めるという判決になりましたけれども、これは、415条の通常損害のところにこういうような議論があるということを問題提起しました。貸ビル業を営む事業者が、地下1階部分をカラオケ屋さんに貸していた。ところが、後になってわかるんだけれど、当時は原因不明の湧水によってカラオケセットなど店舗内の什器備品が使用不可能になった。原因不明だったので、貸主は、これ以上貸していたらもっと被害が出ると思い、入口を施錠して借主を締め出した。その締出し行為が、貸主の使用させる義務違反になるということで、借主から貸主に対して逸失利益として約1億円を請求された事案なんだけれど。債務不履行だからといって、水につかったカラオケセットの損害保険金3000万円余が入っ

ても移転せずに損害賠償請求訴訟をしながら居座ってずっといる。そんな事業者の損害を全部認めなきゃいけないというのは、どう考えてもおかしかった。それで、過失相殺の理論、民法418条の理論をベースに損害額の減少について控訴審で主張したんですが、控訴審は、その過失相殺のところを判断しなかったんですね。たまたま法科大学院で民事訴訟法を教えていて、過失相殺は主張しなくても職権で裁判官が判断しなきゃいけないということは、だいたい頭に入っていたので、これ使えるなと。そう思って、そのときに、過失相殺の主張はちゃんと書いてありましたから、主張しているけれども判断していないということで上告受理申立ての理由にしたら、最高裁が、うまくそこのところを418条の解釈論ではなくて415条の通常損害の「通常」のところを条理によって制限するという新しい法理による判決を出してくれました。まさに、実務感覚でおかしいと思ったところを理論として構築していくという形がとれて、民法判例百選にも載るようになった。これは、やはり獨協での10年余り教えていた一つの成果ではないかなと思っているわけです。これについては「損害軽減義務を認めた最高裁判決と債権法改正──訴訟代理人の立場から」獨協ロー・ジャーナル9号3頁として、まとめています（本書93頁）。

8 「自覚における直観と反省」から「筋と位取り」まで

安齋　リーガルクリニックについては、どのように総括されますか。
三宅　リーガルクリニックと、ロースクールの中で教わる理論と、まあ、要件事実とか、その辺の関係なんですけれども、これは、まだまだ自分なりに整理できていないし、これからの課題だと思うのは、これは、かつて団藤重光『実践の法理と法理の実践』（創文社、1986年）を読んだときに──彼が最高裁の判事を辞めた後に書いた本ですね──「裁判における主体性と裁判の客観性を理論的に解明するには、その反主体性の考え方や『良心』のラテン語、ギリシャ語の語源としての共同値に模索しているが」、それは彼の研究の領域でしょうね、「さらに、その奥には

『絶対無』とか『非連続の連続』といった西田哲学的思索に立ち入らざるを得ないし、これを追求すれば究極的にはどうしても仏教における諸行無常、諸法無我や、空といった、宗教的境地が要請されるのではないか」というくだりが、心にかかります。これは、弁護士になって若い頃に読んだ本ですね。

　それから、原後山治弁護士が、よく、三宅正太郎さんという大審院判事の『裁判の書』（牧野書店、1942年）の話をしていました。この人は、その、椅子に座る座り方についてですね、実は書いていて、そこを団藤重光が精神を正すための工夫としてうかがったというところがあるんですね（前掲『実践の法理と法理の実践』46頁）。椅子に浅くかける、もたれるんじゃなくて浅くかけて、丹田に力を入れて、正座のような感じで、腰で体を支えると、自然、腹に力が入ること、全精神が丹田に集中していくことを心掛けた、というところがあった。それが、三宅正太郎『裁判の書』60頁に出てるんですね。そういうようなところのものを、実務家として法律的な判断をする上で理論的に構築できないかというのが、最近の課題です。おそらく、それは、西洋の学問を、そのまま法律の概念を使ってやるというのではなくて、幾度か、いろんなところで言っていたと思いますけれども、私は、実務家になって原後法律事務所に参ったときに、原後山治が、習っていた法律全部忘れろと、事実をずっと克明にノートをとれと。そうすると、その中から理論が出てくるが、その理論を大事にしろと。そう言ったんですね。彼は、天才的に、あんまり要件事実というよりは、直感で、それを実践していました。私は、いちおう理論的には要件事実論は、司法研修所で、また最近は民法を教えるにあたって勉強しましたから、この『原子力情報の公開と司法国家』の中でいうと、そういう直感的にですね、事実をずっと把握すると、そこが主と客の未だ別れざる独立事前の真実在は知情意を一致にしたものであるという、純粋経験の世界というものが、西田哲学、西田幾多郎が説いたところにも関係してきます。カントなり、西洋の哲学というのは、客体を見る主がある。「我れ思う、ゆえに我れあり」だから。自分で思っているから客体が見えるという、主と客が別になったと

ころから離れるんですけれども、西田哲学というのは、純粋経験というのは、主と客が離れない世界のところから理論を構築しようとして、まず、それを直感で見て、それを反省したうえで、理論的に構築する（西田幾太郎「自覚における直観と反省　他より」『日本の名著47　西田幾太郎』228、232、233頁）。これは、リーガルクリニックや、実務家になったときに、依頼者と面と向かったときに、あんまり先入観を入れずに、その人の話をずっと聞いて、克明にノートをとっていたりすると、「あ、この人、気の毒だな」と思うか、「この人、この程度勝たしておけばいいんじゃないかな」と思うところの、感覚みたいなものが、そこから浮かび上がってくる。そこを、おそらく、それを、原後山治は、最終的には、「筋と位取り」と言ったんです。拙稿「米国アーカンソー州にて想う」を参照してください（本書35頁（一部加筆））。事件の筋、「これ、この程度勝つ事件」だとか、「これはあんまり勝っちゃいけない事件」だとか、ほどほどでいい事件だとか、そのために位取りというのは、勝ちに行くために証拠をどんどん出して、理論をどんどん組み立てて、どんどん弁論で先に切り込んで行く事件なのか、一旦そうやって切り込まれたものを反転するための防御を固めて、相手の請求がぐじゃぐじゃになったところで和解で落とす事件なのか、そういう筋と位取りが事件にはあると。おそらくそれが、原後先生が言ったところだろうと、最近ようやくわかってきたわけです。我々の年代になると、判決とか先例を見ながら、「あぁ、これはこの程度の勝訴率でいい」と思うようになるわけです。だから、最近うまくいったケースは、死産の損害賠償請求の調停事件のケースなんかは、判例でいろいろ調べていただくと、1200〜1300万とか、1000万から1500万くらいが最終的な損害賠償額の認容判決の形で出ていたから。で、依頼者にいろいろ話してみると、1000万円も最終的に得られればいいですという話だったから。じゃ、そこに持っていくために、これは絶対に勝たなきゃいけないけれども、そのためには、どういう要件事実をどう固めて、相手がどう言ったときにどう言うか、という主張の骨子を固めて、最後に、それでいいですかという説得をして、そこで落とすということで、ほぼ希望額に即した解決が得

られたケースでした。それはもう、最初の直観を前提にして、理論を構築して最後に調停成立にまでこぎつけた典型例だったと思っています。私が弁護士10年目くらいまでのところで、原後先生が一生懸命仲裁仲裁と言っていた世界っていうのは、こういう世界だったのかなあと、最近ようやくわかってきているわけですが。若いころはとにかく、事案があったら、まず事実を聞いて、それに関連する判例をとにかく調べると、ほとんど類似の事案が判例集のどっかにあるというんですね。それを手がかりに、それに合うような結論に持って行くような後付けをしていけば、だいたいいけるだろうと。だんだんそれがわかってくると、もう、体に染みついてくるから、今では「だいたい、これこんな感じだね」という、そんな判決あるんじゃないの、ということで、そのあたりの判例を調べてみると、最初の直観に即した判決がみつかる。そこが、法律家としての直観を磨くということと、それを後付けて理論化していくということなので。

尾渡　かなり法哲学的な話ですね。

三宅　そうそう、おそらくこれは、結構法哲学の本読んでいるんですけれど、そういう、理論の後付けの仕方というか、そういう法哲学理論は、まだぴったりくるものがないんですね。逆に、西田哲学（前掲『原子力情報の公開と司法国家』358頁）や滝沢克巳の哲学（前掲『東大紛争と原発事故』181頁）の方が、どちらかというと、なんとなく法哲学理論を構築していくのに役に立つんじゃないかなと思っていて、おそらく、リーガルクリニックの理論化からそういう基礎法学の世界まで、法科大学院の教育をこれからやっていくと、いろんなことが、基礎法学まで変えられる素地があるんじゃないかなと思います。

9　「科学としての法律学」から相関社会科学としての臨床法学

三宅　それから、科学論の根源にも関わりますが、原発の問題なんかをずっと見ていると、あまりにも、科学者が自分の領域のことしかやっていない、最近の安保法制の問題なんか見ていても、国際政治状況が変

わったんだから、国際政治学者かな、法解釈を変えるのは当然というような感じで、必要性だけを国会の参考人として述べるのを見ると――専門領域では、そういう、権力移譲というんですけれどもね、国際政治学でいうと。戦後、アメリカだけが１強で、冷戦終結後、まさにアメリカの民主主義で世界を制覇しようとしていたんだけれど、国力が大分弱まってきましたから、特に、イラク戦争と湾岸戦争で、非常に体力的に落ちてるし、そんな中で、中国がとにかく経済的に強くなっているから、アメリカ１国から中国とアメリカがどうバランスをとって政治をするかという状況になっていて、――権力が移譲していく、そうなると、アメリカ側に立ってそれを補完するような役割をきっちり果たさなきゃいけないという、2000年代の初頭に米国の知日派といわれたアーミテージやジョセフ・ナイが言ったようなことを、その当時はずってできなかったから、今とにかく全部一挙にやろうというのが、安全保障法制にかかる政治の状況ですけど。それで、国際政治の状況で、それが憲法９条の解釈論としても集団的自衛権の行使容認が必要なんだと言うけれども、法解釈という解釈を学ぶとですね、法的安定性という観点からは、それはやっぱり違うんじゃないかと、そういうのが基本的に法律家としての素養だと思います。そういう法理論を全部、いろんな、諸所の学問を含めて判断するのが、法律家であり裁判官であり、また主張を組み立てる弁護士のあり方だと思うので、細かく細分化された専門領域の科学の世界ではなくて、それを、総合的に学び直す、そのような教育が今まさに要だと言われているんですけれども。それは、社会科学のレベルでいうと、相関社会科学といって、いろんな専門領域を総合的に全部見直す科学というのがあるんですけれども。まさにその中にリーガルクリニックのような実務法学というのも位置付けられるんじゃないかなというのが、科学論としての、当面は、社会科学の領域で言えば、そういうところが、法科大学院を10年余りやってみて、ある程度、これからの成果になりうる、次の世代の方がやっていただくべき課題の一つじゃないかなという感じで思っています。少し、本にまとめます。

尾渡　どういう本に。

三宅　だいたい10年余りの研究成果のうち、情報公開については『原子力情報の公開と司法国家』が自分のまとめになったので、ロースクールにおける教授の方法と、それから、今までやった中での、民法と個人情報保護法の論文を整理して、1冊まとめて、ロースクールで50代から60代初頭にかけてこういうことをやったという記録を残しておきたいと。これが、本書です。笹山ナオミという故人となった依頼者の協力を得て、出版することができます。まあ、皆さん、瞬間的に私と出会った人たちなので、何かご縁があればまた、どこかで何かをバトンタッチできればと思って、ようやくこれで私のロースクールは終わりだなと思って、そんなところです。今後は、高木仁三郎さんが提起した、市民科学者として、笹山さんの協力を得て、研究成果を市民レベルで人々の記憶に残ることをしていきたいと思います。その概要は、既に、前掲『弁護士としての来し方とこれから福井でしたいこと』で提案しています。脱原発後の地域社会の在り方を総合的に考えたいので、福井に弁護士法人三宅綜合法律事務所の支所を設け、そこも拠点として、経済的、文化的なことをいたしたいと。

　出版としては、種々雑多な論文が入っていますが、冒頭まずこの座談において、自分なりに整理して全体像を出しておきたい。

川上　先生が法律を勉強する前、政治学を勉強していた頃に目指していたものと、今の自分ってどうですか？

10　タックスペイヤーズ訴訟とラルフ・ネーダー

三宅　まったく、かつてやりたかったことを、今やれていると。毎日楽しく弁護士会にも行って、第二東京弁護士会と日弁連の会務もできていますので。法律家って、うまく、いろんなことできたなと思います。一つ例でいうと、石原慎太郎東京都知事他に対する1255億円の損害賠償請求の義務付け裁判だって、あれはね、自由人権協会にいたときに、北野弘久・日本大学名誉教授という税法の先生がいて、「住民訴訟はね、タックスペイヤーズの思想の具体化であるから、ちゃんと使わなきゃい

けないんだよ、三宅君」って言われていまして、私は、住民訴訟を見直すようになって、何件か、近藤卓史弁護士らと情報公開訴訟をやりながら、同時並行で試しにやってきたんです。いつも負けるんです。三鷹市の財政支出による会館建設のときの不正、キックバックがあったらしいという不正の疑惑の訴訟のときなんかは、一生懸命やっていたら、東京高裁の裁判長が、終結の段階で、「控訴人代理人、裁判官室へ」と。「大変熱心になさっているから、和解しませんか」と。まあ、勝てないよ、ということを言っているわけ。いや、「取り下げませんか」だったかな。一生懸命やっているけれどもダメですよ、というサジェスチョンを。結局負けましたが、この裁判を続けることで、疑惑の人は市長選には出ることができなかったという成果はありました。そういう訴訟をやりながら、石原訴訟は、やっぱり、都税を1255億円も戻らないことにしたのだから、これはどうしても提訴しなきゃいけないと思って。しかも、今、この訴訟がある限り、400億円で追加投資したところは、最低限守れると思ってるんですよ。新銀行東京、新宿にある銀行を、中小の銀行グループと合体させるんですけれど、そうすると、400億円の投資が、投資の分だけそこの株をもらうことになるけれども、本当に回収されるのかどうかわからないし、しかも東京都が目指した中小企業の救済のための銀行としての意味合いがなくなるわけですよ。しかし、これ、舛添東京都知事なんかのコメントを新聞で見ていると、400億円を絶対無駄にしないような合併の仕方しかありえないと、彼は言うわけです。これは、やっぱり、この訴訟があるから、下手に変なことをするとダメだろうなということになるし。

尾渡　石原訴訟の成果としては、他にもありますか。

三宅　それから、尖閣列島を石原慎太郎が東京都として買おうとしたときに、東京都でまず金を出そうとしたんです。おそらく、それはだめだということで、全国から寄付を集めるんですよ。それは、もし東京都で尖閣を買っていたら、都政と何の関係があるんだということで、50億か40億かかったとしても、それの住民訴訟をまた起こされるということで、それでできなかったと思うんですよ。それから、こんど、第二国立

競技場の問題だって、舛添知事が、500億円なんて東京都でさらさら出せません、そんなお金、と。じゃあ、1000億円の半分じゃないかと思うけども、それは変な出し方をしたら住民訴訟を起こされると、やっぱり思うじゃないですか。現にある弁護士が、あれ何とかできないの、と言っていたから、最初、条例作ってどうのこうのと言い始めたから、そんなの作る必要はないよと、ほんとに金出すと言ったら、支払いの差止訴訟やればいいんで、それ、住民訴訟で十分できるから、そういう話をして。それはまあ安倍首相が国立競技場の最初の設計プランをキャンセルしたからなくなったけど。訴訟を続ける意味はきっとあると思うので、法律を使いながら、世の中を変えるための道具としては、こんなに使い勝手のいいものはないと、工夫すればね。

安齋　最初のラルフ・ネーダーとの出会いに触れるとどんなことが言えますか。

三宅　それが、まさにその、かつてラルフ・ネーダーに2週間会ったときに、解釈法学だけで判例を得るという法律の使い方だけじゃない世界のことを学びましたが、これを実践しているつもりです。実にね、ネーダーさんは、日本滞在が2週間もあるんだけれど、行く先々で違う話をするんですよ。環境のこと、人権のこと、情報公開のこと、住民、市民運動のあり方とか、それは見事でしたね。1時間か2時間、ちょっといって、講演までの間に自分の頭の中を整理して、それでしゃべり始めると、それが一つのストーリーになって。それ見ていてやっぱりいいなと思って。彼に出会う前にもありましたけれどね、情報公開の最初の立法運動で、弁護士の1年生のときに。自由人権協会で修習生のときに勉強をしていて、弁護士1年生になったときにNHKの取材があって、アナウンサーの松平定知さん、彼が来たんですよ、事務所に。朝のおはよう日本という番組で。「ラルフ・ネーダーのようになりたいという笑顔のたいへんさわやかな青年弁護士でした」って全国放送してくれました。そういうことが、あったんですけれども、そこにも、いい同僚に恵まれて、いい仲間に恵まれて、いい先輩に恵まれて、ここまで来れたんだろうと思うから、そろそろ整理をしてですね、次にどこかをバトンタッチ

できればと思いますので。

11 アジアにおける法の支配と法科大学院の役割

安齋　アジアのロースクールとの関係では、何か言っておきたいことはありますか。

三宅　もう一つあるのは、最後に、日韓、東アジアの関係だから、今作業してもらっている、韓国の植民地時代の、死刑判決を受けた韓国人、これは、情報公開法の後だったかな、日韓の併合100年の歴史の10年前から、相互に、韓国の市民運動家の人たちと交流し始めたときに、何度もソウルに行っていたときに、うちの事務所の福田知子弁護士が、「先生、拷問博物館行きましたか」と聞いてきて、「拷問博物館、なに」って言ったら、ソウルの西大門の近くにある旧刑場ですね。韓国からみれば英雄ですが、植民地支配から独立を求めた人々を全部そこに閉じ込めていた刑場で、そこに、13階段があったところの死刑台まで全部あって、そこでたまたま展示物の中に日本語で書かれた死刑の判決文を見たんですよ。そこで、あれ何とか手に入れたいと思っていたんだけれども、なかなかうまく手に入らなかったら、5、6年前に、まだ韓国のロースクールができる前に、韓国人でアメリカのロースクールに行って、サマーエクスターンでうちに来た、朴さんに、とにかく何かあるはずだから調べてよ、と言ったら、ネットで調べてくれて、ダウンロードしてくれたんですよね。37事件あったのかな。それを、獨協の学生でエクスターンに来た人と、受かった後でちょっとアルバイトしてもらったりして、ようやく整理できてきたんで、それを公表し歴史的にも位置付けることによって。朝鮮総督府の統治下、日本が制定した刑法と刑事訴訟法によって、死刑判決を受ける。そこのところは見ておかないと、日本の死刑制度はどうあるべきかというのは、このような過去の歴史も議論に入れておかないといけない。そういうことをきっちり整理して初めて、なんというか、隣国との本当のお付き合いができるんだろうと思うので。これは、あんまり自分自身は、情報公開訴訟や住民訴訟をやりたかっ

たから、刑事事件はあんまりやりませんでしたけれども、これだけはちょっと、刑事裁判の問題としてきっちり整理しておきたいと。そのうえで、東アジアに一つの人権意識が共有のものとして、アジア全体に広がるようなかたちで、アジアの人権裁判所なり、アジア人権条約などができて、アジアの人権状況がよくなるということを展望して。まあ、最後は中国とどうおつきあいするかという問題があるんですけれど。これはなかなか難しいですね。中国 4000 年の歴史があるから、なかなか西洋文化のキリスト教の影響を受けながら人権思想ができてきたのも高々ここ 500 年くらいのことしか思わないから、なかなかちょっと、そこにどうやって人権思想とかが根付いていくのかと、非常に難しい問題があるような気がして。ヨーロッパの思想をそのまま植え付ければいいというものではないので、どうやっていいかが、まだまったく見えないんですけれども。でも、先ごろ第二東京弁護士会を訪問された中国人民大学の皆さんは、私の「立憲主義」の書の前でしきりと記念写真を撮っていらっしゃいました。彼らにとっても「立憲主義」が課題であることは間違いないようです。その辺は、国際交流を地道にやっていかなきゃいけないんじゃないかなと思っていて、最近、自分が日弁連とか二弁で、弁護士の海外展開としての国際交流をやり始めたので、これが、これからの課題かなと思っております。

川上　東アジアの、人権の構想図、何かあるんですか。

三宅　それは、ヨーロッパの人権裁判所の判例集なんかあるでしょ。まさに、ヨーロッパ人権裁判所ができることによって、イギリスにも人権法ができて、それに基づいて人権政策をやっているし、ヨーロッパ人権裁判所ができたからフランスの違憲立法審査も非常に活発になって。フランスは、全部、フランス革命以降議会でやるということで、なかったけれども、第 5 共和制のドゴール大統領のときに違憲立法審査が入って、むしろドイツの憲法裁判所の判例なんかの影響を受けてやってるけど、最近はどうなんだろう。アメリカの判例なんかも、みんな結構勉強しているしね。結構、裁判官も交流はしていると、泉徳治・元最高裁判事からお聞きしたことがありますね。そういうような交流の中で始まって

いて、2017 年のローエイシアの東京大会のときには、アジア最高裁判所長官会議というのも同時に開催されるんですよ。現在の最高裁判所は、すごく熱心なんで、この間も、アメリカの最高裁長官を招いて、最高裁で交流がなされています。やっぱりその、アジアの中での司法の在り方みたいなもの、これが問われていて、諸外国における憲法裁判なんかのレベルが上がれば、韓国はこうなのになんで日本はこうなの、と、もっと言えるようになるとね、いいと思うけど。

　中国はまだ難しいね。私の親しい山東大学の牟憲魁教授は、日本の違憲立法審査を勉強して、それを中国の中でどうやって生かしていくか、中国の政治体制の中での違憲立法審査の在り方みたいなものを議論して考えておられる（『中国における違憲審査制の歴史と課題──大法官憲法解釈制度を中心として』（成文堂、2009 年）。一つは、日本法を手がかりにしていく。幸いなことに、日本人って、獨逸協会を創った西周とか慶応義塾の福澤諭吉は、儒学、中国の漢学はきっちりと頭にあったから、漢語でもってヨーロッパの法律概念を漢語に換えますよね。それが、今、中国でそのまま使われていたり、韓国で使われたり、台湾で使われたりして、それが今また、東南アジアのミャンマーとか、あの辺に法整備支援として入っていこうとしているわけですよ。それは、法律学だけじゃなくって、簿記、株式会社を起こそうとすると、簿記がないと経営できない。制度がないから、今、日商の簿記をミャンマーに導入しようと、そういうことが始まってるんですよ。ミャンマー語に日本の簿記を全部直して、それで、みんなにそれを勉強させているんですよ。まさに今、明治維新と同じようなことが、そういうエリアで始まっているから、その中に、みなさんがどうやって入っていくのか、というのが、一つこれからの課題としてあるかもしれないし、まあ、国際機関で働きながら、そういうところで、法の支配の確立というね、できる仕事は多いんじゃないかなという気がしますね。

川上　シンガポールなどは、どう見ていますか。

三宅　アジアを見ると、結構面白いですね。シンガポールなんかでも、私はいつも外国旅行すると国立博物館に行って時間をかけて展示を見るん

ですけど、シンガポールでも国立博物館にまず行ってみると、イギリスが1850年くらいにシンガポールを買い取る。植民地化する。それまでに、福建省とかアモイだとかから、中国の人たちが来るわけです。中国の人たちは、アウト・オブ・ローのルールで仕切るわけですよ。だから、ほとんど、それで、いくつもシマがあるわけ。そこにいきなりイギリス人が来て、警察制度をもって、裁判制度をもって、法の支配を実践してしまうんですよ。それは、ニューカレドニアでも見たね。ニューカレドニアの裁判を見たときに、ほんとに、わずか2時間だったけれども、フランスから来た白人のエリート裁判官が、ニューカレドニアの現地人で経済的にも貧困な人が夫婦でけんかして傷害事件かなんか起こして即決裁判で裁かれていくんですよね。そのあと、別途、行ったところとしては、現地人が住んでいる別のイルデパン島、ここはパリコミューンで島流しにあってきたような人たちがそこにいて、そこに閉じ込められていて、集団の墓地もある。その島をぐるっと車で回っていたら、本当に原住民の姿で生活している人たちがいて、まさに、ヨーロッパ近代法が、シンガポールとかニューカレドニアに入っていく世界というのは、上から、法の支配としてくるわけですよ。裁判官なり法律家が来て。それで、社会秩序を作っていく。しかし、それが経済的にうまくいったのは、立地条件が最適なシンガポール。非常に交流のしやすいところだから、法の支配を確立するわけね。でも、多民族国家だから、秘密保護法があって、かなり法律で縛っているという世界ですよね。ニューカレドニアは、そこまでわからなかったけれども、もう少し楽天的な世界だけれども、一旦、歴史の古層を見ると、そういう、近代法が島に入って社会を形成してくるという。その辺に、日本を通じて、人権保障をもう一歩広げていく手掛りが何かあるんじゃないかなという気がしますね。まだまだ、そこは未開拓の分野ですから。

　第二東京弁護士会は、アジアの弁護士会との交流を密にし、さらに2015年11月にアジア30国余の弁護士会からなるローエイシアに、単位会としては日本で初めて団体加盟しました。このようなネットワーク作りから、経済や文化の一体化と伴に、ヨーロッパのように、人権条約

や人権裁判所ができることを願っています。おそらくみなさんの現実的な課題となるでしょうが。

　まあ、だいたい 10 年余りこういうことをやってきましたので、整理して、これで、私のおける理論と実務の架橋としてのロースクールを終わりにしたいと思います。皆さんに少しでも、継承していただければ、ありがたいと思います。

12　座談の終わりに――受け継いだものを次の世代にバトンタッチ

三宅　私は、大学の教養学部の時代、折原浩東京大学助教授（当時）から歴史比較的かつ縦深的に科学することの大切さを学んできました（前掲『原子力情報の公開と司法国家』385 頁）。教養学部の戦後リベラルアーツ教育、法学部での政治学研究、司法試験勉強、司法研修所教育、その期間に、折原浩『人間の復権を求めて』（中央公論社、1971 年）、「ウェーバーと「大学問題」」安藤英治外『ウェーバーの思想と学問』（風媒社、1972 年）、『大学―学問―教育論集』（三一書房、1977 年）、『デュルケームとウェーバー（上）（下）』（三一書房、1981 年）、『学園闘争以後十余年』（三一書房、1982 年）などを読みました。折原氏の教養学部教育に賭ける情熱は、ガリ版刷りの、社会学の期末レポート・期末試験答案への応答としての配布物に凝縮されていました。このガリ版刷りは、「大学教養課程の『授業』をどうとらえるか――73 年度社会学（折原）の期末レポート・期末試験答案への応答」前掲『大学―学問―教育論集』44 頁に収録されていますが、当時、私の進路選択に決定的な影響を及ぼしました（前掲『東大闘争と原発事故』178 頁）。教育の持続的な力を思い知ると共に、当時様々な大学改革論が論じられていた中で、いずれが本物かを、今になって明らかに示しています。

　その後も、折原氏からは、大学教育の在り方に貴重な一石を投じた『ヴェーバーとともに 40 年――社会科学の古典を学ぶ』（弘文堂、1996 年）、『大衆化する大学院―――個別事例にみる研究指導と学位認定』（未来社、2006 年）などからの問題提起も受け止めて、法科大学院教育

に精魂をこめてきました。また、この間、東京大学関係者の科学論文に対する盗用などの申出を審査する東京大学科学研究行動規範委員会委員も務めることとなりました。本書を『法科大学院　実務教育と債権法改正・情報法制の研究』とするのは、折原浩教授から学んだ、真摯に、歴史比較的かつ縦深的に科学することの大切さを、次の世代の皆さんに少しでもバトンタッチしたいとの思いからです。座談を共にしていただいたお三方の他にも、法科大学院で出会った人々、弁護士会で出会った若手弁護士、ひまわりや法テラススタッフの弁護士の皆さんに大いに期待し、故笹山ナオミ氏の遺言によるご支援のもとに、このようなメッセージを送ることができることを、大変に有難いことと思っています。ありがとうございました。

（獨協大学法科大学院のリーガルクリニックⅡにおける 2015 年 8 月 25 日の座談を後に補充加筆）

　　　　　語り　　三宅弘・獨協大学法科大学院特任教授
　　　　　聞き手　川上愛・弁護士（原後綜合法律事務所、61 期）・獨協大学
　　　　　　　　　法科大学院助教・同大学院修了 1 期生
　　　　　　　　　尾渡雄一朗・弁護士（原後綜合法律事務所、65 期）・東京
　　　　　　　　　大学法科大学院修了 5 期生
　　　　　　　　　安齋由紀・獨協大学法科大学院 10 期生

第Ⅰ部

法曹実務教育論

第1章
米国アーカンソー州にて法科大学院教育を想う

　2003年2月12日から4月27日まで、イラク戦争をはさんで、アメリカのアーカンソー州のアーカンソー大学ロースクールで、客員研究員として、その教育内容を調査研究する機会を得ました。

　1991年に、アメリカ情報自由法の調査に行った際、翌年の大統領選で勝った場合には、民主党政権から情報公開法制定の圧力をかけてもらおうと、クリントン州知事（その後大統領に就任）に会うために、州都リトルロックに行きました。その時に立ち寄ったのが、州の北西部のファイアットビレ市、アーカンソー大学でした。盟友ロバート・レフラー教授の大学です。教授には、1989年にラルフ・ネーダー氏を日本に招いて情報公開法制定のキャンペーンをしたときにも、その招請のためにご尽力いただきました。

　ラルフ・ネーダーの日本招請の2週間では、私の弁護士としての生き方の指針を得ました。随行した2週間、午後と夜、時には午前にも予定された講演では、彼は、すべてテーマを変えて、消費者運動家・市民運動家としての様々な分野の実践を語りました。私はその講演録『情報公開法・製造物責任法を求めて──ラルフ・ネーダーからの日本の消費者・市民への提言』（第一書林、1992年）を編纂しましたが、ラルフ・ネーダーを通じて理解した合衆国の動きをも利用し、クリントン政権から情報公開法制定の要求を視野に入れての、立法運動でした。ネーダーは、当時から、共和

党と民主党との政策は似ており、これに対峙する第三政党の設立が求められているという主張で、それを実践して、その後2回大統領選に出馬しています。2000年の大統領選でネーダーが出馬していなければ、フロリダ州で民主党のゴア候補が勝ち、ブッシュ大統領は誕生していなかっただろうと、渡米中、レフラー教授とも話しました。ブッシュ政権は、ネオ・コンサーバティズム（新保守主義）を思想的基盤として、「9・11」以後、国連中心の平和主義の幻想をぶち壊し、イラク戦争に踏み切り、いよいよ「デモクラシーの帝国」としての様相を呈しています。この影響で、日本ではペルシャ湾へのイージス艦派遣、イラン特措法が実現しました。アメリカ南部からイラク戦争を、しかとみつめ、人権擁護のあり方を考えました。

さて、ロースクールの調査研究についてですが、ミッシェル・ミュレーン教授のリーガルクリニックの演習に出席し、シラバスに沿ったクリニックの展開を見せていただきました。学生を原告側と被告側に分けて、宣誓供述書の作成も含めて模擬的なプリトライアルの手続を進め、その過程で弁護士として基本的に必要な技術、ノウハウ等を教えるというものでした。この演習を通して考えたことは、弁護修習で実践してきたものを教育化していくことで日本型のリーガルクリニックができるのではないか、ということでした。

ただし、エクスターンシップで、学生が検察官や弁護士について実際の法廷で活動することは、日本では、現行法のままでは無理です。アーカンソー州の規則（Rules Governing Adomission to the Bar）でも、第15条でロースクールの学生が法廷の内外で活動することを定めた規定（Student practice）がありますが、日本では、そのような規定がありません。国民的合意のもとに、訴訟手続についての法律か規則にStudent practice条項を設けることが緊急の課題です。

もう一つ。渡米にあたり、事務所で弁護修習時から始動する勤務弁護士には次の文を添えて事件を託し、私自身は坐布（坐禅用の坐ぶとん）を携

えました。

「祖師曰く／仏道をならうというは、自己をならうなり。／自己をならうというは、自己をわするるなり。／自己をわするるというは、万法に証せらるるなり。／人、はじめて法をもとむるとき、はるかに法の辺際を離却せり。／法すでにおのれに正伝するとき、すみやかに本分人なり。

茶も然り。／茶道をならうというは、自己をならう也。／自己をならうというは、自己をわするるなり。／自己をわするるというは、万法に証せらるるなり。

弁護士の道も、又、然り。／自己をならい、自己をわするるによりて、事案に通徹するとき、／万法に証せられて、／最もふさわしき解決が現成するなり。」

　右の一段目は道元禅師の『正法眼蔵』の一節であり、課題です。私の出身は、福井県小浜市。道元禅師によって伝えられた曹洞宗の、原田祖岳老師を中興とする専門道場発心寺があります。その隣りの寺、仏国寺では、私の禅の師匠、原田湛玄老師が、修行僧と否とを問わず、万人に開かれた禅道場を開かれており、私も30年来手ほどきを受けております。1週間坐わりつづける接心では毎日昼に茶をいただく行がありますが、右の2段目は、その行茶に照らし、最近茶道に取り組む勤務弁護士に、僭越ながら問いかけたものです。

　3段目は、仲裁センターの実現に情熱をかたむける原後山治弁護士の曰く「事件処理にあたり筋と位取りを誤ることなかれ」を、私なりに想うところとして作文したものです。勝ち事件と敗け事件の位取りを間違えず弁護方針を定めるべしという、この格言について、若き勤務弁護士は、「位取り」とは何ですか、と問いかけてきます。これについては、最近、司馬遼太郎『宮本武蔵』（朝日文庫、1999年）に、わかりやすい例証を見つけました。武蔵が吉岡清十郎との切所にあたり「我身をのばして、敵のたけよりは我たけ高くなる心」に位取る（同書37頁）。さらには、武蔵がひた

いに結んだ鉢巻の結び目は一寸弱の高さ。その間合いだけを見切ったうえで小次郎の虎切刀をゆるした。「虎切刀は武蔵の結び目を斬って武蔵は斬れず、そのまま大地へ落ちた」という、「間合いの見切り」（同書196頁）。この分野の最近の業績としては、剣道の山岡鉄舟、柔道の嘉納治五郎、弓道の阿波研造らを取り扱った、魚住孝至『道を極める──日本人の心の歴史』（放送大学教育振興会、2016年）があります。

　事件処理は、刀でなく言葉で闘うところですが、すべての事実と法律論に通徹して、しばし坐禅三昧に入ります。そうすれば、時至って、最もふさわしい紛争解決案が浮かんできます。この世界を論じようとしたものとしては、古くは、三宅正太郎大審院判事の『裁判の書』、最近では団藤重光最高裁判事の『実践の法理と法理の実践』（とりわけ、はしがき）（創文社、1986年）などがあるように思われます（本書19頁）。

　休暇で大学を離れたジェイ・シーゲル教授の留守宅で生活をさせていただきながら、日常の事件処理で忙しい日本とは異なり、朝な夕なに坐禅に親しみながら、法律実務家がロースクールで教えることを通して、このような世界を掘り下げることができないだろうか、想いを新にした旅でもありました。

（自由と正義2003年10月号に初出、本書出版時に一部加筆）

第 2 章

実務家による公法演習・民事法演習の教授法

1 はじめに

　司法制度改革の三本の柱の一つで、法曹養成制度の中核をなす法科大学院が創設されるに及んで、筆者は、いくつかのお話のうち、それまで情報公開法立法運動で共に歩んでいた右崎正博教授のお誘いを受けて獨協大学法科大学院に奉職することとした。このことは、既に明らかにしたところである[1]。津和野への旅行中、たまたま獨逸学協会学校の初代校長である西周の生家に出くわしたこと、金沢市内の卯辰山中腹の洗心庵跡において天野貞祐・獨協大学初代学長の筆による石碑を捜し出したこと、この二つのエピソードが獨協大学への奉職の動機付けとなったが、同時に、かつて学んだ「マージナル・マン」の理論[2]を想起し、中核となる大規模な法科大学院とは異なり、首都圏の周辺（境界）に位置する大学において、1学年 50 人規模の少人数教育に従事し、種々の科目を教育することによって、日本の法科大学院を外側から距離をとってアプローチすることができると

---

[1] 三宅弘『原子力情報の公開と司法国家——情報公開法改正の課題と展望』（日本評論社、2014 年）383 頁。

[2] 折原浩『危機における人間と学問　マージナル・マンの理論とウェーバー像の変貌』（未来社、1969 年）38、277 頁。

考えたからであった。その着眼のとおり、2004 年 4 月から現在まで 12 年余にわたり、公法演習Ⅱ（行政法演習）、民法演習（不法行為法）、民事訴訟法演習、法律文書作成、リーガルクリニックⅡ、法曹倫理、総合特講（憲法・行政法演習）、起案等指導など、多くの科目を教え、法科大学院の教育に深く関与することができた。

その過程で、3・11 福島第一原発事故をみるにつけ、法律実務家には、その業務を通じて、相関社会科学の一翼を担い、細分化された法律学を統合し実践していくことが求められているということを自覚し、これについても明らかにしたとおりである[3]。実務家が民事法や憲法・行政法を教えることは、研究者がこれらを教えることと同じであってはあまり意味がない。訴訟実務に裏打ちされた経験もまじえながら、事件の「筋と位取り」[4]を学生に少しでも感じさせながら教育していくことに、その意義を見い出した。拙著『原子力情報の公開と司法国家』では、このことを「依頼者の種々の事実のうちから、民事上は要件事実を、刑事上は構成要件該当事実を、それぞれ事実として摘示し、請求原因ないし構成要件を組み立てる。直観によって同感したうえで、分析に入り組み立てる主張立証事実を法廷に提示する弁護士の『筋と位取り』は、このような、『自覚における直観と反省』[5]によって営まれている」と摘示した。

このことを前掲拙著においては、「法科大学院における臨床法学の中から法哲学的な営みを解明していくとき」の方法論として提示したが、本稿においては、そのような基礎視座をふまえて、実務家による公法演習・民事法演習の教授法について論じる。

獨協大学法科大学院は、2014 年に 2015 年度からの募集停止を決定し、やがては消えゆくこととなった。しかし、地域と子どもリーガルセン

3　三宅・前掲 1 書 384 頁。

4　事件の「筋と位取り」については、三宅・前掲 1 書 357 頁。

5　西田幾太郎「自覚における直観と反省　他より」『日本の名著 47　西田幾太郎』（中央公論者、1970 年）228、232、233 頁。なお、引用文は、三宅・前掲 1 書 359 頁。

ター[6]や、リーガルクリニックⅠ、Ⅱに代表される「担当事件の相互報告会（rounds）」を組み込んだ臨床法学の実績[7]と共に、実務家による演習は、今後の法曹教育の参考とするうえでも、記録しておくべきものと考えた次第である。

2　実務家による演習・シラバスについて

　獨協法科大学院の開設にあたり、2年次秋学期に公法演習Ⅱ（行政法）と民事法総合演習Ⅶ（不法行為法）、3年次春学期に民事訴訟法演習、3年次秋学期に民事法総合演習Ⅷ（民法・民事訴訟法）を担当した。シラバスは、末尾添付の資料1ないし4のとおりである。

　公法演習は、野村武司教授が、一般行政法制度と行政実体諸法の関係を意識しながら、行政事件の発生から解決までの道筋をたどり、行政事件へのアプローチと処理の仕方を学ぶという方法で7回分を担当した[8]。筆者は、実際の行政事件に関する事件記録を素材として、争点を整理し、主張を組み立てることを学ぶという方法をとった。野村教授と筆者の2種の手法は、行政事件へアプローチする際に不可欠の方法であるとして、これらが一週ごとに交互に行われた。公法Ⅳ（行政法）の履修を前提としてなされた。

　民事法総合演習Ⅶ（不法行為法）は、不法行為法に関する重要論点ないし課題について、オリジナル教材をもとにケース・メソッドまたはプロブレム・メソッドの形式で、研究者教員と実務家教員が合同して行う演習と

---

[6]　地域と子どもリーガルセンターについては、臨床法学教育学会『法曹養成と臨床教育No. 7』臨床法学教育学会第7回年次大会」〈全体シンポジウム〉「法科大学院は何を成し遂げ、何を目指すのか〜司法制度改革の10年とこれから」71頁（野村武司・獨協大学法科大学院教授の発言）。

[7]　臨床法学教育学会・前掲6書・ジュディス・ヴェルヒ・ウェグナー／訳石田京子［講演］。「知識、技能、価値観の統合──カーネギー・レポートの知恵と臨床教育」14頁に「担当事件の相互報告会」の意義が述べられている。

[8]　同様のアプローチを採用した教材として、中川丈久＝斎藤浩＝石井忠雄＝鶴岡稔彦編『公法系訴訟実務の基礎』（弘文堂、2008年）が公刊されている。

して企画された。最初は長谷川貞之教授、その後は花本広志・湯川益英の両教授とともに合同してなされた。長谷川貞之教授との合同の演習は、民法演習（不法行為法）として開講された。

　実務家教員としては、公法演習と民事法総合演習Ⅶ（不法行為法）とは共に、受講生が実務の現場で活用できるように訴状や答弁書、準備書面などを示しつつ、具体的な審理、裁判手続について自己の実務経験を交えながら議論を展開していくことを企画した。法科大学院の開校当時は、従前の司法修習の前期修習までを法科大学院において学修することが企図されたからである。

　民事訴訟法演習は、坂本恵三教授が他の研究者と共同して作成したオリジナル教材を用いた。具体的な判例に基づく事例を教材とし、民事訴訟法の主要な論点に関する、当事者の法律構成と主張事実及び裁判所の事実認定と法的判断を担当教員が受講者に質問し、議論するスタイルで14回の演習が進められた。資料3のシラバスのうち、偶数回分が筆者の担当となったが、教材とする事例を分析し、その事例における訴訟法上の問題を発見し、訴訟法上のルールを事実関係に当てはめ、事案を解決する能力を養うことを目標とし、その演習の過程において、実際の民事訴訟手続の運用について、実務家の視点からのコメントを付加することとした。

　民事法総合演習Ⅷ（民法・民事訴訟法）は、民事系の司法試験科目として、民法・民事訴訟法の融合問題が出題されるということをふまえて、それに対応することをも目標とした。特に、法科大学院における演習教材として、研究者と司法研修所の民事裁判教官らの共同執筆にかかる鎌田薫外『民事法Ⅰ総則・物権』、同『民事法Ⅱ担保物権・債権総論』及び同『民事法Ⅲ債権各論』（いずれも日本評論社、2005年）が出版されていたことから、これを参考に、より詳細なオリジナル事例を作成し、その解答レポートを添削して講評するという、双方向形式の構成とした。法科大学院においては、本来ならば、上記民事法総合演習Ⅶ（不法行為法）等の科目を履修することにより、民法・商法・民事訴訟法という科目を超えた総合的能力を養うことが理想ではあるが、現実には、それだけでは、新司法試験に対応することができない。結局のところ、民法・商法・民事訴訟法の

うちの 2 科目融合問題という新司法試験に対応する科目は、機敏に設けるとすると、実務家教員が、上記『民事法Ⅰ』～『民事法Ⅲ』を用いて教えることくらいしか考えられなかったからである。

以下では、演習の具体的内容を示し、今後の法曹教育の参考として論じる。

3 公法演習Ⅱ（行政法）

資料 1 のシラバスに従うと、授業計画 1・2（第 1 回）は、行政手続法の制定前にタクシー事業の許認可処分をめぐり筆者が取り扱った事件を教材化した。授業計画 5・6（第 2 回）は、行政機関情報公開法について、情報公開請求、不開示決定、不服申立て、不開示決定処分取消訴訟の第 1 審、控訴審、上告審までの一連の流れを、実際の事件を教材化し、行政手続と行政争訟を全体として理解することができるように工夫した。これについては、一部を構成し直して拙稿「情報公開訴訟」実務公法学会編『実務行政訴訟法講義』（民事法研究会、2007 年）503 頁に発表している。

授業計画 9・10（第 3 回）は、行政機関個人情報保護法、行政不服審査法、行政事件訴訟法などを学修することとあわせ、取消訴訟と訴訟要件（処分性、訴えの利益、原告適格、狭義の訴えの利益、被告適格、出訴期間等）について学修するものとして構成した。

資料 5 の 1 の設問を事前に配布した。上記の論点について、設問中には（資料 1）から（資料 15）まで準備した。このうち、資料 5 の 2（設問中の資料 11）ないし資料 5 の 6（設問中の資料 15）で原告適格論を論じたものである。筆者が原告訴訟代理人を務めた志布志湾公有水面埋立免許にかかる鹿児島地判昭和 62 年 5 月 29 日・判時 1249 号 46 頁、福岡地裁宮崎支部判平成元年 5 月 15 日・判タ 710 号 143 頁を参考に教材化したものである。

行政事件訴訟法 9 条の原告適格について、塩野宏『行政法Ⅱ〔第 3 版〕』（有斐閣、2004 年）をとりまとめたレジュメを基に、法理論を説明するとともに、原告柳井谷五男（資料 5 の 2（設問中の資料 11））、同藤後左右（資料 5 の 4（設問中の資料 13））らの訴訟進行上の風景を随所に

織り込んで、行政訴訟において、原告適格論がこれまでいかにハードルの高いものであったかを解説した。俳人としても著名な藤後左右の『ナミノコ貝』の肉声[9]を伝えたかった。また、資料5の5（設問中の資料14）熊本一規の言い分において展開される第一種共同漁業権の総有論は、民法学の擡頭我妻栄・東大教授の鑑定意見書を手がかりとして、熊本一規・明治学院大学教授が、水産庁における関係諸規則の基礎をなすものとして顕在化させたものである[10]。演習では、やがて、この熊本・総有論が全国の埋立て開発を阻止するための理論として展開されていることを付言した。もっとも、演習履修の先には司法試験が待っている。設問の作成にあたっては、当時、いち早く出版された高木光外編『ケースブック行政法〔初版〕』（弘文堂、2004年）の設問を参考とした。

　授業計画13・14（第4回）は、土地区画整理事業における仮換地指定と換地処分がなされた事例を基礎として、いわゆる青写真判決（最判昭和41年2月23日・民集20巻2号271頁）における土地区画整理事業の土地区画整理事業の換地計画に処分性がないことを中心として、換地計画に不満を有する換地対象者がどのように行政訴訟を組み立てるかについて検討することとした。

　この演習をくり返すうちに、最判平成20年9月10日・民集62巻8号2029頁によって青写真判決は判例変更されることとなった。そこで、従前は、換地計画の違法確認訴訟を提起していた事案について、換地計画に処分性があることを前提とする換地計画処分取消訴訟に訴えを変更した実際の担当事件の事例も、演習に組み入れることとした。

---

[9]　藤後左右『ナミノコ貝』（現代俳句協会、1986年）106頁。

[10]　熊本一規『過剰社会を超えて──環境・開発と住民の論理』（八月書館、1985年）202頁。同「共同漁業権は誰のものか」『持続的開発と生命系』（学陽書房、1995年）167頁。浜本幸生監修『海の『守り人』論──徹底検証・漁業権と地先権』（まな出版企画、1996年）193頁（熊本一規＝浜本幸生対談）。なお、同書第3編に「我妻栄『鑑定書』総有説」が復刻されている。その他、第1種共同漁業権の法的性質については、田平紀男『日本の漁業権制度──共同漁業権の入会権的性質』（法律文化社、2014年）192頁。

授業計画17・18（第5回）は、筆者が担当した租税延納申請却下処分等取消請求についての、税務署に対する異議申立て、国税審判所に対する審査請求、さらに同処分等取消請求訴訟の第1審、控訴審、上告審という一連の行政争訟の流れに沿って、訴えの利益や違法性の承継論という行政事件訴訟法の論点について、設問形式で起案させ、これを添削しながら双方向での演習を行うものとした。

授業計画21・22（第6回）は、やはり筆者が担当した医療費、医療手当不支給決定取消請求訴訟の福島地判平成8年8月23日・判タ939号102頁と、その後の国家賠償請求訴訟の東京地判平成13年3月28日・判タ1168号141頁を素材とした。三種混合ワクチンの予防接種とその後に生じた重度心身障害との間に因果関係があるとして、予防接種法に基づく医療費等の不支給処分が取り消された。さらに、その医療費等の支給だけでは不十分であるとして、上記因果関係、被接種者の禁忌該当性、接種担当者の過失がいずれも認められ、国家賠償責任が肯定された事例を通じて、国家賠償請求と損失補償請求の関係にも論及することとした。この訴訟の原告は、ちょうど、法科大学院学生の多くと同年代にあたることから、原告とその家族の生活状況を説明し、予防接種禍は「悪魔のくじ」と呼ばれ、確率的にはごくわずかではあるが、必ず発症する人がいることから、決して他人事ではないことを心して、それを忘れず、学修に励むことなどを伝えた。

授業計画25・26（第7回）は、違法公金支出金返還請求にかかる住民訴訟を素材とした。これも筆者が取り扱った東京地判平成19年1月30日・判時1973号23頁と東京高判平成19年9月26日・判時1992号50頁である。上掲東京地判では東京都知事ら特別職が政策実現のため有識者との意見交換ないし情報収集を目的として行った接遇にかかる交際費の支出のうち、(1)東京都が提供し、都知事自身が出演している番組の担当プロデューサーとの、当該番組の制作方針に関する意見交換のための会合に要した費用と、(2)地位等不詳の航空関係者5名との、東京都の航空政策の推進策に関する意見交換のための会合に要した飲食費用の各支出が、地方自治法232条1項に反し違法であるとされたが、上掲東京高判では、(1)のみ

が認容された。この訴訟は、法科大学院の教材とするために提起したものであるが、2010年の司法試験公法系科目第2問では住民訴訟も出題された。学生にとっては無駄ではなかったはずである。

　一言で行政訴訟といっても、多くの行政実体法の個別分野がある。演習として、そのいくつかの分野を素材としたが、教材と解説レジュメが大量のものとなり、限られた授業時間内では、行政法の基礎力を有する学生にとっては格好の教材とはなったが、すべての学生が必ずしも消化しきれないことも明らかとなった。このため、曽和俊文＝金子正史『事例研究行政法』（日本評論社、2008年）が公刊されるに及んで、この自家製の教材は用いることなく、その一部を資料として用いるにとどめ、『事例研究行政法』の第1部を教材とすることとした。

　その後、入学者が減少したため、2クラスの演習が1クラスになるに及んで、野村武司教授が1人で公法演習を担当することとなり、『事例研究行政法』の第1部が使用された。筆者は、総合特講（憲法・行政法）を担当し、木下智史＝村田尚紀＝渡辺康行『事例研究憲法』（日本評論社、2008年）第1部と上掲『事例研究行政法』第2部を教材として、その中で、裁判実務上の資料を用いることとした。例えば総合特講の憲法の部では、第1回演習の冒頭でいわゆる法廷メモ事件（レペタ事件）最判平成元年3月8日・民集43巻2号89頁の上告理由書（同民集105頁）を取り上げ、ローレンス・レペタ＝浜田純一（訳）＝三宅弘＝山岸和彦＝鈴木五十三＝秋山幹男＝喜田村洋一『MEMOがとれない──最高裁に挑んだ男たち』（有斐閣、1991年）の拙稿「裁かれる日本の法廷─訴えの提起まで」（29頁）の経緯を説明しつつ、上告理由書の理論構成があってはじめて、この最高裁大法廷判決があるのであり、如何に、原告の側の憲法上の主張が大切であるかを説明した。そして、新司法試験の出題形式において、「設問1　原告の主張、設問2　被告の主張を想定しつつ、自身の見解を述べること」という構成となっていることが、現実の訴訟実務をふまえたものであるということを納得してもらう。このような説明をレペタ事件の訴訟代理人から聞くことで、憲法学を学び実務に生かす姿勢が身につくことを期待した。

4　民事法演習

(1)　民事法総合演習Ⅶ（不法行為法）は、資料2のシラバスに従うと、授業計画21・22（第11回）に資料6のB新聞1988年11月19日付朝刊29面に掲載された記事、「何を語る　推理小説137冊」との見出しのほか、「ロスのすし屋に"蔵書"」「『異常な読み方』ジャンル選ばず手当り次第に」等の小見出しを付した8段抜きの記事にかかる、損害賠償請求事件を素材としたものである。東京高判平成6年2月8日・判タ859号208頁、最判平成10年1月30日・判タ967号120頁、差戻後の東京高判平成11年3月8日・判タ1058号213頁として判例集に掲載された事件であるが、資料6のB新聞記事（設問中の（資料3））と資料7民事法総合演習Ⅶ（不法行為法—三宅／第2回）〔設問〕と資料8（設問中の（資料1））陳述書（B新聞大坂本社・社会部乙山次郎）、資料9（設問中の（資料2））訴状をふまえて、不法行為法における名誉毀損の法理を学ぶこととしたものである。上掲東京高判平成6年2月8日の口頭弁論においては、柴田保幸裁判長が米国の不法行為法における意見免責の法理について控訴人側に釈明を求めたことや、それをふまえての意見免責法理の判決がなされたが、上掲最判平成10年1月30日においては、その直前の最判平成9年9月9日・判タ955号115頁をふまえて、意見免責の法理を否定し、被告人の読書歴等に基づき犯行の動機を推論する内容の新聞記事は事実を摘示するものであるとされて、東京高判に破棄差し戻された。差戻後の上掲東京高判平成11年3月8日は、当該犯行の動機を推論する内容の新聞記事は、同人の社会的評価をさらに低下させるものではないから名誉毀損に該当せず、仮に名誉毀損に該当するとしても、真実性ないし真実相当性が認められるとして、名誉毀損の不法行為の成立を否定したものとなった。本件記事に関わる、いわゆるロス疑惑殺人事件においては、東京高判平成10年7月1日・判時1655号3頁は、殺人罪等につき、相被告人を銃撃の実行犯とする殺人罪の共同正犯の事実も氏名不詳者を銃撃の実行者とする殺人罪の共同正犯も認められないとして、1審原告無罪の判決を言い渡し、最判平

成15年3月5日・刑集283号345頁は、「刑訴法405条の上告理由に当たらない」と判示したうえで、「(なお、所論にかんがみ記録を精査しても、被告人が氏名不詳者と共謀の上Aを殺害したと認めるにはなお合理的な疑いが残るとした原判決の判断は、是認することができる。)」と判示している。刑事事件としては殺人罪につき無罪であるとしても、名誉毀損訴訟においては、本件記事内容に真実ないし真実相当性が認められ、当該被告人からの損害賠償請求が棄却されるという、名誉毀損訴訟の特性、さらには真実相当性の法理が適用されることによって報道の自由が重要視される司法の現場の様子を学生に伝えることができた。この点は、法律実務家による民事法演習の特徴といえよう。

(2) 民事訴訟法演習は、資料3のシラバスに従うと、授業計画1・2（第1回）において、紛争解決団体の当事者適格等を取り扱うこととされた。

筆者は、大学入学当初は、東京大学工学部の若手研究者のもとに行き、原発の危険性を学んだ。政治学や社会学を学びながら、原発をコントロールできるか調査研究したが、あまり有効とは思えず、さりとて政治家になっても原発を廃絶することができるとは想定できず、結果として弁護士になることを志した。その経緯は、前掲『東大闘争と原発事故——廃墟からの問い』第3章「『主張することと立証すること』から原子力情報の公開を求めて」（159頁）や前掲『原子力情報の公開と司法国家』5頁で明らかにした。司法試験合格後に環境訴訟に興味を持ち、松下竜一『豊前環境権裁判』（日本評論社、1980年）を読みながら、改めて民事訴訟手続を自習した。この環境権裁判の最判昭和60年12月20日・判タ586号64頁は、一定の地域の代表として環境権に基づき火力発電所の操業の差止め等を請求する訴えを提起した著者らには、当該地域の住民からの授権により訴訟追行権を取得するなど任意的訴訟担当の要件を具備していない以上、当該訴訟につき原告適格がないと判示したが、この最判をふまえて、法定訴訟担当や任意的訴訟担当について学ぶ過程において、筆者自身がなぜに弁護士を志したかについても述べることができた。

また、授業計画5・6（第3回）弁論主義の諸相等や9・10（第5回）

証明責任等においては、要件事実論を教育することができた。

5　要件事実論と「筋と位取り」

　要件事実論は、最近の研究成果としては、司法研修所編『紛争類型別の要件事実―民事訴訟における攻撃防御の構造』（法曹会、1999 年）や同編『問題研究要件事実――言い分方式による設例 15 題』（法曹会、2003 年）などの教育素材として結実してきたが、法科大学院教育においては、伊藤滋夫『要件事実の基礎――裁判官による法的判断の構造』（有斐閣、2000 年）や伊藤滋夫＝山崎敏彦編『ケースブック要件事実・事実認定』（有斐閣、2002 年）等によって展開された。最近では、民法学者による研究成果もふまえて、村田渉＝山野目章夫『要件事実論 30 講』（弘文堂、2007 年）によって、伊藤滋夫博士流に言えば、「要件事実論のうちの基礎理論（すなわち実務教育の理論的側面）」は学生が自習できるところまで教育素材は整備されたと解してよい。もっとも、伊藤博士は「まず、本件における具体的な事実関係の正確な把握（現地調査、関係者からの事情聴取を含め）が必要である（もとよりその場合に要件事実論的な観点を頭において聞くことも重要である）。その把握ができたら、当事者の真の希望がどこにあるかを十分に考えながら、本件における諸々の関係事実を、要件事実とそれ以外の事実を明確に分別し、争点となる要件事実と関係する間接事実としてはどのようなものがあるか、要件事実についてはどのような法律構成をすべきか（要件事実の基礎理論の実務への適用の一例である）、関係する判例・学説はどうかなどを考え、種々の法律構成について、その立証の難易などを十分に考え、事件処理の見通しを立てなければなるまい。あくまで正確な事実を把握し、将来の見通しをも踏まえた要件事実論を考えた法律構成をすることが肝要である。また、いわゆる「事件の筋」とか「すわりの良さ」といったことも十分に考えなければならない」[11] という

11　伊藤滋夫『要件事実の基礎――裁判官による法的判断の構造』（有斐閣、2000 年）284 頁。

ことを指摘する。そして、「基礎理論の実務への適用（すなわち、実務教育の実務的側面）」[12] については、「法科大学院において行うことの困難な実務教育は、莫大な費用と時間をかけて法科大学院を整備して、同所でそれを可能にする（もとより、それは、費用と時間を限りなくかければ実現可能なことである）よりも、司法修習制度のような実務教育実施のための専門的制度に委ねることの方が、実務的で賢明であると考える」[13] と指摘していた。法科大学院教育が、合格率20パーセント台の司法試験の合格という制約下において展開されている現状においては、せいぜい、裁判所派遣教員による「民事訴訟実務の基礎」講座や、「法律文書作成」講座等で、要件事実論をふまえて裁判実務や契約の作成等について教育するにとどまっている。

　もっとも、要件事実論を「基礎理論の実務への適用」として裁判官のみならず学者・研究者が研究するに及んで、山本敬三『民法講義Ⅳ―1、契約』（有斐閣、2005年）のように、要件事実を整理した契約法の教科書も公刊された。

　また、要件事実論は、行政事件訴訟法における裁量権の逸脱濫用論に新たな視点を摘示している。たとえば、「より重要なことは、裁量権の逸脱濫用という評価的要件について、どの事実を評価根拠事実とし、評価障害事実とするかという振り分けである」[14] と指摘し、侵害処分・授益処分説を前提として、事業認定にかかる要件の適合性を主張立証するにあたり、「原告が請求原因として訴訟要件の充足を主張立証し、違法であることを指摘すれば、被告が抗弁として処分の適法性を主張立証すべきことになる」[15] とする。そして具体的な要証事実としては、土地収用法20条3号の要件充足性の評価根拠事実として都心部の交通混雑緩和効果や費用便益分

12　伊藤・前掲注11書286頁。

13　伊藤・前掲注11書286、287頁。

14　越智敏裕「新たな環境行政訴訟の形式と要件事実」伊藤滋夫編『環境法の要件事実―法科大学院要件事実実務教育研究所報第7号』（日本評論社、2009年）113頁。

15　越智・前掲注14論文110頁。

析等を被告が主張するのに対し、原告が、騒音・大気汚染、貴重な自然の破壊のおそれ、代替案の不検討と代替案の優越を評価障害事実として主張立証する。そして、「20条3号充足性の評価障害事実は、同時に裁量権の逸脱濫用の再抗弁ともなる」[16]とされる。このことは、法科大学院教育において要件事実論が積極的に展開されてきた先端的事例の一つである。

筆者は、行政法演習と民法・民事訴訟法の演習を共に教育することにより、極めて広範囲に、民事法の学者、行政法の学者、民事裁判官、弁護士等の実務家が相互に交流し合う研究・教育の領域に位置し、法曹実務家の研究と教育のあり方を探究することができた。

資料4のシラバスで授業計画を示した前掲『民事法Ⅰ』〜『民事法Ⅲ』を用いての民事法総合演習Ⅷ（民法・民事訴訟法）においても、民法の全分野にわたる主要な諸規定の要件事実論が展開されている。但し、『民事法Ⅰ』〜『民事法Ⅲ』の設問事例は簡単すぎるため、これだけでは司法試験に対応できないことから、自家製の長文設例を教材化したが、最近では松岡久和＝山本敬三＝潮見佳男『民法総合・事例演習』（有斐閣、2006年）を併用して、長文問題に対応した事例分析ができるよう教育している。

また、筆者は、法律文書作成の授業においては、これら民法・民事訴訟法の演習をふまえて、資料10のシラバスのとおり、要件事実論を中心にすえて、民事訴訟における主張の整理、訴状・答弁書・最終準備書面の作成、和解条項・契約書の作成、行政訴訟の訴状、刑事訴訟関係の告訴状等を起案させる演習形式とした。

英米法系とは異なり、パンデクテン法体系の民法等を具備する日本の法制度においては、民事訴訟手続はもとより、和解交渉や事前事後の契約締結交渉等にあっては、1条項ごとに法律効果をもたらすために、要件事実をふまえた条項化作業が求められている。このような実務経験を、当初想定されていた司法研修所前期修習までを法科大学院で履修するとすれば、このような授業になると考えた。従前の取扱事件をふまえて、教材化した。法律実務家、法科大学院生のための日本で初めての本格的な「書き方」の

---

[16] 越智・前掲注14論文111頁。

テキストとされる田中豊『法律文書作成の基本』（日本評論社、2011年）も教育の志向において同様のものである。

　しかし、法学未修者にとっては、3年目においても、このような授業を完全に消化することは困難であった。何よりも、「司法研修所前期修習までを法科大学院で履修する」よりも、まず、司法試験短答式科目を、憲法・行政用・民法・商法・民事訴訟法・刑法・刑事訴訟法の7科目において一定水準に高めなければならないという、法科大学院教育の課外の重い負担が当初の新司法試験において課せられていた。上掲シラバスによる法律文書作成の長文の資料を読む暇があれば、むしろ、短答式試験問題を解くことを優先させなければならない。法科大学院教育は、結局は、司法試験に翻弄された。上掲シラバスは、第68期司法修習生のための司法修習においては、導入修習において実施される内容に類するものである。

　獨協大学法科大学院の開校以来、一貫して法律文書作成の授業を担当しているが、最近は、資料11のシラバスのような構成にしている。瀬川信久＝小林量＝山本和彦＝山田文＝七戸克彦『事例研究民事法』（日本評論社、2008年）には、事例問題中に詳細な資料が添付されており、資料中の契約書等を解説するだけでも十分に、資料10のシラバスで企図した契約書作成等の実務教育に対応することができると考えたからである。同時に、『事例研究民事法』を教材とすることで、司法試験民事系科目の民法・民事訴訟法の論文試験にも対応できると考えたからである。

6　結びに代えて──法科大学院の再編の渦中にあって

　筆者は、この論文執筆中に、2015年度第二東京弁護士会会長兼日本弁護士連合会副会長となり、この副会長の職務として、法科大学院の再編の作業をバックアップする立場となった。

　獨協大学における11年にわたる、マージナル・マン的な教育活動を生かし、本稿で述べた教育理念をふまえて、すべての法科大学院において、大学院生の起案をていねいに添削しながら教育していけるような、手厚く、よりよい法科大学院教育が実現するように汗を流したいと考えている。

(2015 年 3 月 31 日脱稿、獨協ロー・ジャーナル 10 号（2016 年 2 月）21 頁初出）

資料

資料1　公法演習Ⅱシラバス

授業計画

	テーマ	授業内の学修活動
1 三宅	申請処理の手続、行政指導の規律	申請に対する処分手続の流れを、到達主義等の諸原則とともに、正確に理解する。 審査基準の意義と問題点、標準処理期間と行政処分の不作為の関係を理解する。 また、従来、申請処理に際して多用された「(不)受理」、「返戻」等について理解する。 具体的検討は訴訟においてなされるが、取消訴訟の原告適格の範囲、訴えの利益など訴訟法との関係も意識する。 行政指導の法的性質を確認するとともに、行政手続における行政指導の態様を整理する。 行政指導に従わなかったことを理由とした不利益な取り扱いについて検討する。
2 三宅	不利益処分の手続	事例の検討、討論。 不利益処分に際してとられる手続について正確に理解する。 処分基準の意義と問題点を検討する。 聴聞手続を詳細に検討し、行政手続法上のルールとされる「告知」と「聴聞」が具体的にどのような形で制度化されているかを知る。 聴聞手続中の文書閲覧請求と情報公開との異同を検討する。
3・4 野村	事件を理解する(1) ――事実の把握と法令調査	開発紛争事例を取り上げる。開発紛争事例は、行政庁の処分を挟んで複雑に利害が絡み合う問題であり、その法制度もまた複雑である。さらに行政法上の諸論点もまた多く含まれることから、開発紛争事例を素材として、事件の発生から判決に至る行政法上の、都市計画法制上の争点を深める。まずは、事実関係を把握し、関連法令について調査をし、その概要と問題点を探る。
5 三宅	情報公開法、行政不服審査法、行政事件訴訟法	行政過程の公開の観点から、情報公開法・情報公開条例の主な論点―対象情報、不開示情報、部分開示義務、存否応答拒否処分などを事例を通じて検討する。
6 三宅		事例の検討、討論。 不開示決定処分と不服申立て、執行停止、処分取消訴訟などについて事例に即して学ぶ。管轄裁判所の定めについて知る。その際、情報公開の管轄裁判所に関する規定などについてもふれる。
7・8 野村	事件を理解する(2) ――事実の把握と争点整理	把握した事実と法令をもとにして、争点整理を行う。行政庁、開発事業者、住民の三者関係を念頭に置きながら、それぞれの立場からみた争点を整理する。
9 三宅	行政機関個人情報保護法、行政不服審査法、行政事件訴訟法など	行政過程における個人情報保護の観点から、行政機関個人情報保護法の主な論点を、行政不服審査法、行政事件訴訟法、個人情報保護法などについての事例を通じて検討する。
10 三宅	取消訴訟と訴訟要件(1)	事例の検討、討論。 対象情報、利用目的明確化、適正取得、正確性の確保、安全管理、本人参加の諸原則、本人情報開示、訂正、利用停止等請求権などについて、事例に即して学ぶ。 訴訟要件(処分性、訴えの利益・原告適格、狭義の訴えの利益、被告適格、出訴期間等、)について整理する。
11・12 野村	訴訟の提起(1) ――訴訟形式の選択、手続法上の諸問題、訴訟要件の主張	事例の検討、討論。 争点に対して、いかなる訴訟形式を選択するかは、近年、特に重要な論点となっている。また、証拠収集等も含めて、選択する訴訟形式に伴う手続上とるべき手段、さらに訴訟を提起する際の訴訟要検討訴訟法上の問題を扱う。
13・14 三宅	取消訴訟の審理と判決	土地区画整理法と関係条例をふまえて換地処分取消訴訟にかかわる、訴訟物、立証責任等の行政処分取消訴訟の論点について整理する。 土地区画整理事業にかかわる換地処分取消訴訟の事例の検討、討論。
15・16 野村	訴訟の提起(2) ――本案の争点と判例調査	争点ごとに設例をたてて、関連する判例を調査し、行政法上並びに都市計画法制上の論点を深める。
17・18 三宅	取消訴訟とその他の訴訟選択	簡単な事例問題を通して、どのような訴訟を提起するかを論じる。
19・20 野村	訴訟の提起(3) ――本案における主張	事業者を原告とする行政訴訟に関して、本案における争点を整理し、その主張を構成、作成、検討する。
21 三宅	国家賠償法の仕組み	国家賠償法の仕組みについて学ぶ。 損失補償制度との異同と国家賠償制度と損失補償制度の谷間にある問題についても整理する。
22 三宅	国家賠償法と公権力責任	事例の検討、討論。 国家賠償法1条仕組みについて整理し、賠償の要件を整理する。 国家責任の性質についての理解を深める(公務員の故意過失か賠償責任、代位責任か自己責任か)。 公権力の意義についての判例、学説を検討する。
23・24 野村	訴訟の提起(4) ――本案における主張	住民を原告とする行政訴訟に関して、本案における争点を整理し、その主張を構成、作成、検討する。
25 三宅	その他の行政訴訟	地方自治法を概観したうえで、住民監査請求と住民訴訟とを取り上げる。
26 三宅	その他の行政訴訟(2)	事例の検討、討論。
27・28 野村	判決とその検討	判決を予想し、判決を作成、検討する。

資料2　民事法総合演習Ⅶ（不法行為法）シラバス

授業計画
花本教授担当

	テーマ	授業内の学修活動
1・2	ガイダンス 不法行為制度の意義・目的	本演習の進行方法と目的・狙い ・わが国の不法行為制度 ・不法行為法の制度目的（損害のてん補・不法行為の抑止・制裁） ・市民法原理としての過失責任主義とその修正 ・比較法からみた民法709条の意義 ・不法行為法と契約法との交錯・制度間競合、請求権競合 ・損害賠償としての民事責任 ・労災・公害・交通事故と民事損害賠償制度 【附】文献購読・原典で読む現代不法行為法

（中略）

湯川教授担当
（中略）

三宅担当

	テーマ	授業内の学修活動
19・20	公害・環境責任	・生活妨害の種類・内容 ・生活妨害と公害との関係 ・差止請求と受忍限度論 ・民法と建築基準法などとの関係
21・22	名誉毀損・プライバシー侵害と違法性阻却	・名誉毀損の成立要件と違法性阻却 　真実証明、相当性 　公正な論評の法理、現実的悪意の法理など ・プライバシー侵害と違法性阻却 ・その他 ―― 死者の名誉毀損、氏名・肖像権の侵害、差止請求の可否 ・個人情報保護法とプライバシー権の保護
23・24	医療過誤と証拠保全	・医療契約と不法行為責任 ・証拠保全等によるカルテの入手と医療過誤訴訟の提起 ・予防接種禍と不法行為責任 　専門家による因果関係の立証など 　消滅時効と不法行為責任 　判例研究 ・個人情報保護法とカルテ開示、医療情報についてのガイドラインなど

花本・湯川・三宅合同演習

	テーマ	授業内の学修活動
25・26・27・28	交通事故の事例研究 （模擬裁判形式での原告・被告・裁判官による主張立証と和解による紛争解決）	・自動車事故と民法・自賠法 ・損害の分類と損害賠償の範囲 　後遺障害と因果関係 　逸失利益 　　―― 中間利息と控除方法 　　―― ホフマン式とライプニッツ方式 　間接損害 　慰藉料 　過失相殺 　訴因減免など

29・30	定期試験	

資料3　民事訴訟法演習シラバス

授業計画

	①テーマ	②授業内の学修活動
1	①団体の当事者能力・当事者適格（三宅）	1　紛争解決団体の当事者適格 2　入会団体の当事者能力 3　消費者団体の当事者適格
2	同上	同上
3	②判決手続の基本と保全・執行（坂本恵）	1　判決手続の諸問題 2　弁護士の対応 3　執行及び執行関係訴訟概観
4	同上	同上
5	③弁論主義（三宅）	1　弁論主義の諸相 2　「主張の必要性」の諸相 3　「主張の必要性」の具体的適用
6	同上	同上
7	④団体内部紛争における審判権と当事者適格（坂本恵）	1　法律上の争訟と裁判所の審判権 2　法人の内部紛争における当事者適格
8	同上	同上
9	⑤証明責任（三宅）	1　証明の基礎 2　否認と抗弁 3　証明責任の転換
10	同上	同上
11	⑥裁判上の自白（坂本恵）	1　自白が成立する範囲 2　自白の撤回
12	同上	同上
13	⑦証明に関する諸問題（三宅）	1　証明度 2　事実上の推定 3　損害額の認定
14	同上	同上
15	⑧争点整理（坂本恵）	1　争点整理 2　専門的知見の活用
16	同上	同上
17	⑨既判力の客観的範囲（三宅）	1　訴訟物と既判力 2　判決理由中の判断の拘束力 3　訴訟上の相殺
18	同上	同上
19	⑩文書提出命令・鑑定・証拠保全等（坂本恵）	1　文書提出命令 2　鑑定 3　証拠保全 4　提訴前の証拠収集処分等
20	同上	同上
21	⑪共同訴訟（三宅）	1　共同訴訟 2　共同所有関係と共同訴訟 3　同時審判申出共同訴訟
22	同上	同上
23	⑫一部請求・訴訟上の信義則（坂本恵）	1　一部請求の可否 2　一部請求と訴訟所の信義則 3　一部請求と相殺・重複訴訟 4　判決確定後の後遺障害請求
24	同上	同上
25	⑬債権者代位訴訟（三宅）	1　債権者代位訴訟の諸問題 2　債務者の手続権保障 3　再訴禁止の効果 4　冒頭の事案
26	同上	同上
27	⑭訴えの取下げ・訴訟上の和解（坂本恵）	1　訴えの取下げ 2　訴訟上の和解 3　調停
28	同上	同上
29	定期試験	
30	同上	

資料4　民事法総合演習Ⅷ（民法・民事訴訟法）シラバス

授業計画

	テーマ	授業内の学修活動
1 2	法の基本原則	個人の尊厳と公共の福祉、承継書の証拠調と証明。
	制限能力	民法上の意思能力と行為能力の区別、氏名冒用訴訟、補助人の意義、冒用者の補助人への就職と氏名冒用訴訟の帰趨。
	虚偽表示と民法94条2項類推適用	94条2項類推適用、執行逸脱目的の登記移転
	錯誤・詐欺・強迫と情報提供義務	錯誤・詐欺・強迫と意思表示理論、消費者契約法、訴訟行為における意思表示の瑕疵。
3 4	代理権の不当な行使	代理権悪用の意義、判断基準、法律構成、弁論主義。
	無権代理・表見代理と相続	無権代理契約の相手方による契約の履行請求、同時審判の申出がある共同訴訟と主観的予備的併合。
5 6	物権法定主義	物権法定主義と譲渡担保
	二重譲渡	所有権取得の第三者への対抗、訴訟告知と補助参加。
	取得時効と登記	取得時効と登記、取得時効と他の取得原因との競合、他主占有から自主占有への転換、建物収去土地明渡訴訟における主張立証。
7 8	即時取得	占有による動物（家畜と家畜外）の取得・即時取得など、口頭弁論終結後の承継人。
	共有	共有者相互間の明渡請求、共有物の管理行為、共有物の賃貸借、遺産確認訴訟と共有持分に関する移転登記請求訴訟など。
9 ｜ 12	同時履行の抗弁	売買契約の性質、履行期日と履行場所の特定、所有権移転時期と転売の効力、同時履行の抗弁の要件事実。
	特定物売買における危険負担	危険負担の民法上の問題、要件事実、主張立証責任。
	契約解除の要件・効果	問題の所在、付随的義務の違反と解除、複合的契約関係の処理。
	手付け	手付けの意義、解約手付けと違約手付け、手付けと履行の着手、損害賠償との関係、契約の拘束力と手付けとの関係。
	瑕疵担保責任	中古住宅の売買、特定物の瑕疵と売主の責任、両当事者の攻撃防御。
	種類債務の特定、受領遅滞ほか	種類債務の特定、受領遅滞に基づく損害賠償請求の要件具備、反訴の要件。
	安全配慮義務・履行補助者の故意過失	安全配慮義務と労災保険給付、安全配慮義務違反の要件事実と証明責任。
	損害賠償額の算定基準時	目的物引渡請求、代償請求についての民事訴訟法上の性質、目的物の価格が下落した場合の賠償額、将来の給付を命じる判決の拘束力、債権侵害。
13 14	金銭消費貸借と利息の引き直し	利息・損害金の請求の可否、利息の天引と過払金の返還、貸金返還請求訴訟の攻撃・防御。
	保証	保証債務の訴訟物と要件事実、共同訴訟。
	賃貸人の交替	新賃貸人による賃料請求、敷金返還義務の承継、訴訟承継・引受承継・参加承継。
	転貸借	基本賃貸借の解除と転貸借、訴訟参加の方法。
	留置権	借家契約の終了と敷金返還請求権・留置権、留置権の主張と引換給付判決。
15 16	請負契約における所有権の帰属	建物所有権の帰属と注文者－下請負人の関係、請負契約上の特約の効力と請負人の地位。
	契約代金の一部請求	製作物供給契約、一部請求と二重起訴、一部請求の相殺の抗弁、一部請求と残額請求、一部請求と時効の中断。
	相殺	債権譲渡と相殺、相殺の抗弁と二重起訴の禁止、別訴が一部請求の場合。
	委任の終了	委任の解除を認める要素、訴訟代理権、不解除特約の効力、「受任者の利益」性。
17 18	無効・取消しと不当利得	無効・取消しの範囲、不法原因給付、二重効問題、訴訟物の個数、請求原因・抗弁・再抗弁、複数の攻撃防御方法の審理順序。
	不当利得と転用物訴訟	不当利得と証明責任、転用物訴訟。
19 20	損害賠償と差止め	人格権・環境権及び不法行為に基づく損害賠償及び差止め、公害・環境訴訟の当事者適格、請求の特定と将来給付の訴え、集団訴訟における損害賠償額の証明。
	生命侵害	扶養利益の請求と逸失利益の相続、客観的併合形態、独立当事者参加。
21 22	抵当権に基づく妨害排除請求・明渡請求	無権原者に対する明渡請求、賃借人に対する明渡請求の要件事実、訴訟提起前の保全措置。
	物上代位	価値権・非占有担保権としての抵当権の性質との関係、付加的物上代位の特殊性（債務不履行要件）、賃借人と抵当権の負担、304条の「債務者」の解釈、執行妨害への対処、賃料債権に対する執行手続（物上代位と担保不動産執行）。
	法定地上権と一括競売	更地への抵当権設定と法定地上権、土地建物一括競売、土地建物共同抵当における建物再築と法定地上権。
	共同抵当と代位	異時配当における代位と物上保証人の法定代位との関係、一部担保解除と担保保存義務。
23 24	譲渡担保	譲渡担保実行前の法律関係、譲渡担保権の実行と譲渡担保者の権利、清算金の確保。
	集合動産譲渡担保と動産売買先取特権	集合物上の譲渡担保権の成立可能性、譲渡担保の対外的効力、第三者異議の訴えの可否、譲渡担保と動産売買先取特権の優劣。
	債権質・債権譲渡担保・代理受領・振込指定	債権を担保する方法とその利害得失、譲渡禁止特約付債権の担保化の方法。
25 26	債権者代位権とその転用	債権者代位権の要件、債権者代位訴訟の既判力、被保全債権についての判決効、登記請求権と債権者代位権の転用。
	詐害行為取消権	詐害行為取消権の要件事実、取消債権者と受益者の一般債権者との優劣。 弁済行為の詐害性及び按分額の支払拒絶の抗弁の可否、抵当権付不動産の譲渡行為の取消。
27 28	債権譲渡と対抗要件	優先の基準と債務者への対抗（権利行使）、弁済請求と拒絶の可否、第三債務者への任意弁済と当事者相互間の法律関係。
	異議を留めない承諾	債権譲渡の異議を留めない承諾、譲受人の善意、口頭弁論終結後の解除権の行使と遮断効、債務者の異議を留めない承諾が及ぶ人の範囲。

| 29
30 | 定期試験 | |

資料5の1　公法演習〈行政法—三宅　第3回〉

【設問】

　弁護士法人獨協綜合法律事務所の勤務弁護士として、同法律事務所において事件を受任したと仮定して、以下の質問に答えよ。回答は2000字以内とし、下記配点に即してバランスよく回答されたい。なお、本件事案に記載された日時にかかわらず、本件については、下記質問1及び3記載の各受任時において効力を有する法令は、本件事案に記載された日時以前にすべて適用されるものとし、また同日までに言い渡された判決等は上記日時以前にすべて言い渡されているものとして検討せよ。検討にあたって、提供された資料によっては事実関係についての情報が不十分であると考える場合には、回答においてその旨を指摘するとともに、こうした事実の存否によって結論にどのように違いが出るかについても述べるものとする。

質問1
　銀林望子の陳述書（資料1）、結城市個人情報保護条例（資料2）、結城市個人情報の保護に関する規則（資料3）、結城市立学校処務規程（資料4）、銀林米夫の個人情報請求書（資料5）、同請求に対する開示決定書（資料6）、銀林望子の個人情報請求書（資料7）、同請求に対する不開示決定書（資料8）、異議申立書（資料9）をふまえて、不開示決定処分取消訴訟の訴状の請求の趣旨を記載して、請求の原因のうち、特に予想される争点を論ぜよ（3点）。訴状の形式で請求原因を記載する必要はない。なお、事件の受任は、2005（平成17）年4月1日とする。

質問2
(1) 銀林望子の主張が認められて、同人が銀林雄太の代理人であること、結城市個人情報保護条例上の対象情報が存在することが第1審判決で確定したと仮定して、その後、結城市は、銀林望子の個人情報の閲覧請求に対し、改めて、同個人情報保護条例13条2項2号及び6号該当を理由として、同閲覧請求を拒否した。そのため、同人は再び閲覧拒否処分の取消を求める裁判を再び提起しなければならなくなった。
　　このような事態を避けるために、改正行政事件訴訟法は、どのような方策を設けているか（2点）。
(2) 銀林雄太の中学での口論の相手方銅峰二は、閲覧拒否処分の取消を認めてほしくない。このため、銀林望子を原告とし結城市長を被告とする閲覧拒否処分取消訴訟に参加したい。どのような参加の方法があるか（1点）。

質問3
　柳井谷五男（資料11）、柳井谷六子（資料12）、藤後左右（資料13）、熊本一規（資料14）の各陳述書と鹿児島県知事の陳述書（資料15）をふまえて、改正行政事件訴訟法の適用があるものとして、公有水面埋立免許の取消しを求める訴状の請求の趣旨を起案したうえで、請求の

原因のうち、誰が原告として適格があるかの部分を論ぜよ（3点）。なお、提訴は、2003（平成15）年11月1日とする。
質問4
　公有水面埋立免許の取消しを求めるだけでは、公有水面埋立工事は止まらない。このような事態に対応し、埋立免許が発せられるのを事前に阻止するため、改正行政事件訴訟法は、どのような方策を設けているか（1点）。

　資料5の2　柳井谷五男の言い分

　私は鹿児島県肝属郡高山町に住居を有する漁民であり、高山町の地先の水面で漁業を営んでおります。また高山町漁業協同組合（以下「高山町漁協」といいます。）の正組合員です。
　鹿児島県知事は、平成8年9月1日、高山町漁協を名義人として、高山町在住の漁民に対し別紙添付の鹿共第57号共同漁業権（以下「57号共同漁業権」といいます。）を免許しました。この共同漁業権は第1種ないし第3種共同漁業を内容とするもので、その存続期間は平成18年8月31日までとなっています。
　免許の名義人である高山町漁協は、この共同漁業権に基づいて所属組合員に漁業を営む権利を与えるために、別紙添付（ただし、抄録）の「第1種共同漁業権行使規則」及び「第2・3種共同漁業権行使規則」を定めています。
　したがって、高山町漁協に所属する組合員であって同漁協が定める各漁業権行使規則に定める範囲内の者は、各漁業権行使規則に定められた方法で、高山町漁協の有する共同漁業権から派生する漁業を営む権利を付与されています。この共同漁業権は、熊本一規・明治学院大学教授等の研究によれば入会権的性質を有し、高山町で漁業を営む者の総有の権利であるということです。それゆえ、高山町漁協の組合員でなくとも、高山町の地元の水面で漁業を営む者は、皆、共同漁業権から派生する漁業を営む権利を有しているはずです。
　ところで、波見港港湾管理者の長たる鹿児島県知事は、石油備蓄基地を建設するという理由で、平成15年8月11日、鹿児島県に対し、公有水面埋立法（以下「法」といいます。）2条1項に基づき、本件埋立免許処分（出題者注－請求の趣旨の起案にあたり、「本件埋立免許取消処分」と特定すること）をなし、同月17日、同法11条に基づき、鹿児島県告示第1392号をもって、同処分を告示しました。
　港湾管理者の長が法2条所定の埋立免許処分をするためには、当該埋立に関する工事の施行区域内における公有水面に関し漁業権を有する者の埋立についての同意を必要とします（法4条3項1号、5条2号）。
　本件埋立免許処分にかかる工事の施行区域内の公有水面（以下「本件公有水面」といいます。）には、57号共同漁業権が設定されているところ、57号共同漁業権は、高山町に住居を有する漁民

の総有に属するものであって、本件公有水面の埋立に対する同意は共有物たる57号共同漁業権の処分または変更に属する行為ですから、鹿児島県知事が本件埋立免許処分をするためには、57号共同漁業権の権利者たる高山町に住居を有する漁民全員の同意を必要としますが、私は、本件公有水面の埋立に同意していません。

すなわち、高山町漁協は、平成14年10月22日、組合員総数166名（うち、正組合員127名、准組合員39名）のうち131名（うち、正組合員124名、准組合員7名）の出席を得て適法に成立した臨時総会おいて、57号共同漁業権の一部についてこれを放棄することの議決（有効投票総数123票中、賛成102票、反対21票）をなし、各漁業権行使規則についても同漁協の有する共同漁業権の範囲を「漁業権消滅区域を除く57号共同漁業権」とする議決を行いました。しかし、私は、反対票を投じています。

さらに、これらに関し、同総会は本件埋立の同意についてもこれを議決（有効投票総数110票中、賛成104票、反対6票）したうえ、同漁協は平成14年10月28日付文書をもって、訴外鹿児島県に対し、本件公有水面埋立について異議なく同意しました。しかし、これについても、私は反対票を投じています。

それゆえ、高山町漁協組合員の共同漁業権行使規則に従って漁業を営む権利は、57号共同漁業権の一部放棄の議決がなされ、各行使規則についての範囲変更の議決がなされたというものの、それは全員一致の決議ではなく、私は、未だ、入会権的性質を有する共同漁業権に基づく漁業を営む権利を有していることは明らかです。港湾管理者の長は、別紙補償対象区域図のとおり、補償をもって、私たち漁民を納得させようとしていますが、先祖代々行使してきた私たちの漁業を営む権利は、そのような補償とは比べることができない尊いものです。是非とも、本件公有水面埋立免許の取消請求の裁判を提起したいと考えています。

資料5の3（資料12）柳井谷六子の言い分

私は、柳井谷五男の長女で、本年20歳になった者です。

私は、高山町で父柳井谷五男と共に住んでいます。父は、高山町漁協の組合員ですが、私はまだ組合員ではありません。もっとも、普段は、父の漁船に乗り込んで、その漁業を手伝っていますし、漁が休みの日には、海女として岩場でアワビやサザエを採っています。その副収入はかなりのもので、父の年収とほぼ同額です。

この度、高山町漁協は、高山町の地元にある第57号共同漁業権の一部を放棄する議決と、本件公有水面埋立についても異議なく同意したということのようです。しかし、共同漁業権は、高山町の地先水面で漁業を営む者全員のもののはずですから、組合員ではない私共には依然、共同漁業権に基づく漁業を営む権利があるはずです。

ですから、私も父と共に原告となり、本件公有水面埋立免許の取消請求の裁判を提起したいです。

資料5の4　（資料13）藤後左右の言い分

　私は、志布志湾に面する鹿児島県志布志町に生まれました。前川が町の北寄りの山の間を志布志湾に流れ、河口の北側に小さい浜、南側に大浜と名づけられた白砂の渚が続いています。この渚にナミノコ貝が生息しています。町の人はナンゲと呼んで、味噌漉しと称する小さな竹の笊を左手に、金属の部分を丸く折り曲げた包丁を右手にして、ナンゲを採りに行きました。干潮の時刻を計っていくのですが、1時間か2時間で夕食の汁の実になるくらいは採れました。この汁はおいしいので、時刻になると、10人も100人もこれに参加していました。このナンゲには2種類あって、波打際には白い小さな貝と、これより少し大きめで細長い黒い貝とがあり、黒い貝のほうは渚より少し陸寄りに生息していました。今般、志布志湾拡張工事に伴い、志布志湾の向こう側の高山町と東串良町の地先の水面を埋め立てて石油備蓄基地を建設するという計画が持ち上がりました。この公有水面埋立工事が志布志湾の生態系にどのような影響を及ぼすのか、特に埋立による海流の変化によって、志布志町の地先の河口におけるナンゲにどのような影響を及ぼすのか、とても心配です。この生態系の問題については、宮崎大学農学部の生田国雄教授に相談しましたが、この時、住民がナンゲと呼ぶ白い貝が「ナミノコ貝」、黒い貝は「フジノハナ貝」と教えていただきました。

　そもそも、志布志湾湾奥の白砂青松、枇榔島及びそれらの地先海面は自然公園法に基づき、優れた自然の風景地として日南海岸国定公園志布志海岸地区に指定されています。国定公園には、自然公園法第12条に基づき公園計画が定められることになっていますが、当該国定公園の公園計画（保護計画及び利用計画からなります。）のうち、保護計画によれば、枇榔島が第1種特別地域に、白砂青松・権現山・ダグリ崎等が第2種特別地域に、特別地域の汀線から沖合1キロメートルの海面が普通地域にそれぞれ指定されています。これらの特別地域及び普通地域を合わせたものが、当該国定公園の公園区域です。

　ところで、本件埋立免許処分に伴い建設が予定されている志布志国家石油備蓄基地は、東串良町の地先海面に位置しており、その西側海浜よりの護岸は、汀線から約500メートルの距離にあります。したがって、基地面積約196ヘクタールのうち3分の1強、約70ヘクタールが国定公園普通地域内に位置することになります。

　自然公園法は、すぐれた自然の風景地を保護するとともに、その利用の増進を図り、もって国民の保健、休養及び教化に資することをその目的としています（1条）が、この目的に照らせば、国定公園の公園区域内に備蓄基地を建設することは、公園指定と相容れない矛盾した行為といわなければなりません。

　したがって、本件埋立免許処分は、法4条1項3号、すなわち「埋立地ノ用途ガ土地利用又ハ環境保全ニ関スル国又ハ地方公共団体（港務局ヲ含ム）ノ法律ニ基ク計画ニ違背セザルコト」に違背しています。

　私は、先に述べたとおり、志布志町に住んでおり、当該国定公園の公園区域に隣接して居住し

ている住民であり、それ故にナンゲ採りなどで、公園指定に伴う効用・便益を他地域の住民にまして享受してきたものです。自然公園の保護及び利用の増進は、国民の保健、休養及び教化に資することを目的とするものですから、国民は、自然公園が保護され、すぐれた自然の風景が保全されることにより、自然公園法で定められた生命、健康上の利益を有することが明らかです。また、自然環境保全法及びその関連法も、国民の健康で文化的な生活を享受する利益並びに自然環境の恵沢を享受する利益を法律上の利益として規定していることが明らかです。ところが、本件埋立免許処分は、これらの関連法律の趣旨及び目的を全く無視するものであって、私の享受しているこの利益を侵害します。このため、本件公有水面埋立免許が下りないように、環境省や、鹿児島県と交渉しましたが、とうとう免許が下りました。

　私は、普段は前後内科病院で外来患者の診察をし、そのかたわら俳句を作っています。志布志湾公害反対連絡協議会会長として、その交渉に東奔西走しました。是非とも、私も、公有水面埋立免許取消訴訟の原告となって、裁判長に訴えたいです。

　　　環境庁に　ぶらさがってた　春よ金よ
　　　石油の島　すぐできるのかな　鰤がきても
　　　老将と　云われマイク手に　冬集会
　　　腹切るか　埋立買おうか　冬集会
　　　東京陳情の33回目は　雪蹴ちらし
　　　住民運動の　雪は降っても　ふっても溶ける
　　　はまえんどうだけには　海を守ると云わねば
　　　裁判長　浜が消えたから貝も消えました
　　　裁判長　ナミノコガイと云っておいしい貝でした
　　　裁判長　浜と千鳥はどうなるのですか
　　　裁判長　凧あげを埠頭でやるのですか
　　　裁判長　凧をあげるには浜を走らねば
　　　裁判長　なくなった浜を詠めというのですか

（藤後左右『ナミノコ貝』より）

資料5の5（資料14）熊本一規の言い分

　私は、明治学院大学国際学部で、環境経済学を教えています。

　今般の57号共同漁業権の権利者たる漁民全員の同意を得ずになされた本件埋立免許処分は、法4条3項1号に違反する違法な処分というべきです。

　そもそも、共同漁業権は、関係地区漁民の総有に属します。

1　漁業権とは、定置漁業権、区画漁業権及び共同漁業権をいいますが（漁業法6条1項）、このうち共同漁業権とは、一定の水面を共同に利用して同法6条5項各号所定の第1種ないし第5種共同漁業の内容たる漁業を営む権利をいいます（6条2項）。

　　57号共同漁業権は、一定の水面を共同に利用して第1種ないし第3種の共同漁業を営む権利であり、その種類及び名称は次のとおりです。
　①　第1種共同漁業
　　　ひじき漁業、ふのり漁業、てんぐさ漁業、はまぐり漁業、あわび漁業、さざえ漁業、とこぶし漁業、いせえび漁業、うに漁業、なまこ漁業、たこ漁業
　②　第2種共同漁業
　　　雑魚磯建網漁業、ふか建網漁業、雑魚沖刺網漁業、あさひかにかかり網漁業、かに・雑魚かご網漁業、小型定置漁業
　③　第3種共同漁業
　　　えび手繰網漁業

2　「総有」とは、ゲルマンの村落共同体の土地を中心とする所有形態にその典型を見出す共同所有形態であり、村民がその「個」たる地位を失わずそのまま「全一体」として結合した団体すなわちいわゆる「実在的総合人」が所有する共同所有形態です。すなわち、村落共同体（実在的総合人）は、個々の構成員の変動を越えて同一性を保持してその土地に対する支配権を保持し、また個々の構成員は、実在的総合人という独立の総一体の一員として共同体の内部規範に従いその土地を共同利用するとともに、自らも構成員たる資格において共同に土地所有の主体となるのです。要するに、「総有」は、実在的総合人が所有の主体であると同時に、その構成員もその資格において共同に所有の主体であるような共同所有形態です。

　　わが国においても、遅くとも徳川時代には、部落とか組と呼ばれる一定の地域に住む人々が主として草刈り、薪取り、牛馬の放牧、天然林の育成伐採、人工造林あるいはカヤやキノコ取りなどの目的で、共同で集団的に利用し、管理する山林原野（入会林野）が各地でみられましたが、明治時代に入ると、土地制度が改革され入会林野に対する住民の権利も入会権として法認されるに至り（民法263条、294条）、かくして古くからわが国の部落に存在した入会林野の総有形態は、入会権としてその存在を明確に物権として法定され、入会権の内容は、まず各地方の慣習に従うものとされました。

3　入会権は、一定地域の住民が住民としての資格において、一定の山林原野で雑草、秣草薪炭用雑木の採取等の収益を共同してすることを内容とする慣習上の物権であり、その典型的な利用形態においては、入会地全体のうえに地域住民すべてが各自平等に使用収益する権利であって、その主体は、実在的総合人としての部落ですが、同時にその構成員各自に帰属するものです。

　　また、入会権は、入会集団による管理、利用の事実がある限り消滅せず、入会地利用が不可能となった場合でも必ずしも消滅しません。さらに、入会権を放棄、処分するためには、

入会集団構成員全員の同意が必要であって、多数決によってはなされ得ないものです。

　入会権者たる構成員各自は、第三者の入会権侵害行為に対しては妨害排除の請求をすることができます。

4　漁業法は、共同漁業権が関係地区漁民の「総有」に属する権利であることを法的に表現したものです。

・　徳川時代においては、永年の漁場利用の慣行または功績、貢納等による特許により、地元の漁村部落が地元の漁場を独占的に利用することが認められていましたが、これがいわゆる「海の入会」の権利です。この権利は、その漁村部落の漁民集団の総有に属し、村中総漁民により漁場が入会利用されいていました。

・　明治34年漁業法（法律第34号）及び明治43年漁業法（法律第58号、以下「明治漁業法」といいます。）は、このような漁場の利用関係、権利主体等各般の点において、できる限り従来の実態的関係ないし旧慣を認める趣旨のもとに、これを近代的に整備したものでした。

　すなわち、「海の入会」の権利のうち、地先水面における地元部落民の入会慣行は専用漁業権に構成され、専用漁業権はさらに慣行に従って免許される慣行専用漁業権と、慣行に基づかずに新たに申請によって「漁業組合」のみに免許される地先水面専用漁業権との二種に分けられましたが、地先水面の従来の入会慣行のものは、ほとんど地先水面専用漁業権として出願、免許されました。また、従来は部落総漁民の人的に結合した団体である部落漁民集団（実在的総合人）が、対外的にはその部落独占の漁場利用の権利を主張し、対内的には部落漁民各自の行う入会漁業の管理をしてきたものですが、漁村の保護及び漁場の維持のために、部落漁民によって組織させた漁業組合なる法人に専用漁業権を保有させ、もって組合という形を通じて漁民の集団管理という慣行を実質的に継承したのです。

・　現行漁業法（昭和24年法律第267号）も明治漁業法の規定を踏襲し、共同漁業権、特定区画漁業権及び入漁権について、関係地区漁民が漁業権を「総有」するものであることを規定したものです。

　すなわち、まず現行漁業法6条2項、5項は、共同漁業権を一定の水面を共同に利用して一定の漁業を営む権利と定義していますが、漁業協同組合（以下「漁協」といいます。）が、共同漁業を営まないことは沿革及び水産業協同組合法（以下「水協法」といいます）11条から明らかです。仮に漁協が共同漁業権の権利主体であるとするならば、「共同漁業権」を「協同漁業を管理する権利」あるいは「組合員に共同漁業を営ませる権利」と定義するはずです。この規定は、共同漁業権の権利主体が漁協ではなく関係地区漁民にほかならないことを示すものであって、共同漁業権の性格あるいはその帰属主体を最も端的に明らかにしたものです。

　また、現行漁業法8条1項は、漁協の組合員（漁業者または漁業従事者に限ります。）であって、一定の資格に該当するものは、漁業を営む権利を有する胸規定しますが、この規定がおかれた理由は、共同漁業権の権利主体が関係地区の漁民集団であるにもかかわらず（6

条)、漁民集団に直接漁業権を免許するといった方法をとらず、漁協という法人に免許するという方法をとった（14条）ことに鑑み、関係地区の漁民の固有の権利を漁業法上明示的に認め、6条と14条の間の調整を図る必要があったからにほかなりません。

　また、「漁業を営む権利」は、単に漁民たる各組合員が体内的に漁協に対し漁業を営むことを請求し得る社員権的権利ではなく、対外的にこの権利の侵害者に対して直接損害賠償請求や妨害排除請求をもなし得る一種の物権的権利です。仮に「漁業を営む権利」が漁協の有する漁業権から派生する社員権的権利であるとすれば、かような社員権的権利に過ぎないものを漁業法で明示的に定めるはずがなく、社団に関する権利として水協法に規定されるべき筋合いのものです。

　同法11条1項は、都道府県知事が共同漁業権の免許をするにあたり、その関係地区を定めなければならない旨規定していますが、関係地区とは、後述の同法8条の書面同意制度、同法14条の適格性の要件を判断するに際し基準となる地域であって、自然的、社会経済的条件により当該漁場が属すると認められる地区であり、現実の漁村部落を基礎として定められているのです。したがって、この規定は、共同漁業権が関係地区漁民の総有に属することを地域性の面から明らかにしているものです。

　この他、漁業権行使規則の制定、変更、廃止について総会の議決前に関係地区組合員の3分の2以上の書面による同意を要するとし、もって共同漁業権の関係地区ごとの行使を保障して実在的総合人たる関係地区漁民の意思を尊重することとした同法8条3、5項、漁協に共同漁業権の保有主体としての地位を賦与した結果生じ得る漁協組合員と関係地区内の漁民が乖離する事態を防ぎ、関係地区漁民に共同漁業権を帰属させるために設けられた同法14条3、4、8、10、11項、漁業権の移転を制限し、あるいはその貸付を禁止することにより、関係地区漁民以外の者が共同漁業権を取得し、または行使することを制限した同法26条、30条の各規定も、いずれも共同漁業権が関係地区内に住居を有する漁民の総有に属することを前提とし、あるいはこれを法的に表現したものにほかならないものです。

　なお、同法38条1項、39条2項は、漁協が適格性を喪失したときまたは漁業に関する法令の規定に違反したときにおいて、漁業権を取り消され、あるいはその行使を停止させられる旨を規定するものですが、これは漁協が共同漁業権の免許の保有主体であることを前提とする規定にすぎず、漁協のみが共同漁業権の権利主体たり得ることの根拠とはなりません。すなわち、既存の漁協組合員が、共同漁業権の実質的権利主体である関係地区漁民と乖離したときには、38条によって免許を取り消し、また、漁業権者が漁業に関する法令に違反したときには、39条2項に基づき、漁業権を取り消され、ないしその行為を停止させられることを定めたものであり、これによって、関係地区漁民は、共同漁業権を終局的に失うわけではないのです。都道府県知事は、水面がある限り、漁場計画を「定めなければならない」義務を有し（同法11条1項）、新たに適格性を有する漁協に共同漁業権を免許する必要があるのです。

・　現行の漁業補償実務例も、共同漁業権者が関係地区漁民集団であることを端的に表しているというべきです。

　　漁業補償とは事前の損害賠償であり、これを受ける者は漁業権等に関して権利を有する者ですが、漁業権が漁協に帰属し、組合員は漁業権から派生する社員的権利を有するに過ぎないとすれば、「漁業権等に関して権利を有する者」とは一義的に漁協を指すことになり、したがって、事業者は、漁協が当該漁業権の消滅または制限に関し受けた損害を賠償すればよいことになります。ところが漁協は共同漁業権の保有主体であっても漁業を営まず、権利を行使して利益を享受する関係はないから、漁業権の消滅等に関して損害賠償を求める余地がなくなり、また仮に漁協に補償がなされた場合も、補償金は水協法56条により剰余金として出資額あるいは利用分量の割合に応じて配当されることになります。

　　しかし、この結果が不当であることは明らかであるのみならず、現行の漁業補償問題のすべてが事業者と漁業者との間で締結された漁業補償契約によって解決されている実情と合致しません。共同漁業権者が関係地区漁民集団であると解してこそ、事業者は「共同漁業権に関して権利を有する者」とは関係地区漁民であるとし、このものら全員に総有的に帰属している共同利用権あるいは共同収益権たる共同漁業権に関して漁業補償をすることができるのです。

次に、公有水面埋立への同意には関係地区漁民全員の同意もしくは承認を必要とします。
1　総有における権利者総員一致の原則

　　入会集団が入会地を共同利用していくうえで、単一かつ最高の意思決定をする必要を生ずることがありますが、意思決定は、入会団体の同質性あるいは入会集団の慣習を背景にして統一的に単一のものとしてなされることになります。このような入会権の行使、管理ないし処分が入会集団構成総員の合致した意思により統一的になされる現象が「入会権者総員一致の原則」と呼ばれているものです。

　　わが民法にはこの原則を明文上明らかにした規定はないのですが、この原則は入会集団における基本的慣習規範として判例法上確立し、財産法体系の中に組み入れられているといえす（民法263条、294条、法令2条）うえ、入会林野等に係る権利関係の近代化の助長に関する法律（昭和41年法律第126号）には、この原則を明文化した規定が存します。
2　公有水面埋立の同意手続における同原則の適用

　　法4条3項1号、5条2号によれば、都道府県知事が公有水面埋立の免許をするためには、「その公有水面に関」する「漁業権者」の「埋立への同意」が必要であるところ、前記のとおり、共同漁業権における漁業権者とは関係地区漁民全員であって、かつ、公有水面埋めたて免許がなされれば、漁民集団の入会漁場が当然のことながら埋め立てられ、縮小し、変更されるのであるから、埋立免許への同意は、入会漁場の処分あるいは変更にあたり、したがって「入会権者総員一致の原則」から、関係地区漁民全員により一致してなされなくてはならないも

のです。公有水面埋立への漁業権者の同意手続における漁協の関与は、実在的総合人としての漁協による関与であって、法人としてのそれではないのです。このことは、補償交渉や補償金の配分が漁協の財産に関する処分行為として当然に理事によって処理されるのではなく、実在的総合人の特別の代表者によって処理されることからも明らかです。

なお、公有水面埋立への同意を漁業権の得喪または変更に準ずるものとして、水協法50条4号を類推し、漁協の総会における特別決議によってすべきであると解する見解があります。しかし、この見解は何らの法的根拠もないうえ、公有水面埋立への同意（これは、公有水面が埋立により滅失することによりこの部分の漁場が滅失することを容認するということに過ぎません。）と、これとは無関係の権利者の意思表示に基づく漁業権の得喪、変更とを混同するものであり、かつ、埋立に伴って漁場が滅失しても、漁業権の免許内容たる漁場区域は、専ら最大高潮時の海岸線を境界線として定められるものであるから、漁業権の内容はいささかも変更されないのです。さらに、法人としての漁協が行う事業には「漁場の管理」がないから（水協法11条1項）、漁協が漁場の管理行為である埋立への同意をすることができないことは明らかであって、仮に漁協において、埋立への同意議決を行ったとしても、単に法人としての漁協が埋立について同意の意思を決定したというに過ぎず、これ以外のいなかる意味をも有しないのです。したがって、この見解が失当であることは明らかです。

以上のとおり、公有水面埋立免許をするためには、関係地区漁民全員の同意が必要であると解すべきところ、本件埋立免許処分は、高山町に住居を有する漁民である柳井谷五男さんらの同意を得ないままになされたものであるから、法4条3項1号、5条2号に違反する違法な処分です。

このような研究成果をふまえて、私も是非、公有水面埋立免許取消請求訴訟の原告に加わりたいと考えております。

資料5の6（資料15）　波見港港湾管理者の長である鹿児島県知事の言い分（略）

資料6　B新聞記事（1988年11月9日朝刊）

資料7　民事法総合演習Ⅶ（不法行為―三宅／第2回）

【設問】

　弁護士法人獨協綜合法律事務所の勤務弁護士として、同法律事務所が資料1（陳述書）に記載されたB新聞社大阪本社・社会部乙山次郎氏の陳述内容を聴取したと仮定して、以下の質問に答えよ。回答は2000字以内とし、下記配点に即してバランスよく回答されたい。なお、本件事案に記載された日時にかかわらず、本件については、消滅時効の主張はしないこととし、本演習実施日において効力を有する法令は、本件事案に記載された日時以前にすべて適用されるものとし、また同日までに言い渡された判決等は上記日時以前にすべて言い渡されているものとして検討せよ。検討にあたって、提供された資料によっては事実関係についての情報が不十分であると考える場合には、回答においてその旨を指摘するとともに、こうした事実の存否によって結論にどのように違いが出るかについても述べるものとする。

質問1
1　「銃撃事件」被告人甲野太郎氏は、資料2（訴状）のとおり、同氏を原告とし、B新聞社と乙山次郎社会部長を被告として、損害賠償請求事件を提起した。
　これに対し、B新聞と乙山次郎社会部長は、どのように反論するか。弁護士法人獨協綜合法律事務所の勤務弁護士として、B新聞社と乙山次郎社会部長の代理人になったとして、反論として考えられる法理、及びその法理の適用について資料1（陳述書）、資料3（B新聞1988年11月9日朝刊）から具体的事実や意見を、訴状請求の原因に対する認否及び被告の主張の記載として摘示せよ（40点）。
2　本演習実施日までに言い渡された判決等を参考とすると、東京地方裁判所裁判官は、1で述べた反論として考えられる法理を採用し、原告甲野太郎（被告人）の請求を棄却するか、又は、これらの法理をすべて排斥して同原告の請求を認容するか。裁判官の立場から、原告の請求に対する判決の主文とその理由の骨子を述べよ（40点）。

質問2（時間がなければ解答不要）
1　「銃撃事件」の刑事事件が進行中であるとして、その刑事記録を上記損害賠償請求事件に提出させる方法について、その可否を検討せよ（5点）。
2　資料2の記事が、すべて、米国の通信社の配信記事をそのまま掲載したものだとすると、どのような論点が生じるか。論点を摘示し、それに対する自説を述べよ（10点）。
3　資料2の記事中、B新聞社が今中雄太氏の意見を証拠として提出するには、どのような方法があるか、述べよ（5点）。

資料8（資料1）

陳　述　書

B新聞大阪本社・社会部
乙　山　次　郎

1　私は1971年にB新聞社に入社し、いままで20年以上にわたって取材記者の仕事にたずさわってきました。その半分は事件を担当し、90年4月からは東京社会部・警視庁担当の職にあります。

　　いわゆる甲野太郎被告人（以下、甲野被告といいます）がいわゆる「銃撃事件」の殺人容疑で逮捕・起訴された「ボストン疑惑」事件では、週刊朝読がはじめて疑惑を連載した84年1月に、殺人事件などを受け持つ警視庁倶楽部捜査1・3課担当チーフを努めており、当初から取材をしました。疑惑表面化から1年3ヵ月後に土曜版「世界歴史の旅」へ持ち場が替わりましたが、これを契機に米国東海岸へ計4回渡り、「ボストン疑惑」の現地取材も重ねました。その後、遊軍、農林水産省へと担当が変わっても「ボストン疑惑」の取材を続け、本件記事（88年11月19日付）は農林水産省担当の時に執筆しました。

　　「ボストン疑惑」事件では、膨大な関係者の証言と資料集めがなされ、当初からの経緯を承知している記者が継続して取材しないと、全体がわからなくなる恐れがあったため、配置換えの後も「ボストン疑惑」の取材を続けていたのです。

　　なお、昭和から平成へ変わった直後の89年3月に、サブキャップとして警視庁クラブへ戻り、引き続き「ボストン疑惑」報道にかかわりました。

2　本件記事の骨子となった「ボストン市内の『Cレストラン』経営者が甲野被告の愛読した推理小説を多数もっている」という情報は、疑惑が表面化して3ヵ月後の84年4月、ボストンへ派遣した警視庁クラブ捜査1・3課担当の丙野三郎記者（現・学芸部）から、最初にもたらされました。一般に、計画的な凶悪犯罪では、被疑者の読んだ本が手口や動機を知る手がかりとなることがあり、強い関心を抱きました。この情報は、約1ヵ月後に出版された甲野被告の手記『ボストンの思い出』でも裏付けられました。

3　丙野記者の情報から2ヵ月後、私たちは甲野被告の推理小説愛好癖を実際に体験しました。当時、私たちは「警察の捜査も進んでいない段階で、殺人という重大な嫌疑を記事にすることはしません、どんな情報も裏付け取材をしなければ書きません」と、B新聞の報道姿勢を甲野被告や甲野被告が依頼した弁護士さんに伝えたうえで、頻繁に会っており、84年6月、甲野被告が週刊誌などの取材被害を逃れてパリへ移った時も、捜査1・3課担当の丁野四郎記者が甲野被告の依頼した弁護士と一緒にパリへ行き、3日間にわたり独占取材できることになりました。

この出発直前に甲野被告と国際電話で連絡を取り合った際、甲野被告から「日本の推理小説をもって来てほしい、できれば、きしめんなどの食品も」との要望を受けたのです。丁野記者は、和久竣三など日本人作家の作品を10冊ほど買っていきました。後で同記者から受けた報告によると、甲野被告は「推理小説を1日に1冊は読んでしまう。だいぶ本がたまったので、B新聞のパリ総局を通じて日本人会に本を寄付したい」などと語りました。この申し出は、日本人会へ伝えたものの、不要とのことで実現しませんでしたが、私たちは、甲野被告がボストンで読み終えた推理小説をCレストランにあげた行為がよく理解できました。

　なお、甲野被告は、B新聞の報道姿勢について、同じころに出版された月刊誌『ロー・ジャーナル』84年8月号で「ボストン疑惑について書くなら、Bは膨大な資料を持っていますよ。それだけ徹底して裏付けを取っている」と語っています。

4　B新聞は、強制捜査までは「ボストン疑惑」関連の記事をほとんど掲載しませんでしたが、担当記者は「精力的な取材」をモットーとしていました。私は、85年5月に『世界歴史の旅』担当に持ち場が変わりましたが、社の了解を得て、引き続き「ボストン疑惑」取材を続け、海外出張の機会を生かして、ボストンでの取材を重ねました。甲野被告がボストンのレストラン経営者に残した推理小説についても取材し、同年8月11日、「Cレストラン」を訪れました。ただ、このときはCレストランの経営者は取材に協力してくれませんでした。このため、ボストン在住の取材協力者に引き続き「Cレストラン」とボストンの捜査当局に当たってもらうよう依頼しました。

　また、ボストン在住のジャーナリストで、銃撃事件直後から甲野被告の動きを調べた甲村一夫氏や乙村二夫氏らにも会い、マスコミが病室へ取材にくるたびに甲野被告がそっくり同じ振る舞いを繰り返したこと、不二子さんが銃撃されたのは米国の治安が悪いからだとして、甲野被告が米国大統領らに抗議文を出し、これを報道させたことなどを、くわしく取材しました。なお、甲村一夫氏と乙村二夫氏は、直接体験した事実を『ボストン疑惑の真相』という著書にまとめています。

5　甲野被告は85年9月に愛人の丙村三子氏に妻不二子さんを殺害しようとして殴打させた、いわゆる「殴打事件」で逮捕されましたが、翌年の86年2月、ボストンの取材協力者から「甲野被告が残した推理小説のリストを入手した」と連絡があり、私あてにその署名のリストと甲野被告が走り書きした本の表紙などのコピーが郵送されてきました。ボストンの取材協力者によると、その時点で「Cレストラン」に保管されていた甲野被告寄贈の本を1冊ずつ書き写したリストだ、との説明でした。リストには135種類、137冊の本が記載されていました。乙第＊号証は、この送られてきたリストを東京本社社会部で作家ごとに並べかえ、アルバイトの原稿係と一緒に書き写して、警視庁クラブへファクシミリ送信したものです。欄外の通信記録が示すように86年2月2日に右のような作業をしたことがわかります。乙第＊号証は、このときボ

ストンの取材協力者から送られてきた本の表紙のコピーです。(乙号証省略)

6 警視庁クラブを離れてからも、私は「ボストン疑惑」担当の捜査幹部と何度も会って取材を続けていました。とりわけ関心を抱いたテーマは、甲野被告の人間像でした。私の後任の捜査1課チーフとなった丁野記者が、甲野被告と弁護士に密着取材を続けており、甲野被告がスナックを店開きしたり、「殴打事件」で逮捕される直前に自分の裸体緊縛写真を雑誌に撮影させたり、作家の取材を受けたりしたことを、ことこまかく報告してくれたからです。捜査幹部も、こうした出来事に対して関心を持ち、動機や手口、さらには取り調べに欠かせない被疑者の性格・心理傾向の理解を助けるものとして資料を集めていました。ボストンの「Cレストラン」に残した推理小説のリストなどの読書歴も、そのひとつでした。われわれが入手した「Cレストラン」のリストを見てもらい、捜査本部が入手したものと数も内容も同じであることを確認しました。また、捜査本部は、事件後の甲野被告の行動を記載した本や雑誌なども集めており、甲野被告の手記『ボストンの思い出』、銃撃事件直後のボストンでの様子を詳述した前記甲村一夫氏らの『ボストン疑惑の真相』などをよく調べていることを知りました。

7 私は86年6月、同年8月、87年7月にも米国へ出張して「ボストン疑惑」の関係者を取材し、国内でも引き続き警視庁捜査1課の幹部とほぼ定期的に会って、捜査の進展を取材しました。後輩の警視庁クラブ担当記者とも密接に連絡を取り合っていました。本件にあたる「銃撃事件」での強制捜査が近づいた88年5月から6月にかけて、警視庁が捜査員をボストンへ派遣し、当時の警視庁クラブ捜査1・3課担当だった内野三郎記者が同行取材して、「Cレストラン」の経営者夫妻から、甲野被告が推理小説を残した経緯などを聞くことができました。また、捜査が大詰めを迎えた段階で、私は2人の警視庁刑事部幹部と会い、甲野被告の特異な個性が事件の大きな要素だった、との見解を両者から聞きました。ここで「刑事部幹部」としているのは、捜査の全体を把握している捜査1課の主任以上を指しています。これらの幹部によると、捜査本部は甲野被告が読んだ推理小説を可能な限り調べていました。本件の手口そのものが書かれた小説はなかったが、甲野被告が事件後にみせた芝居がかった振る舞いをみると、みずから犯罪小説を創作し、主人公を演じようとしたことが考えられる、などの話を聞きました。

8 88年10月20日、甲野被告が「銃撃事件」の殺人容疑で逮捕された後、私はボストンの捜査幹部に国際電話で取材し、「共犯容疑者が借りたレンタカーの記録は破棄寸前だった」という趣旨の記事(10月25日付夕刊)を書きました。

甲野被告が殺人罪で起訴されたあと、私は「ボストン疑惑」が表面化してから長期間にわたって取材したメモや資料を読み直してみました。犯罪事実は起訴状に凝縮されるわけですが、一般に事件というものは法律的側面だけではとらえきれず、また警察の捜査も被害者や被疑者の人間的側面に踏み込みながら続けられています。「ボストン疑惑」は、とりわけ警察が被疑者

の性格や心理傾向などに着目して捜査した事件であり、特に動機については、捜査を指揮する警視庁刑事部幹部から「金ほしさだけでは説明しきれない異常さがある」との見方を、何度も聞いていました。4年余りにわたった、まれにみる長期捜査が幕を閉じるにあたって、そうした捜査内容を紹介することが、読者にとっては犯罪容疑を知るうえで必要であると考え、「Cレストラン」に残された推理小説の話が、内容を紹介する記事の素材になると考えました。私は、識者の意見を取材するため、高名な評論家であり、日本推理作家協会の理事長でもある今中雄太氏を東京都世田谷区の自宅に訪ねて話を伺いました。記事は11月中旬に書き上げましたが、11月19日に甲野被告が妻の生命保険金を詐取した容疑でも起訴されるのを待って、本件記事を出稿しました。

　なお、本件の取材の経過を別表にしました。

　　以上のとおり、相違ありません。

　　1992年2月19日

　　　　　　　　　　　　　　　　　　　　　乙　山　次　郎　（署名・押印）
東京地方裁判所民事第25部　御中

（別紙）　（略）

資料9（資料2）

訴　状

平成3年6月3日

東京地方裁判所　御中

　　　　　　　　　　　　　　　　　原　告　甲　野　太　郎

　　　　　　〒273-0002　千葉県船橋市東船橋1丁目2番301号
　　　　　　（居所）
　　　　　　〒124-0001　東京都葛飾区小菅1-35-1A　東京拘置所内
　　　　　　　原　告　甲　野　太　郎
　　　　　　〒310-0852　東京都千代田区千代田1丁目2番3号
　　　　　　　被　告　株式会社　B　新　聞　社

　　　　　　　　　法定代理人代表取締役　　小　川　巧

損害賠償請求事件
　　　訴訟物の価格　　　金 500 万円円
　　　貼用印紙額　　　　金 3 万 2600 円

第1　請求の趣旨
　一　被告は原告に対し、金 500 万円及びこれに対する 1988 年 11 月 19 日より支払済みに至るまで年 5 分の割合による金員の支払いをせよ。
　二　訴訟費用は被告の負担とする。
　との判決及び第1項につき仮執行の宣言を求める。
第2　請求の原因
　一　当事者
　　1　原告は現在は無実のことで公判に付されている刑事被告人の立場にあり、一貫して無実であることを主張している者である。
　　2　被告は、日刊新聞の発行等を目的とする株式会社で、日刊紙「B新聞」を発行している会社である。
　二　違法行為
　　　被告は、上記「B新聞」1988 年 11 月 19 日付紙面に、「何を語る推理小説 137 冊」（以下、本件記事という）というタイトルを付した記事を掲載、これを頒布したことによって原告の名誉を重大に毀損し、また、原告のプライバシー権をも重大に侵害した。
　　　本件記事は、「捜査本部」の見方と称して、あたかも原告が「銃撃事件」の犯人であるかのように一般読者に強く印象を与えるもので、無実である原告の名誉を重大に侵害するものである。しかも、その記述には、取調べさえも何ら受けていない、知人の女性が行方不明になっていること等があたかも原告が関わっているかのようにしている等、疑惑を増幅させようとしているものであり、また、原告の私的行為である「読書」の内容を公然化していること等、その違法性は極めて高いものである。
　三　違法性の重大さ
　　1　被告会社は、世界有数の新聞社であり、「B新聞」の影響するところは極めて大きなものである。
　　　その紙面において、原告について、『事件後に甲野が見せた芝居がかった行動、セリフには「金欲しさ」だけで説明しきれない異常さがある』というような単なる一方的な見方でしかないことを記述して、あたかも原告が犯人であると一般読者に強烈に印象づけさせたり、事件とは全く関係のない原告の私事である読書について、しかも、それは、『「疑惑」の筋なし』というものであったというのに、それを興味本位に覗き見させるが如くに書名

までも詳細にあげて漫然と掲載して原告のプライバシーを侵害する等犯罪報道とは到底言えないもので、原告の人権を重大に侵害しているものなのである。
2 また、誰でもが、単なる旅のつれづれに読み流すように読む本を、「異常な読み方」と決めつけて原告を侮辱し、これによっても原告の名誉を毀損しているのである。
3 原告は、私生活にみだりに侵入されない権利を持つ者であり、私生活を他から干渉されない利益、すなわち一種の人格的法益を保護される者である。
　しかるに、上記のとおり、事件とは何ら関わりはないことが判明したというのに、原告がかつて読んだ本を漫然と書名まで詳細に列記させられる等は、重大に原告のプライバシー権を侵害するものである。
　本件記事の違法性と重大さを考えあわせ、このような状況のままであることは極めて不当なことと考え、やむなく本訴に及ぶ。
四 損害
　被告の、本件記事の掲載・頒布により原告の名誉権・プライバシー権は著しく侵害された。本件記事を掲載・頒布されたことによる原告の信用失墜、精神的苦痛は量り知れない程に大きなものであり、その精神的打撃は筆舌に尽くせないものがある。
　これにより、どのように考えても原告は少なくとも金500万円は下らない損害を被った。
五 まとめ
　よって、原告は被告に対し、不法行為に基づく損害賠償請求権によって、損害金500万円及びこれに対する不法行為の日である1988年11月19日から支払済みまで民法所定の年5分の割合による遅延損害金の支払いを求める。
第3 証拠方法
　甲第1号証　　本件記事掲載の1988年11月19日付「B新聞」の記事のコピー
第4 添付書類
　1 商業登記簿謄本　　　　　　　　　1通

資料10　法律文書作成シラバス（2006年度）

授業計画

	①テーマ	授業内の学修活動		④授業時間外の学修活動
		②ねらい・内容	③授業方法・工夫	
1	ガイダンス	講義の概要と方針、特に、民事第1審手続の解説。参考文献、参考資料の調べ方など。訴状の起案、答弁書の起案、民事判決書の起案についての解説。	民事第1審手続に伴う法律文書を確認し、講義の概要に位置づける。	事前配布資料の予習
2	訴状と売買契約・──売買契約に基づく代金支払請求訴訟・	売買契約に基づく代金支払請求訴訟の訴訟物、請求原因、附帯請求、抗弁以下の攻撃防禦方法を解説しながら、訴状の起案の仕方も説明する。	独自教材を提供し、訴状の骨子を実際に起案させる。	
3	訴状と売買契約・──売買契約に基づく代金支払請求訴訟・	自宅起案した訴状の添削をふまえて講評し、法律上の論点を検討しつつ、正確性と説得力を確保するための構成と表現について解説し、売買契約の改善策等を検討する。		訴状の自宅起案をふまえての法律上の論点の研究
4	訴状と売買契約・──売買契約に基づく目的物引渡請求訴訟と売買契約書の作成	売買契約に基づく目的物引渡請求訴訟の訴訟物、請求原因、附帯請求、抗弁以下の攻撃防禦方法を解説しながら、訴状を講評する。さらに、その訴状について、法律上の論点を検討しつつ、正確性と説得力を確保するための構成と表現について解説し、売買契約締結にあたっての留意事項を検討する。	独自教材を提供し、訴状を実際に起案させる。	訴状の自宅起案をふまえての法律上の論点の研究
5	答弁書と賃貸借契約等(1)──建物収去土地明渡請求訴訟(1)	建物収去土地明渡請求訴訟の訴訟物、請求原因、利息、遅延損害金請求、抗弁以下の攻撃防禦方法を解説しながら、答弁書及び「裁判所による争点整理」を起案する。	独自教材を提供し、答弁書及び「裁判所による争点整理」を実際に起案させる。	
6	答弁書と賃貸借契約等(2)──建物収去土地明渡請求訴訟(2)	5の講義の際に起案した答弁書及び「裁判所による争点整理」の添削をふまえて講評し、法律上の論点を検討しつつ、正確性と説得力を確保するための構成と表現について解説する。		
7 8	証人尋問と建物収去土地明渡請求訴訟	6の講義で整理した「裁判所による争点整理」及び書証をふまえて、原告代理人による被告本人の反対尋問事項の手控えを作成し、尋問技術について解説する。その際、刑事裁判の尋問技術についても論ずる。	原告代理人による原告本人尋問の主尋問事項の手控えをも参考にしつつ、左記のとおり、被告本人の反対尋問事項の手控えを作成する。	
9	和解条項と建物収去土地明渡請求訴訟	5～8の事案を和解するとして、和解交渉の技術の解説をふまえて、和解条項の作成について検討する。		和解案の骨子の起案
10	賃貸借契約	9の和解条項を参考として、土地建物についての一般的な賃貸借契約書、定期借地契約、定期借家契約等について解説する。		
11 12	貸金返還請求訴訟と判決	約束手形の振出しに関連した貸金返還請求訴訟の原告・被告の主張と主要な書証をふまえての判決書の起案の講評を通じて、民事判決書の起案についての要件事実についても整理する。		判決書の自宅起案
13 14	委任契約に基づく報酬等支払請求と意見書	原告・被告の主張と主要な証拠書類をふまえ、勤務弁護士がパートナー弁護士に事件の見通しを報告するための意見書の作成。これをふまえての委任及び商事委任等の要件事実の整理。		意見書の自宅起案
15 16	自治体における監視カメラの規制についての意見書の作成及び条例作り	ある自治体における監視カメラの規制の是非について自治体の審議会で意見を陳述することを求められた際の意見書の作成及びこれに基づく条例作りについて。		意見書の自宅起案

	①テーマ	授業内の学修活動		④授業時間外の学修活動
		②ねらい・内容	③授業方法・工夫	
17	売買契約と不動産訴訟	不動産訴訟と売買契約に関する当事者の言い分を整理する。		当事者の主張の要件事実的整理
18	賃貸借契約その他と不動産訴訟	不動産訴訟と賃貸借契約等に関する当事者の言い分を整理する。		当事者の主張の要件事実的整理
19	遺産分割手続等関係文書(1) ── 不動産登記手続請求訴訟と和解手続	不動産登記手続請求訴訟における訴訟物及び典型的攻撃防禦方法を解説しながら、事案に即した遺産分割協議による和解条項を起案する。さらに、和解条項案をふまえて、遺言書、遺産分割協議及び相続税申告手続に伴う法律文書の作成について解説し、遺言書作成にあたり留意すべき事項等を検討する。	独自教材を提供し、和解条項を実際に起案させる。	遺言書及び遺産分割手続において検討すべき法律上の論点の研究
20	有責配偶者からの離婚訴訟と意見書	左記訴訟における原告、被告の最終準備書面と第1審判決をふまえて、控訴審で和解勧告がなされた場合の被告の対応についての意見書の作成。		
21 22	情報公開処分取消訴訟と執行停止申立て及び参加申立て	いわゆる逆情報公開訴訟について、これに伴う執行停止申立て及び、これに関連して、当該情報の原請求者が、上記訴訟に参加するにあたっての参加申立て。		執行停止申立て及び参加申立書の起案
23 24	情報公開処分取消訴訟と意見書(1)	21、22の事案をふまえて、自治体の顧問弁護士として訴訟の見通し及び弁護方針についての意見書の作成 ── 法律上の争訟、原告適格、情報の不開示事由、部分公開等の検討。		意見書の作成
25 26	情報公開処分取消訴訟と意見書(2)	情報公開法における情報不開示処分取消訴訟において、国に情報を提供した企業として訴訟に参加するか否かについての意見書の作成、及びこれに関連する情報公開法上の論点の整理。		意見書の作成
27	刑事訴訟と民事調停関係文書(1) ── 不動産侵奪罪と告訴状(1)	左記犯罪の刑法上の論点にふれながら、民事訴訟の和解条項にもふれて、告訴状を起案する。	独自教材を提供し、告訴状を実際に起案させる。	告訴状の起案
28	刑事訴訟と民事調停関係文書(2) ── 不動産侵奪罪と告訴状(2)	28の講義の際に起案した告訴状をふまえて講義し、これに付随する内容証明郵便、民事調停申立書、和解条項案を検討する。		民事調停法上の手続の研究
29 30	刑事訴訟関係文書 ── 住居侵入窃盗と判決	刑事訴訟の否認事件の論告と弁論、さらに判決について検討し、刑事訴訟関係文書における正確性と説得力を確保するための構成と表現について解説する。また、これに伴う刑事判決書の起案の仕方についても解説する。	独自教材を提供し、設問を検討させる。	刑事判決書の起案

資料 11　法律文書作成シラバス（2014 年度）

授業計画

	テーマ	授業内の学修活動
1	ガイダンスをかねて ── 準消費貸借金返還請求訴訟と争点整理(1)	講義の概要と方針、特に、『四訂民事訴訟法第一審手続の解説』を用いて民事第1審手続の解説。訴状の起案、答弁書の起案、民事判決書の起案についての解説。民事第1審手続に伴う法律文書を確認し、講義の概要に位置付ける。消費貸借契約に基づく貸金返還請求訴訟の訴訟物、請求原因、附帯請求、抗弁以下の攻撃防禦方法を解説しながら、訴状の起案の仕方も説明し、「裁判所による争点整理」を検討する。
2〜20	要件事実と法律文書作成(1)〜(9)	瀬川外『事例研究　民事法　第2版(1)』及び『民法総合・事例演習〈第2版〉』を素材として、報告書や内容証明郵便、訴状、準備書面としてまとめる。分担を決めて各自発表する。民事法の要件事実論をふまえての主張整理をして、報告書や内容証明郵便のまとめ方を学修する。
27〜28	行政問題処理のための訴状、答弁書等の作成	独自教材について、報告書や訴状、準備書面としてまとめる。分担を決めて各自発表する。行政問題処理のための報告書等のまとめ方を学修する。
29〜30	定期試験	

第 II 部

理論と実務を架橋する研究

第1章
請負契約の報酬請求権と債権法改正——請負契約における仕事が完成しなかった場合の報酬請求権・費用償還請求権についての実務的研究

第1 はじめに——請負の仕事が完成しなかった場合の報酬請求権・費用償還請求権

1　法制審議会民法（債権部会）が2013年2月26日に決定した「民法（債権関係）の改正に関する中間試案」中、第40請負、1仕事が完成しなかった場合の報酬請求権・費用償還請求権については、以下の規定を置く旨の提案がなされている。

「(1)　請負人が仕事を完成することができなくなった場合であっても、次のいずれかに該当するときは、請負人は、既にした仕事の報酬及びその中に含まれていない費用を請求することができるものとする。
ア　既にした仕事の成果が可分であり、かつ、その給付を受けることについて注文者が利益を有するとき
イ　請負人が仕事を完成することができなくなったことが、請負人が仕事を完成するために必要な行為を注文者がしなかったことによるものであるとき
(2)　解除権の行使は、上記(1)の報酬又は費用の請求を妨げないものとする。

(3)　請負人が仕事を完成することができなくなった場合であっても、それが契約の趣旨に照らして注文者の責めに帰すべき事由によるものであるときは、請負人は、反対給付の請求をすることができるものとする。この場合において、請負人は、自己の債務を免れたことにより利益を得たときは、それを注文者に償還しなければならないものとする。
　（注）上記(1)イについては、規定を設けないという考え方がある。」

　2　上記規定のうち、(1)アの概要として、2013年3月付け「民法（債権関係）の改正に関する中間試案（概要付き）」170頁には、以下の記載がなされている。

　「（概要）
　仕事の完成が不能になったとしても請負人が報酬を請求することができる場合及びその範囲についての規律を設けるものである。請負報酬を請求するには仕事を完成させることが必要であり、仕事を完成させることができなかった場合には報酬を請求することができないのが原則であるが、仕事の完成が不能になった原因によっては、報酬の全部又は一部を請求することができることとすべき場合があると考えられ、不能になった原因に応じて、既履行部分の報酬を請求することができる場合と、約定の報酬全額を請求することができる場合とを定めている。
　本文(1)は、請負報酬の全額を請求することはできないが、既に履行された部分に対応する報酬を請求することができる場合について規定するものである。まず、アは、既履行した部分が可分でその給付を受けることについて注文者に利益がある場合であり、判例法理（最判昭和56年2月17日判時996号61頁など）を踏まえたものである。」

　3　これは、民法（債権法）改正検討委員会編『債権法改正の基本方針』（以下、基本方針）において、下記のとおり提案されていた点にかかる議論をふまえての中間試案である。

記

【3.2.9.01】(請負の定義)
〈1〉請負は、当事者の一方がある仕事を完成し、その目的物を引き渡す義務を負い、相手方がその仕事の結果に対してその報酬を支払う義務を負う契約である。
〈2〉この章の規定は、請負人の仕事の結果が注文者に引渡しを要する無体物である場合についても準用する。

【3.2.9.02】(仕事の完成とその目的物の受領)
〈1〉請負人が仕事を完成したときは、注文者は、仕事の目的物を受領しなければならない。この場合において、注文者は、仕事の目的物を受領する際に、仕事の目的物が契約で定めた内容に適合することを確認するための合理的な機会が与えられなければならない。
〈2〉注文者が事業者である場合には、注文者は、仕事の目的物を受領する際に、相当の期間内に、仕事の目的物が契約で定めた内容に適合することを確認するために必要な検査を行わなければならない。
〈3〉仕事が複数の部分に分割され、仕事の完成前に、その部分ごとに仕事の目的物を引き渡すべき場合には、〈1〉及び〈2〉は、仕事の目的物の各部分に適用する。

【3.2.9.03】(報酬の支払時期)
報酬は、仕事の目的物を受領するのと同時に、支払わなければならない。

　4　本稿においては、上記1の中間試案について、その提案を是とするものである。ただし、請負の仕事が完成しなかった場合の報酬請求権・費用償還請求権(1)アについては、この中間試案によっても、なお、種々の問題点が残ることを、実務的に考察する。

第2　仕事完成前に請負人が破産し出来高相当額の算定が問題となった事例

1　事案の概要

Aは、マンション等のアルミサッシ等をメーカーから仕入れてマンション等の工事現場に納品し、取り付け工事を施工する株式会社であり、Yは、マンション等土木建築工事の設計施工等を行う株式会社である。

Aは2010年9月から12月までの間、Yとの間で、Yが建築するマンション3棟について、それぞれ、アルミサッシ等の取付工事を行う請負契約（以下、三つの請負契約を合わせて「本件請負契約」という。）を締結した。請負金額の合計は約5100万円であった。

AとYは、本件請負契約に先立ち、工事下請基本契約（以下、「本件基本契約」という。）を締結しており、AがYに対し部分払いを請求する場合には、あらかじめその請求にかかる工事の出来高部分や搬入した材料の確認を求めなければならないとされていた。

Aは、2011年8月31日に破産手続開始決定を受け、同日、Xが破産管財人に選任された。当時、本件請負契約に基づく3棟のマンションへのアルミサッシ等の取付はいずれも未完成であったところ、同日、XはYに対し、破産法53条1項に基づき本件請負契約を解除する旨の文書を送付した。

2011年9月2日、XはYに対し、出来高の確認と支払についての協議を申し入れた。同年10月3日、YはXに対し、工事の未完成部分を一覧表にして送付した。Xはこれを受け、根拠となる資料の提示をYに求めたが、Yはこれに応じなかった。その後、XがYに対し再度資料を求めることも、Xが現場に出来高の確認に赴くこともなかった。Yは、未施工のアルミサッシ等の取付工事について、メーカーや施工業者に個別に再発注せざるをえなくなり、再発注費用として約2800万円を支出した。

2011年10月31日、YはXに対し、本件請負契約の出来高割合は約64％程度、出来高相当額は約3300万円であり、既払額約2100万円を差し引くと、報酬残高は約1200万円であるが、再発注費用として約2800万円

を支出したため、約900万円の再発注損益が生じているので、最終支払可能額は約300万円にとどまるという趣旨の文書(以下、「本件精算書」という。)を送った。

Xは、A及びAの下請業者から聴取するなどし、出来高割合は約74%、出来高相当額は約3800万円であると査定したうえで、Yに対し、3800万円から既払額約2100円を控除した残額の約1700万円を請求した。

Yがこれに応じなかったため、Xは、破産裁判所の許可を得て、2012年3月6日付けで、Yに対し、請負代金1700万円を請求する訴訟を提起した(以下、「本件訴訟」という。)。

本件訴訟において、Yは、Xが基本契約に基づきYに対し工事の出来高の確認を得ていないことから、Xの請求額には根拠がないとしたうえ、出来高相当額は、再発注費用を考慮して決せられるべきであると主張した。

筆者らは、本件訴訟におけるYの代理人であった。

2 争点

仕事完成前に請負人が破産し、破産管財人が注文者に出来高相当額の請負代金を請求した場合、出来高相当額はどのように算定すべきか。

3 検討

(1) 双務契約について破産者及びその相手方が破産手続開始の時において共にまだその履行を完了していないときは、破産管財人は、契約の解除をし、又は破産者の債務を履行して相手方の債務の履行を請求することができる(破産法53条1項)。

現行民法上、請負契約においては、報酬は仕事の目的物の引渡しと同時に支払わなければならないと規定されており(民法633条本文)、仕事の引渡しと報酬の支払いが同時履行とされていることから、仕事完成前に請負人が破産し破産管財人が請負契約を解除した場合、報酬を請求できるのか、できるとして、その金額をいかに算定するかが問題となる。

また、注文者が再発注にあたり支出した費用をいかに考慮するかも問題となる。

(2)　仕事完成前の解除の可否に関し、最高裁昭和56年2月17日判決（判例時報996号61頁）は、「建物その他土地の工作物の工事請負契約につき、工事全体が未完成の間に注文者が請負人の債務不履行を理由に右契約を解除する場合において、工事内容が可分であり、しかも当事者が既施工部分の給付に関し利益を有するときは、特段の事情のない限り、既施工部分については契約を解除することができず、ただ未施工部分について契約の一部解除をすることができるにすぎないものと解するのが相当である」と判示している。

上記最高裁判決に対しては、下記の評釈がなされている。

「契約は、これが債務不履行によって解除された場合には、契約によって生じた法律効果は遡って消滅し、当事者は原状回復義務を負うのが原則である。しかしながら、土木工事や建築請負工事においては、解除原因が債務不履行であると否とを問わず、既になされた工事の結果は、注文者にとっても何らかの利益を残すものであるから、その除却を求めるよりも、一定額の報酬を支払って未完成工事を引き取ることが合理的である場合が少なくないはずである（川島＝渡辺・土建請負契約論92頁）。したがって、土地の工作物に関する工事については、当事者の利益及び社会経済上の観点からみて、工事が可分であり、履行の終った部分だけでも契約の目的を達することができるような場合には、特段の事情がない限り、すでに工事を完了した部分についての契約解除はできず、未施工部分についての契約解除ができるにすぎないとし、請負人は注文者に対して既施工部分に応じた報酬請求権を失わないとするのが、通説・判例の立場とみることができる（内山・注釈民法（16）123頁、打田・注釈民法（16）142頁、松坂・民法提要債権各論［三版］178頁、来栖・契約法485頁、大判大7・4・30民集11巻7号780頁、札幌高判昭52・3・30本誌355号297頁）。」
（判例タイムズ第438号91頁）

上記のとおり、仕事完成前に破産等により契約を解除した場合、請負人は、既履行部分に応ずる報酬請求権を有するという考え方は実務上確立

しているといえる（さしあたり、上記最高裁判決の評釈中の引用文献の他、後藤勇『請負に関する実務上の諸問題』（判例タイムズ社、1994年）34、34頁）。

しかし、既施工部分に応ずる報酬といった場合、当初予定されていた労力に対する既履行部分の労力の割合により算定する考え方もあれば、既履行部分の客観的な価値を評価してとする考え方もありうる（法制審議会民法（債権関係）部会第56回会議議事録55頁参照）。また、建築請負においては、「現場管理費」や「諸経費」といった名目で、工事費用の何割かの金額を請求することがあるが、こうした費用は、履行の割合に応じて請求できると考えるのか、工事全体が完了してはじめて請求できると考えるのかによっても、金額は異なってくる。本件のように、注文者側（Y）の出来高査定額と請負人側（A、破産管財人X）の出来高査定が異なることがある。

したがって、請負人に報酬請求権があるとしても、報酬額の算定にあたっては、契約金額に、既履行割合を乗じて算定すればすむという問題ではない。上記第1、1の中間試案によれば、(1)アにおける「その給付を受けることについて注文者が利益を有するとき」の解釈適用が争点となることが予想される。

(3) さらに、本件のように、注文者は、残工事を行うため、別の請負人と再度契約しなければならず、工期の関係で価格交渉する時間的余裕がないこともあり、従前予定していた以上の費用を要することが多い。この場合、再発注のための費用を全く考慮しなくてよいのかという問題が残る。

この点に関し、破産法54条1項は、「前条（破産法53条）第1項又は第2項の規定により契約の解除があった場合には、相手方は、損害の賠償について破産債権者としてその権利を行使することができる。」と規定する。

破産管財人が53条1項に基づき請負契約を解除し、別の請負人に工事を継続させた場合にかかった超過費用は、契約の解除により発生した損害であるため、当該損害賠償請求権は、破産法54条1項に基づき破産債権

となる。しがって、再発注費用は、原則として破産債権として届け出て、破産財団から配当を受けることになる。

　しかし、その場合、配当として得られる金額は、注文者が実際に支出した金額をかなり下回ることになり、請負人と注文者の利益状況からみて問題がある。請負人の一方的な事情による請負人破産によって生じた注文者の再発注費用が破産債権として十分な配当を受けられなくなるという状況に対し、破産した請負人側は、完成部分の請負代金を全額回収できるというのでは、公平を欠くという考え方も成り立つからである。

　4　裁判例の状況

　仕事完成時における請負代金の一部請求においては、注文者と請負人が異なる利益状況に立ちうることを前提として、仕事完成前に請負契約を解除した場合における請負人の報酬の具体的な金額について、請負金額に単純に履行割合を乗じて算定するのみではなく、個別具体的な事情を考慮して算定した裁判例が存在する。

　まず、東京地裁昭和46年12月23日判決（判例時報655号58頁）は、「第三者が残工事の施工に際し、請負人が施工した工事の一部を手直しした場合、当初の出来高から手直し分を控除して、請負人の出来高を判断すべきものと解せられる。」と判示している。一部解除の場合に請負人が既履行部分について報酬を請求するには、既履行部分の給付により注文者が利益を受けていることが前提であり、手直し分については、注文者が利益を受けているとはいえないことから、手直し分を控除して算定することは妥当である。

　また、東京地裁昭和51年4月9日判決（判例時報833号93頁）は、請負契約が、各工事の段階に対応する代金の合意も確定しえないような極めて大雑把な口頭契約であった場合に、請負人の報酬は、「前請負工事と比較した出来高割合を根拠に算出されるべきであって、……本件においては、……未完成部分を完成させるに要する費用から逆算する方法すなわち全代金額から右完成に要する費用を差引く方法によるほかはない。」と判示した。出来高割合の主張立証責任が請負人にあることから、結論としては妥

当である。

そして、大阪地裁平成17年1月26日判決（判例時報1913号106頁）は、請負人が仕事完成前に民事再生手続開始決定を受け、破産管財人が請負契約を解除したうえ既施工部分の報酬（出来高割合は、26億円の工事に対して2億円程度）を請求した事案において、「既施工部分の出来高相当の報酬請求権を認めるべき前提が、注文者が既施工部分の引渡を受けて、それを利用し、あくまでその利益を受けて続行工事を行っている場合であり、そのような場合に、一部解除の構成、当事者の合理的意思ないし信義則を用いて当事者間の利益調整を行うものといえ、既施工部分がその後の続行工事に利益になったとしても、注文者の続行工事費用が増大し、既施工部分を考慮しても、なお損害が生じているような場合は、上記出来高相当の報酬請求権を認めるべき前提をそもそも欠いているものと認められ、請負人に出来高の報酬請求権を認めるべきではない。」と判示し、請負人の出来高相当の報酬請求権を認めなかった。上記判決に対しては、請負人が控訴したが、控訴審において、請求額の2割程度の金額で和解が成立したということである。

このように、実務においては、契約金額に出来高割合を乗じるだけではなく、報酬額の算定にあたり、当事者の公平を考慮し、個別具体的な事情もふまえて報酬額が算定されている。

5　本件の帰結

本件において、当初、Yは、契約金額に出来高割合を乗じて算定した金額を請負人の報酬と認めるが、再発注による超過費用を損害とする損害賠償請求権を自働債権として相殺する旨の主張をしていた。

これに対し、Xは、破産法72条の適用ないし類推適用により相殺が禁止されると主張した。

請負人が破産し、仕事完成前に請負契約を解除した場合において、請負人の報酬請求権と、再発注による超過費用を損害とする損害賠償請求権を自働債権とする相殺の可否について、これを判断した最高裁判例は存在せず、実務上も、確立した扱いはなされていないようである。

破産債権の場合、配当として受領できる金額は一般的な例から想定して 10% 程度と判断した場合に、破産法 54 条 1 項が当該損害賠償請求権を破産債権とした趣旨を考慮すると、相殺の主張に固執することはためらわれた。配当受領金額として大幅に減額される当該損害賠償請求権を自働債権として、請負人の報酬請求権全額と相殺することは、「瑕疵の修補に代わる損害賠償債権をもって報酬残債権全額との同時履行を主張することが信義則に反するとして否定されることもあり得る」とする最高裁平成 9 年 2 月 14 日判決（民集 51 巻 2 号 337 頁）と類似する利害状況が考えられるからであった。また、Y は、早期に解決したいという意向があったところ、相殺の主張を維持することで、解決が長引くおそれがあった。

結局、本件においては、Y の不利益は、出来高相当額の算定において若干調整することとし、Y が X に対し約 1100 万円を支払う旨の和解が成立した。本件においては、訴訟前に、Y が報酬残高は 1200 万円である旨の本件精算書を X に送っていたことから、破産管財人としても、Y と他の一般債権者との公平をはかる立場からは、これ以上の減額は困難という事情があった。ただし、本件精算書を送っていなければ、破産管財人による出来高査定が正確に行われていなかったこともあり、より大きな減額が認められた可能性がある。

なお、Y が契約解除後残工事を続行したことによる超過費用 800 万円については、破産法 54 条 1 項に基づき、破産債権として届出を行い、最終的に約 130 万円の配当を得た。

第 3　事例分析から見た改正案の評価

改正案は、仕事が完成しなかった場合の請負人の報酬請求権について定めるものであり、基本的には賛成であるが、報酬額の算定方法については言及していない。

しかし、改正案(1)アが、前掲最高裁昭和 56 年 2 月 17 日判決を踏まえたものであることから、請負人としては、報酬額を、契約金額に出来高割合を乗じる方法により算定し、請求すると考えられる。

そのような方法で報酬額を算定した場合でも、請負人に破産手続開始という事情がなければ、注文者は、残工事の続行に伴う超過費用を損害とする損害賠償請求権を自働債権として相殺することが可能であるから、注文者の不利益は解消することができる。
　しかし、請負人が破産し、破産管財人が請負契約を解除した場合、解除により発生した損害についての賠償請求権は、破産法54条1項に基づき破産債権とされ、全額回収は不可能であることから、当該損害賠償請求権との相殺が認められないとすれば、注文者の不利益が大きい。
　したがって、改正案によっても、とくに請負人が破産した場合には、報酬額の算定においては議論が残るところであり、事案に即した妥当な解決がなされなければならない。そして、出来高についての主張立証責任は破産管財人にあることから、破産管財人は、出来高査定にあたっては、当事者から事情を聴取するだけでは足りず、当事者双方の立会いの下、現場に赴いて確認するなど、慎重な態度で臨むことが求められる。
　以上のとおり、上記第1、1の中間試案中、第40請負、1仕事が完成しなかった場合の報酬請求権にかかる提案は是とするが、これを前提としても、なお請負契約においては解釈論によって補わなければならない問題点があることを指摘した次第である。
（獨協ロー・ジャーナル8号（2013年6月）47頁初出、川上愛獨協大学法科大学院助教との共同執筆論文として）

補遺

　民法の一部を改正する法律案634条は「注文者が受ける利益の割合に応じた報酬」の見出しの下に、
　「次に掲げる場合において、請負人が既にした仕事のうち可分な部分の給付によって注文者が利益を受けるときは、その部分を仕事の完成とみなす。この場合において、請負人は、注文者が受ける利益の割合に応じて報酬を請求することができる。
　一　注文者の責に帰することができない事由によって仕事を完成するこ

とができなくなったとき。
　二　請負が仕事の完成前に解除されたとき」
として新たに仕事完成前の請負の報酬請求権が規定されることとなった。本稿で引用した判例、学説等をふまえた条例化ということができる。
　しかし、実務上は、仕事完成前の請負の報酬請求をなすにあたり、なお、相殺、破産、民事再生等の諸規定との調整が残る。本稿は、川上愛獨協大学法科大学院助教との共同執筆にかかる法科大学院教育の成果であると共に、解釈論によって補わなければならない問題点があることを指摘したものとして、なお、参考とされる意義は失っていないものと解せられる。

第2章
損害軽減義務を認めた最高裁判決と債権法改正──訴訟代理人の立場から

1　はじめに──ローマ法を継受した日本民法

(1)　日本民法は、この国に住む人々にとっては、天賦のものであった。

1868年の土地賃貸借の成立から民法・借地法の適用に関する事例の相談を受けたことがある。1868年1月の鳥羽伏見の戦いの惨禍により住居を焼かれた人が現在の福井県小浜市小浜日吉に移り住み、同所にて土地を借りたが、その人の何代か後に、2000年代に入り間もなくの頃、その土地賃貸借を解除するにあたり、どのようにすればよいかという相談であった。

1868年当時の土地賃貸借について、日本民法の適用はなく、江戸時代に発達した、いわゆる慣習法としての取引法によって、その土地賃貸借が成立したと解釈した。その後、その土地賃貸借について、賃貸借契約書面が取り交わされることなく、相談時には、年に一度、地代を支払う関係だけが続いていた。土地賃貸借の成立の後、1896年に、日本民法典（明治29年法律第89号）が制定されると、その土地賃貸借についても、民法601条以下の第7節賃貸借の規定が適用され、1921年には借地法（大正10年法律第49号）が適用されるに至る。

上記土地に移り住んだ人にとっては、何の働きかけもないままに、土地賃貸借成立の28年後に、天賦のものとして日本民法の適用を受けるに

至ったということになる。「1896 年に制定された日本の民法典（明治民法）は、国民が読むことを想定していなかったと思われる」と論じられるところである[1]。上記の法律相談は、「習俗」から「習律」への、また習律から「法」への移行[2]の一例とみることもできる。日本人にとっては、民法は、そのようにして適用されるに至った法律としての一面を有する。

筆者は、このような日本におけるローマ法の継受としての民法典について、以下のとおり論じたことがある[3]。

近代西欧の法の発展は、民法を例にとっても、ローマ法を継受して、「ドイツだけでなく、ヨーロッパ大陸諸国の全てならびにその影響を受けたラテン・アメリカ、アジア、南アフリカの国々において、法学上の基礎的分野を形成している。ヨーロッパ共同体に属する全ての大陸諸国において、ローマ法は、それの国家的私法上の法典の概念上、体系上の基礎となるまでは（ドイツでは 1900 年 1 月 1 日に、はじめてそれがなった）、直接に通用する私法そのものであった」とされる 。ヴェーバーが法を研究対象としたのは、まさにそのような状況においてであった。同時に、「ローマ私法は、その理論的基礎を国家法（nationales Recht）にではなく、古代都市国家の自由市民（civitates）の私法に据えている。そのため、ローマ法は、イギリスやアメリカ合衆国においても、まさしくシヴィル・ローCivil Law［ローマ法］といわれ、その研究者がシヴィリアン Civilian と呼ばれているのである」とあるとおり、いわゆる英米法系にも強い影響を与えた。そして、日本民法典は、……かつての不平等条約改正の前提ある

---

[1] 内田貴『債権法の新時代』（商事法務、2009 年）8 頁。

[2] マックス・ヴェーバーの現行第五版『経済と社会』の「1914 年構成表」については、折原浩『ヴェーバー『経済と社会』の再構成―トルソの頭』（東京大学出版会、1996 年）17、144 頁を参照し、三宅弘『原子力情報の公開と司法国家――情報公開法改正の課題と展望』（日本評論社、2014 年）68、345 頁において触れた。「ゲゼルシャフト行為」を媒介する「制定秩序（制定律）」のうち、その経験的「妥当（Geltung）」を「強制装置（Zmangsapparat）」によって「保障」された「特例」が「法 Recht」ということになる、とされる（折原浩『日独ヴェーバー論争――『経済と社会』（旧稿）全篇の読解による比較歴史社会学の再構築に向けて』（未来社、2013 年）29 頁）。

[3] 三宅・前掲 2 書 347 頁。

いは富国強兵政策のため、ときの明治政府の方針によって、基本的にヨーロッパ大陸法（特にフランス民法、ドイツ民法草案など）を参考にしつつ制定されたもので、その淵源が参考とされた諸国の民法典を介して、はるかにローマ法に連なるものである」とされる。「もちろん、その後の発展も含めて、日本法には固有の内容や成果が多く含まれている。しかし、その基本的な骨格や考え方は、ヨーロッパ法の歴史的伝統に固く結びつけられており、そのことが、日本の法文化の底流にある法意識と微妙なズレを生じていることも否めない」とはされているが、とにもかくにも日本は、このようなローマ法を淵源とする西欧近代法を継受した[4]。

上記のとおり、日本民法は、法典の形はドイツから、中身の大部分はドイツとフランスから直輸入したとされる。しかし、今、日本が範としてきたドイツやフランスでは債権法の共通化が目指され、ドイツは2001年におよそ100年ぶりの債権法の抜本改正を実現させた。フランスでは200年以上ぶりの大改正の準備作業が進行し、オーストリア、スイス、スペイン等でも改正作業が進行している、とされる[5]。

日本においては、市場のグローバル化への対応とともに、「法典の解釈適用の過程で判例は条文の外に膨大な数の規範群を形成しており、基本法典の内容について透明性を高める必要性を痛感させている」という理由から、「『民法』が圧倒的に西欧の文化的産物であった歴史の中で、継受法の1世紀余に及ぶ解釈適用を通じ、独自の解釈論と実務を形成してきた……そのような自らの蓄積に基づいて今後の債権法のあるべき姿を示す」ことを目的として、2006年10月7日、民法（債権法）改正検討委員会（委員長：鎌田薫・早稲田大学教授）（以下、検討委員会）が設立された[6]。

検討委員会は、2009年3月31日、「債権法改正の基本方針」を発表す

---

[4] オッコー・ベーレンツ／河上正二『歴史の中の民法──ローマ法との対話』（日本評論社、2001年）序13頁、はしがき1頁。

[5] 内田・前掲1書32頁。

[6] 「民法（債権法）改正検討委員会設立趣意書」民法（債権法）改正検討委員会編『債権法改正の基本方針』（商事法務、2009年）6頁。

るが、その中の第3編第1部契約及び債権一般第1章契約に基づく債権甲案第4節（乙案では第5節）第2款債務の不履行第2目損害賠償において、
【3．1．1．73】債権者の損害軽減義務として、

「〈1〉裁判所は、債務不履行により債権者が被った損害につき、債権者が合理的な措置を講じていればその発生または拡大を防ぐことができたときは、損害賠償額を減額することができる。〈2〉債権者は、債務者に対し、損害の発生または拡大を防止するために要した費用の賠償を、合理的な範囲で請求することができる」とする提案がなされた。

提案〈1〉は、「現民法418条を基本的に踏襲した上で、債務不履行による損害の発生ないし拡大を抑止するために債権者に対しても合理的行動が求められるべきであるということ（損害軽減義務）、および、損害軽減義務の違反があれば賠償額が減額可能であることを明らかにした」と解説されている。

提案〈2〉は、「債務者による債務の不履行がなければ債権者はこのような費用を支出することがなかったであろう点に鑑み」、債権者は、損害の発生または拡大の防止に要した費用の賠償を、合理的な範囲で債務者に対して請求することができるとしたと解説されている[7]。検討委員会の中心メンバーである内田貴・前東京大学教授・法務省民事局参与は、「現行民法のもとで過失相殺（418条）などを用いて事実上認められてきた法理を、検討委員会試案は損害軽減義務として正面から認容することを提案した。ウィーン売買条約77条でも認められている法理であり、信義則上の義務の一種であり、損害賠償額の調整のほか損害賠償額算定の基準時の選択においても機能を発揮するものと思われる」と説明している[8]。

内田参与は、後述するとおり、既に『契約の時代』（岩波書店、2000年）において、信義則上の義務の一種としての損害軽減義務が判例法理の中から読みとれることを論じ[9]、『民法Ⅲ第3版債権総論・担保物権』（東京

---

[7] 検討委員会編・前掲6書143頁。

[8] 内田・前掲1書95頁。

[9] 内田貴『契約の時代』（岩波書店、2000年）187頁。

大学出版会、2005年）においても、種類物売買を例として、損害の「基準時を、解除時や履行時にとる裁判例は、明らかにそれらの時点で買主が契約を解除して代替取引を行うべきことを前提に、損害を算定していると見ることができる」、「損害軽減義務は、買主の不履行の場合の売主にも認められる。この場合には、契約を解除して目的物を遅滞なく別の買主に処分し、価格下落のリスクを回避すべき義務という形で現れる」と解説していた[10]。

これに対し、森田修・東京大学教授は、後述するとおり、「内田教授の立場を直接支える判決例は下級審たる[２]（大阪控判大正６年３月26日新聞1298号29頁――引用者注）一つしかないことが示された。その意味で判決の説明方法としても必ずしも成功していないように思われ、その限りで日本判例法上の『損害軽減義務』の既存という主張には賛成しがたい」と主張する[11]。

この内田＝森田論争をふまえて、履行請求権について、特権的な地位を認めず、あくまで契約違反に対する救済手段に対する選択肢の一つとして捉え直す学説を整理すると共に、比較法研究をふまえて、損害軽減義務が履行障害法の体系化において果たすべき役割を見極めることも主張されてきた[12]。

このような議論状況において、最高裁平成21年１月19日判決民集63巻１号97頁が第二小法廷において下された（以下、本件最判）。判例集に掲載された判決要旨として、下記のように示されている。

記
〔判決要旨〕
ビルの店舗部分を賃借してカラオケ店を営業していた賃借人が、同店舗

---

[10] 内田貴『民法Ⅲ第３版債権総論・担保物権』（東京大学出版会、2005年）167、168頁。

[11] 森田修『契約責任の法学的構造』（有斐閣、2006年）219、220頁。

[12] 吉川吉樹「損害軽減義務と履行請求権」内田貴＝大村敦志編『民法の争点』（有斐閣、2011年）174頁。その本格的比較研究による提言として吉川吉樹『履行請求権と損害軽減義務　履行期前の履行拒絶に関する考察』（東京大学出版会、2010年）。

部分に発生した浸水事故に係る賃貸人の修繕義務の不履行により、同店舗部分で営業することができず、営業利益相当の損害を被った場合において、次の(1)～(3)などの判示の事情の下では、遅くとも賃貸人に対し損害賠償を求める本件訴えが提起された時点においては、賃借人がカラオケ店の営業を別の場所で再開する等の損害を回避または減少させる措置を執ることなく発生する損害のすべてについての賠償を賃貸人に請求することは条理上認められず、賃借人が上記措置を執ることができたと解される時期以降における損害のすべてが民法416条1項にいう通常生ずべき損害に当たるということはできない。

(1) 賃貸人が上記修繕義務を履行したとしても、上記ビルは、上記浸水事故時において建築から約30年が経過し、老朽化して大規模な改修を必要としており、賃借人が賃貸借契約をそのまま長期にわたって継続し得たとは必ずしも考え難い。

(2) 賃貸人は、上記浸水事故の直後に上記ビルの老朽化を理由に賃貸借契約を解除する旨の意思表示をしており、同事故から約1年7か月が経過して本件訴えが提起された時点では、上記店舗部分における営業の再開は、実現可能性の乏しいものとなっていた。

(3) 賃借人が上記店舗部分で行っていたカラオケ店の営業は、それ以外の場所では行うことができないものとは考えられないし、上記浸水事故によるカラオケセット等の損傷に対しては保険金が支払われていた。

本件最判については、最高裁判例解説において、「事例判断」、すなわち「前記の判決要旨で示された本件の判断はいわゆる事例判断であり、その射程は、厳密には、本件と同様の事例（営業用の建物の賃貸借契約が締結された場合に、賃借人が賃貸人やその代表者に対して損害賠償を請求する事例）において、同様の場面が生じた場合に及ぶものにすぎない」とされる[13]。しかし、判決言渡し直後より、条理を根拠として損害軽減義務違反

---

[13] 髙橋譲「店舗の賃借人が賃貸人の修繕義務の不履行により被った営業利益相当の損害について、賃借人が損害を回避または減少させる措置を執ることができたと解される時期以降に被った損害のすべてが民法416条1項にいう通常生ずべき損害に当たるということはできないとされた事例」法曹会編『最高裁判所判例解説民事編平成21年度（上）』（法曹会、2012年）39、50頁。

を認めた判例であるとして、多くの判例評釈がなされている[14]。

本件最判の2ヵ月余り後に、前記「債権法改正の基本方針」が発表される審議が進行していたことや、損害軽減義務を認めるか否かについて内田＝森田論争が話題とされていたことから、その判例の射程をめぐり注目すべき判例が言い渡されたのである。

その後、2009（平成21）年10月には、法制審議会民法（債権関係）部会（部会長：鎌田薫・早稲田大学教授）が設置され、同年11月から民法（債権関係）の見直しについて審議が行われてきた。2011（平成23）年4月12日には、「民法（債権関係）の改正に関する中間的な論点整理」（以下、論点整理）の部会決定がなされた。論点整理については、パブリック・コメントが実施され、さらに、同部会で審議がなされた。部会は、2013（平成25）年2月26日に「民法（債権関係）の改正に関する中間試案」（以下、中間試案）を決定し、これについても、パブリック・コメントが実施された。

本稿では、本件最判を取り巻く状況をふまえて、第1審から本件最判までの訴訟代理人の立場から、判決の意義を論じ、判決をふまえての債権法改正に関する意見を述べるものである。

2 本件最判の第1審からの事案の概要と判断

(1) 事案

1992（平成4）年3月5日、Xは、Y1協同組合から本件ビル地下1階にある店舗部分（以下、本件店舗部分）を月額20万円で借り（以下、本

---

[14] 住田英穂「損害軽減義務に関する一考察——最高裁平成21年1月19日判決を素材として」甲南法学51巻2号1頁の他に、浅井弘章・銀行法務21、703号（2009年、6号）51頁、野澤正充・判例タイムズ1298号63頁、四ッ谷有喜・速報判例解説5号、83頁、日下部真治・法律のひろば2009年11月号53頁、川村洋子・判例セレクト2009年18頁、千葉恵美子・判例評論609号（判例時報2051号）168頁、廣峰正子・法律時報81巻12号112頁、潮見佳男・ジュリスト1389号91頁、難波譲治・私法判例リマークス2010（上）22頁、中田裕康・法学協会雑誌127巻7号1008頁、高橋譲・ジュリスト1399号157頁（紙幅の関係で、判例評釈の論題を省略）。本

件賃貸借契約）、カラオケ店を営業していた。本件ビルは、1967（昭和42）年建築で、老朽化によって大規模な改修が必要だが使用不能状態にはなっていなかったものと認定されている[15]。本件ビルは1992（平成4）年9月頃から地上階での水漏れの他、本件店舗部分に浸水が頻繁に発生していたので、Y1は、Xに対し、本件賃貸借契約の正当理由による解除を求めていたが、Xはこれに応じなかった。しかるところ、1997（平成9）年2月12日、本件店舗部分から出水して、床上30〜50センチメートルまで浸水し、また同月17日にも汚水が出水し、同程度に浸水した結果、本件店舗部分の営業ができなくなった。Y1は、Xに対して同月18日付で建物の老朽化を理由に解除の意思を表示し、店舗の引渡しを求めた。Y1は、訴外Aに対し、1995（平成7）年9月28日に本件ビルを売却したが、所有権移転登記手続はなされず、Xとの対抗関係においては、貸主としての地位にあったが、その後まもなく清算手続きに入っていた。他方Xは、Y2（Y1協同組合の代表者）に対してビルの修繕を求めていたが、Y2は清算手続に入っていたので修繕費用を捻出することもできないことから、これに応じず、逆にXに対して退去を要求し、原因不明の漏水によるXの損害拡大を防ぐために、店舗部分の電源を遮断するなどしていた。同年5月27日、カラオケセット等の損傷について、Xは3700万円余の保険金を得たが、営業利益の填補はされていない。そこで、Xは、Y1、Y2に対し、平成10年9月14日、営業利益喪失等による損害賠償を請求した。これに対し、Y1は修繕義務を否定し、Xに対し賃料不払、用法違反等を理由とし賃貸借契約を解除するとの意思を表示して、本件店舗部分の明渡しを求める反訴を提起した。

15　訴訟代理人としては、商業用建物において、ビル所有者が清算手続に入っていたことから、大規模改修をする資力も有していなかった状態において、使用不能状態を認めるべきと考えたが、控訴審段階まで、そのような事実認定はなされていなかった。また、本件店舗部分の原因不明の浸水が頻繁に発生しており、漏電を防ぐために電源を切った。このことが、Y1の本件店舗部分を貸し渡す義務違反に問われているが、Y1としては、原因不明の浸水の被害の拡大を防ぐためにやむをえなかったという事情もあった。

第1審は、Xの債務不履行による賃貸借契約の解除を認め、本件店舗部分の明渡しを認めた。他方、Xの主張にかかる営業利益喪失等による損害賠償請求は認めなかった。Xは控訴。

　原審は、Y1による賃貸借解除はいずれも無効であるとしてY1の反訴を棄却し、Y1の修繕義務違反、Y2の代表者としての重大な過失（平成17年改正前の中小企業等協同組合法38条の2第2項）を理由に、平成9年3月12日からXの求める終期である平成13年8月11日まで4年5ヵ月間の営業利益3100万円余についてXの損害賠償請求を認めた。Yら上告受理申立て。その理由は、

①「正当の理由」（借地借家法28条）の解釈の誤り、
②中小企業等協同組合法38条の2第2項の「重大な過失」の解釈に関する誤り、
③民法416条1項の「損害」の解釈に関する誤り、
として主張された。

　これに対し、最高裁は、①、②について上告受理申立却下。③のうち、「逸失営業利益損害の算定の誤り」、「保険金支払による損害賠償請求権の移転（保険者代位）」については上告受理申立却下としたが、「4年5月にわたり同額の逸失営業利益損害が生じることはないこと」（以下、上告理由1）と「『損害』の解釈にあたり、過失相殺の主張に対する判断がなされていないこと」（以下、上告理由2）については、上告を受理し、上告審として判断されることとなった。原判決破棄。名古屋高裁へ差戻。

　なお、Xは、訴外Aを被告として、Y1に対する請求と同様の請求をしていたが、上記のとおり本件ビル所有権移転登記がなされていなかったことから、本件ビルの所有者は、Xとの対抗関係上Y1であることを理由として、第1審、控訴審ともに請求棄却。Xの上告受理申立てによるも却下とされた。

(2)　本件最判の内容

「事業用店舗の賃借人が、賃貸人の債務不履行により当該店舗で営業することができなくなった場合には、これにより賃借人に生じた営業利益喪失の損害は、債務不履行により通常生ずべき損害として民法416条1項により賃貸人にその賠償を求めることができると解するのが相当である。」

「（認定された事実によれば）Ｙ１が本件修繕義務を履行したとしても、老朽化して大規模な改修を必要としていた本件ビルにおいて、Ｘが本件本件賃貸借契約をそのまま長期にわたって継続し得たとは必ずしも考え難い。また、本件事故から約1年7ヵ月を経過して本件本訴が提起された時点では、本件店舗部分における営業の再開は、いつ実現できるかわからない実現可能性の乏しいものとなっていたと解される。他方、Ｘが本件店舗部分で行っていたカラオケ店の営業は、本件店舗部分以外の場所では行うことができないものとは考えられないし、前記事実関係によれば、Ｘは、平成9年5月27日に、本件事故によるカラオケセット等の損傷に対し、合計3711万6646円の保険金の支払を受けているというのであるから、これによって、Ｘは、再びカラオケ等を整備するのに必要な資金の少なくとも相当部分を取得したものと解される。

そうすると、遅くとも、本件本訴が提起された時点においては、Ｘがカラオケ店の営業を別の場所で再開する等の損害を回避又は減少させる措置を何ら執ることなく、本件店舗部分における営業利益相当の損害が発生するにまかせて、その損害のすべてについての賠償をＹ１らに請求することは、条理上認められないというべきであり、民法416条1項にいう通常生ずべき損害の解釈上、本件において、Ｘが上記措置を執ることができたと解される時期以降における上記営業利益相当の損害のすべてについてその賠償をＹ１らに請求することはできないというべきである。」

「原審は、上記措置を執ることができたと解される時期やその時期以降に生じた賠償すべき損害の範囲等について検討することなく、Ｘは、本件修繕義務違反による損害として、本件事故の日の1か月後である平成9年3月12日から本件本訴の提起後3年近く経過した平成13年8月11日までの4年5か月間の営業利益喪失の損害のすべてについてＹ１らに賠償請

求することができると判断したのであるから、この判断には民法 416 条 1 項の解釈を誤った違法があり、その違法が判決に影響を及ぼすことは明らかである。」

「以上によれば、上記と同旨をいう論旨は理由があり、原判決は破棄を免れない。そこで、Y1らが賠償すべき損害の範囲について更に審理を尽くさせるため、本件を原審に差し戻すこととする。

なお、Y1の反訴請求に関する上告については、上告受理申立て理由が上告受理の決定において排除されたので、棄却することとする。」

(3) 上告受理申立理由をふまえての本件最判についての解説

本件最判は、「建物の賃借人が損害回避義務又は損害軽減義務を負うことを前提に、損害を回避又は減少させる措置を執ることができたと解される時期以降における営業利益相当の損害のすべてについてその賠償を請求することはできないとしたものであり、事例判断ではあるが、上記義務との関連で民法 416 条 1 項にいう通常生ずべき損害の解釈を示したものとして、重要な意義を有するものと考えられる」と評されている[16]。

但し、上告受理申立理由として、上記[事案]中の①「正当の理由」（借地借家法 28 条）の解釈の誤り、②「重大な過失」（中小企業等協同組合法 38 条の 2 第 2 項）の解釈の誤りについては、いずれも上告受理申立却下となっているが、この却下部分について検討することによって、最判の判旨部分の評価も定まるものと解せられるので、以下、民集にも掲載されていない上告受理申立却下部分を含め、本稿末尾に[資料]上告受理申立理由書として紹介し、その却下理由を推論することをふまえて、本件最判の意義を論じることとする。

3　上告受理申立理由：最高裁判所の判例と相反する判断等

本件上告受理申立理由は、最高裁判所の判例と相反する判断等（民訴法

---

[16]　髙橋・前掲 13 論文 147、149 頁。

318条）である。すなわち、原判決は、借地借家法28条「正当の事由」の解釈、中小企業等協同組合法38条の2第2項による損害賠償請求権にかかる上告受理申立人Y2の重過失の解釈、及び民法416条1項の「損害」の解釈につき、最高裁判所の従来の判例と異なる判断があるなど、法令の解釈に関する重要な事項を含んでいるから、上告審として事件を受理したうえで、破棄されなければならない、とするものである。とりわけ、Xは、仮執行宣言の付いた原判決に基づき、Y1Y2らの所有不動産に対し直ちに競売申立てをしていたから、同申立手続が進行するまでに、すみやかに上告を受理して原判決を破棄すべきであることが求められた。

上告受理申立書の目次は、下記のとおりである。匿名化した主張を本稿末尾に［資料］として添付する。

記

第1　最高裁判所の判例と相反する判断等
第2　「正当の事由」（借地借家法28条）の解釈の誤り
　1　第2次解除について
　　(1)　原判決の判断
　　(2)　原判決は従前の最高裁判断の判例等と相反すること
　　(3)　既に売却された商業利用の建物についての期限の定めのない建物賃貸借契約であること
　　(4)　本件ビル地下1階部分は本件浸水事故によって朽廃の時期に迫られていること
　　(5)　度重なる漏水・浸水事故に過大な費用を要すること
　　(6)　賃貸人において売却済み建物の大改修の過大な費用を支弁できないこと
　　(7)　借地借家法28条の「正当の事由」が認められるべきであること
　2　第3次解除について
第3　中小企業等協同組合法38条の2第2項の「重大な過失」の解釈に関する誤り
　1　原判決の判断

2　重過失のないこと
第4　民法416条1項の「損害」の解釈に関する誤り
　　1　逸失営業利益損害の算定の誤り
　　2　4年5月にわたり同額の逸失営業利益損害が生じることはないこと
　　3　「損害」の解釈にあたり、過失相殺の主張に対する判断がなされていないこと
　　4　保険金支払による損害賠償請求権の移転（保険者代位）
第5　まとめ

4　訴訟代理人から見た本件最判の第1審判決及び原判決

　⑴　本件は、上告人（反訴原告、Y1、Y2）が、第1審でY1のXに対する本件反訴請求が「すべて理由がある」、すなわち、「平成9年2月18日付けの内容証明郵便でY1は本件賃貸借契約を解除する通知をし、その後は早期の明渡しを求める態度でいるから、この契約解除通知は有効であり、この通知は遅くとも同月20日には到達したと考えられるので、その時点で、本件賃貸借契約は終了したと考えられる」として（民集63巻1号110頁）、勝訴した事例である。本件事件のいわゆる筋（本書111頁注25）を見ると、上告人（反訴原告）の勝訴も考えられる。しかし、一般に第1審で勝ちすぎると、控訴審では逆に振れることがある。加えて、いわゆる新様式判決では、証拠上の裏付けがあいまいになりがちである。控訴審担当裁判官は、第1審裁判所裁判官の判決に対しては事実認定が甘いという判断を有していたようである。
　このため、同担当裁判官は、本件事件の筋を見誤ったのではないかと、筆者は訴訟代理人として考えている。
　また、第1審では、上告人（反訴原告）の全面勝訴であったことから、控訴審で逆転敗訴を前提とする、立退料引換給付付きの「正当理由」ある契約解除の主張ができなかった（[資料] 上告受理申立理由第1参照）。

　⑵　控訴審では、原判決変更となった。

「Y1は、本件事故当時以降も、本件賃貸借契約の賃貸人として、Xに対して、本件店舗部分について、Xが本件店舗部分を店舗として使用収益するために必要な修繕義務を負うものであるところ、……Xは、本件事故により、本件店舗部分でのカラオケ店営業が不能となったため、Y1の代表者であるY2に対し、本件事故の原因を究明して必要な修繕をするよう要求したが、Y2はこれに応じず、かえって、本件賃貸借契約は第2次解除又は第3次解除により終了したと主張して、Xに対して本件店舗部分の明渡しを求めていたのであるから、Y1には、本件事故後において本件店舗部分についての修繕義務の不履行があるというべきである」と判示された（前掲民集190頁）。

すなわち、原判決においては、
① Xの用法違反による債務不履行解除は認められなかった。
② Y1はすでに組合として解散決議をし、残余財産を分配しており、修繕義務を尽くそうとしても、これを尽くすことができなかった（41頁——上告受理申立理由第1）。
③ 新所有者Aは、当初Xの本件店舗部分での使用収益を認めていたが（37頁）、その後、心変わりして、Xとの対抗関係上貸主でいつづけざるをえないY1とその代表者Y2に対し、Xの建物明渡しを請求するようにと、要求した。このため、Y1Y2はAの要求に従い、Xの建物明渡しを求めざるをえなかった。
④ Y1Y2のXに対する修繕義務不履行の事実は否定しがたく、これを強調すると控訴審の原判決のような判決になると解される。

(3) そのような経過に照らすと、住田英穂「損害軽減義務に関する一考察——最高裁平成21年1月19日判決を素材として——」が述べるように[17]、「本来ならば、賃貸人から立退料提供の申出が相当な金額でなされていれば、借地借家法の用意する正当事由制度のもとで解決されていたはずの事案であったといえる。さらにいえば、営業用建物賃貸借を規律する特

---

17 住田・前掲14論文1頁。

別法が居住用建物賃貸借とは別に立法化され、存続保護のあり方と終了時の営業財産の清算に関して明確なルールを有しておれば、そのルールを背景にした交渉がなされ、本件のようには紛争が激化し、最高裁まで上告される事態を招かなかったといえるのではないか。本判決は、現行の借地借家法の不備を認識させる事件でもあった」[18]という指摘は、正解と思われる──［資料］上告受理申立理由書第1中の、特にアンダーライン部分が、営業用建物賃貸借の終了事由にかかる主張である。

　加えて、本件では、Xに損害保険契約に基づく、本件店舗部分の設備什器の損害について、保険金3711万6646円（本件最判における認定）が支払われていたにもかかわらず、Y1Y2及び、別件訴訟（101頁）の被告Aがこれを指摘するまで、当該事実を隠して、本件訴訟及び別件訴訟を維持していた事実がある（102頁参照）。

　そうだとすると、Y1の「正当理由」解除の主張が認められなくとも、何らかの法律構成により、Y1Y2を救済するべきではないかという議論が生じてこよう。上告受理申立後、3ヵ月、6ヵ月、1年を過ぎても上告受理申立却下通知がこないことから、上告受理申立人訴訟代理人としては、資料付の上告受理申立理由補充書を(1)〜(5)まで提出し、第二小法廷の裁判官が、事実上「目を通す」ことを期待した。

　上告受理申立理由2は、中小企業等協同組合法の立法経緯まで遡って、Y2に対する請求の根拠となった同法38条の2第2項の「重大な過失」を限定的に解釈することを主張したが、この主張は認められなかった。

　Y1だけの救済の問題ではないことから、条理と債権総論の問題として、解釈されることとなるのである。なお、同組合法の当時の国会審議の議事録によっても、その立法経過は不明確であり、正に「法の解釈は裁判所」に委ねられることとなった。

18　住田・前掲14論文42頁。

5　本件最判を学説上どのように位置付けるか

⑴　本件最判は、上告受理申立理由書（本稿末尾［資料］）、第４、３「損害」の解釈にあたり、過失相殺の主張に対する判断がなされていないこと」を、上告受理申立理由があるものと判断し、上告審において破棄差戻を言い渡した。すなわち、「本件本訴が提起された時点においては、本件本訴が提起された時点においては、Ｘがカラオケ店の営業を別の場所で再開する等の損害を回避又は減少させる措置を何ら執ることなく、本件店舗部分における営業利益相当の損害が発生するにまかせて、その損害のすべてについての賠償をＹ１らに請求することは、条理上認められないというべきであり、民法416条１項にいう通常生ずべき損害の解釈上、本件において、Ｘが上記措置を執ることができたと解される時期以降における上記営業利益相当の損害のすべてについてその賠償をＹ１らに請求することはできないというべきである」と判示したのである。

前記のとおり、調査官解説においては、「事例判断ではあるが、上記義務との関連で民法416条１項にいう通常生ずべき損害の解釈を示したものとして、重要な意義を有するものと考えられる」と述べている（本稿６頁）。

また、損害軽減義務を積極的に認める学説においては、条理に基づき損害軽減義務を認めた最高裁判決とされる。

損害軽減義務については、内田・前教授・参与によれば、「英米法圏で用いられる"mitigation"という言葉は、広い意味では、賠償額の減額にかかわる次の三つの制度を含んでいるといわれる（Treitel;179）。第一に、発生した損害の縮小や拡大防止に関する『損害軽減義務』、第二に、不履行から生じた利益の控除（いわゆる損益相殺）、そして第三に、損害の発生そのものへの債権者の寄与の考慮（いわゆる過失相殺）である。これら三つの制度は、密接に関連してはいるが、法原理としては独立のものと思われ、賠償額の減額調整において、これらがすべて認められるかどうかは国によって異なる」、「日本では、第二、第三の法理は明白に存在するが（ただし損益相殺は明文の規定を欠く）、第一の法理は、ドイツ民法のよ

うに明瞭には認められていない」と解説される。しかし、本件訴訟においては、訴訟代理人としては、民法上の規定に欠ける損害軽減義務を主張するのではなく、民法418条に基づく過失相殺の主張として構成した[19]。

さらに、損害軽減義務については、二類型として抽出されている。すなわち、「通常論じられている典型的な損害軽減義務としては、大きく分けて二つの類型を抽出することが可能である。第一に、債権者の負う反対債務の履行行為を停止して、損害の拡大を防止する義務であり（以下「履行停止義務」と呼ぶ）、第二に、代替取引を行って損害を縮小する義務である（以下「代替取引義務」と呼ぶ）。」[20]。

本件最判においては、①本件ビルが老朽化して大規模な改修を必要としており賃貸借契約を長期継続しがたいことと、②本件訴訟提起時に本件店舗部分における営業再開の実現可能性が乏しいことと、③損害保険金をもってカラオケセットを購入し、他の場所でカラオケ店の営業ができることをもって、代替取引義務を認めたものと解することができ、今後、この①、②、③を手掛りとして、一般的な損害軽減義務を認める要件を考えることができる。

損害軽減義務については、既に先行研究があるが[21]、上述のとおり、内田＝森田論争をふまえて、本件最判の学説上の位置づけを、以下、明らかにする。内田説によれば、「もともと民法418条は、損害軽減義務が特に

---

19 内田・前掲9書176、177頁。

20 内田・前掲9書178。なお、5損害軽減義務（代替取引義務）の要件・効果をめぐる問題として、「(1)統一商事法典では、買主が信義則に従い、不合理な遅滞なく代替取引を行うことが要求されている（（UCC §2-712(1)）。……(2)代替取引の要件 第二次契約法リステイトメント350条は、この点について、『不当な危険、負担または屈辱感を伴うことなしに軽減しえたであろう損失に対しては、損害賠償を請求することができない』と定めている。……(3)効果－"lost volume"の問題 損害軽減義務が肯定される場合の効果は、損害賠償が契約価格と合理的な代替取引の市場価格との差額で算定されることであり、代替取引を怠った場合には、この額を超える損害は債権者の負担となる。……」と指摘されている（同書182頁）。

21 谷口知平「損害賠償額算定における損害避抑義務」川島武宜編『損害賠償責任の研究　上』（有斐閣、1957年）235、250頁。

論ぜられることのないフランス法に由来し、起草者も債務不履行に債権者が関与した場合だけを念頭においていたように見える。その後、ドイツ民法の影響からであろうか（ドイツ民法では「損害の発生」に関する過失を規定している）、債務不履行に関する債権者の過失と損害の発生に関する債権者の過失を区別する見解が生じ、さらに損害の拡大に関する債権者の過失にも明示的に言及されるようになる。しかし、債権者が損害軽減義務を負うという観念が一般化することはなかった」[22]。しかし、「『代替物を容易に入手できる債権者は、債務者からの引渡しに固執すべきでなく、価格が上昇する前に、遅滞なく代替物を手当てして、生じうる損害の軽減に努めるべきである』という法原則」、「これまで必ずしも意識的に取り上げられなかった原則が、判例の基準時選択において重要な役割を果たしているように思われる」、として、主に売買を例として、損害軽減義務を判例法理として抽出する[23]。

これに対し、損害軽減義務を認めるのに否定的な森田説によれば、「以上から内田教授の立場を直接支える判決例は下級審たる［２］（大阪控判大正６年３月26日新聞1298号29頁――引用者注）一つしかないことが示された。その意味で判決の説明方法としては必ずしも成功していないように思われ、その限りで日本の判例法上の『損害軽減義務』の既存という主張には賛成しがたい」と主張し、第一として「履行請求権の排除を効果とする『損害軽減義務』が判例として認められているとは言えない」、第二として［２］判決を除くすべてのケースでは「履行請求権の存在が問題とならない場合に限って『損害軽減義務』を認めるものとも考えられる」、第三として「契約の解除等によって代替取引が法的に可能となっていなくても、被不履行者に代替取引義務を課する発想（追履行への手当を無視する点で上記の判決例の立場とは異質な発想）を前提としなければ、解除賠償の基準時に関する［23］判決（大判大正７年１月28日民録24輯51頁

---

22 内田・前掲9書184頁。

23 内田・前掲10書124、167、168頁。

──同前）と、[24] 判決（最判昭和 30 年 1 月 21 日民集 9 巻 1 号 22 頁──同前）とを『損害軽減義務』法理によっては整合的に説明することができない」という論点を指摘する[24]。

　しかし、本件最判は、事例判決としつつも、上記要件①賃貸借契約を長期継続しがたいこと、②本件訴え提起時に営業再開の実現可能性が乏しいこと、③損害保険金支給額をもって他の場所でカラオケ店を営業できることによる代替取引義務をもって、損害軽減義務を認めたのである。①と②によって、貸主の賃貸借させる義務（借主の履行請求権）を存在としてもなお、損害軽減義務を認める要件とし、③をもって、代替取引義務を認める要件としたのである。本件最判は、内田＝森田論争に関していえば、内田説に依拠した先例を提示したということができる。筆者は、本件事件の訴訟代理人として、英米法の損害軽減義務理論に依拠することなく、実務家の直観による、いわゆる「筋と位取り」、「自覚における直観と反省」の観点から[25]、①、②、③の要件事実に重きを置いていた。

　同様に、本件最判の上記①、②、③の要素を抽出したことに着目するのは、中田裕康・法協 127 巻 7 号 1008 頁である。

　中田教授は、「本件は、賃貸借契約における目的物の滅失の場合、賃借物の修繕義務の代替取引が争点となる場合、代替取引後も本来の賃借物の使用収益を期待できる場合、居住用不動産の賃貸借のいずれとも異なっている。そのため、結果的には、動産売買における売主の債務不履行との共通点が浮上し、X が本件ビルでの営業の継続を断念して他の場所での営業をすることにより損害を回避・減少することが問題となる」とし、「考えられる諸構成……

24　森田・前掲 11 書 183 頁。

25　「筋と位取り」、「自覚における直観と反省」については、三宅・前掲 2 書 359、360 頁。実務法曹の紛争解決にあっては、「直観より出でて分析に入る」ことによることがある。直観より出でて「筋と位取り」で事案の本質を見極め、そこに要件事実や構成要件をあてはめて、分析に入る。そこに反省の論理構成が始まるという営みについて論じている。法科大学院における臨床実務教育をふまえての基礎法学研究の課題である。

第一に、Ｙ１の三次にわたる解除のいずれかの効力を認める方法……上告審として取り上げることは困難……
　第二に、信義則又は権利濫用法理……Ｘのとった行動を信義則違反ないし権利濫用と評価することは難しそうである。……
　第三は、過失相殺……本件においては、債権者の損害額を確定したうえ、過失相殺をし、その何割かを減額するという通常の方法はとりにくい……
　第四は、本件事故から一定期間を経過した以降の営業利益相当損害は、特別事情による損害であってそれについてＹ１には予見可能性がない、という構成……特別事情による損害と評価することは困難……
　第五は、Ｙ１の賃貸人としての義務は、ある時点でＹ１の帰責事由のない履行不能となったので、Ｘにはその時点までの損害賠償のみが認められるという構成……本件でＹ１に帰責事由がないと評価することは難しいし、そもそも履行不能といえるかどうかも微妙……
　第六は、過失相殺と並ぶ新たな損害賠償額減額事由としてのＸの損害軽減義務違反を認める方法……特に賃貸人からの解除が認められないのに、賃貸人に代替取引を認めることを正面から宣告することは……問題がある。
　第七は、損害事実説に立ち、これを損害の金銭的評価の問題であるとする構成……本件において、その（損害賠償の範囲──引用者注）確定方法は明瞭ではない」と分析したうえで、
　「以上のとおり、本件においては、他の法律構成をとることには、それぞれ難点ないし課題がある。そこで、最高裁は、民法416条１項の解釈による解決をとった。債務不履行の損害賠償の画定基準として、予見可能性基準とともに通常性基準を置くということは、条文上も可能である。」
　「ⓐ本件賃貸借契約の長期継続の可能性の低さ、ⓑ本件本訴提起時における本件店舗での営業再開の実現可能性の乏しさ、ⓒＸが取得した保険金を用いるなどしてその営業を他でなしうる可能性のあることという三点の要素を抽出し、それを前提に、Ｘが損害回避減少措置をとりえた時期を問題とする。」として、上記①、②、③の要素を抽出した[26]。

---

[26] 中田・前掲14論文1015〜1022頁。

また、本件最判が、「本件店舗部分における営業利益相当の損害が発生するにまかせて、その損害のすべてについての賠償をＹ１らに請求することは条理上認められないというべきであり、民法416条１項にいう通常生ずべき損害の解釈上、本件において、Ｘが上記措置をとることができたと解される時期以降における上記営業利益相当の損害のすべてについてその賠償をＹ１らに請求することはできない」と判示する部分については、「『条理』は直接的には原審の判断を否定する理由として用いられており、本件の具体的な解釈基準としては民法416条１項が挙げられている。」として[27]、条理と民法416条１項の「通常」損害の解釈適用の関係も明らかにしている[28]。

　中田教授は、以上の判例評釈をもふまえて、中田裕康『債権総論新版』（岩波書店、2011年）においては、同『債権総論』（岩波書店、2008年）で述べた論旨、すなわち「418条を実定法上の根拠の１つとして損害軽減義務を認めることは可能である。問題は、その効果をどこまで及ぼすかである。履行強制の可否、416条１項の「通常生ずべき損害」の解釈（最判平21・１・19前掲参照）、損害賠償額算定の基準時において、損害軽減義務は参照されるべきであるが、それを貫徹することには慎重であるべきである」との解説を維持している[29]。

　中田『債権総論新版』180頁において引用された潮見佳男『債権総論［第２版］１』（信山社、2003年）においても、「債務者に帰責事由のある債務不履行の後は、被害当事者たる債権者に要請される行為の程度はむしろ軽減されてしかるべきであり、債権者がみずからの置かれた地位を濫

---

[27]　中田・前掲14論文1021頁。

[28]　高橋・前掲14判例解説論文52頁（注７）は、「ＸとＹ２との間に契約関係はなく、ＸのＹ２に対する損害賠償請求は、中企法38条の２第２項又は民法709条に基づくものであって、契約法上の信義誠実の原則からＸの損害回避義務又は損害軽減義務を根拠付けることは難しいとの議論があり得る」として、考慮事由を補充している。

[29]　中田裕康『債権総論新版』（岩波書店、2011年）180頁。同『債権総論』（同、2008年）174頁。なお、同『債権総論第三版』（同、2013年）184頁においても、同様の解説がなされている。

用して機会主義的行動をとったというのであれば格別、そうでなければ、債権者が現実にとった行動（もしくは不作為）の結果は、たとえ経済的に見て不合理・非効率であったとしても、債務不履行に帰責事由のある債務者が負担すべきである。それゆえ、具体的な事案において損害軽減義務を認める際には慎重な考慮をすべきである」と論じられたところである[30]。

しかし、本件最判は、むしろ、債権者がみずからの置かれた地位を濫用して「機会主義的行動をとったという」事由に類する事由があったとはいえないか。

条理については、笹倉秀夫『法解釈講義』（東京大学出版会、2009年）が「①制定法＝法律、②慣習法、③（英米法での）判例法のほかに、④条理がある」とし、「第四の実定法」として、「『裁判事務心得』（1875（M8）年、太政官布告第103号）には、『民事ノ裁判＝成文ノ法律ナキモノハ習慣ニ依リ習慣ナキモノハ条理ヲ推考シテ裁判スヘシ』とあるが、この規定はなお有効である」とし、「〈制定法の規定や制度の根底にある、法秩序上の基本原則（法生活上の基本的前提・必要性や正義観念）のこと〉である」と定義する[31]。

笹倉『法解釈講義』が述べる条理の2群によれば、本件最判が述べる条理は、「『事物のもつ論理』Sachlogik（「事物の本性」Natur der Sachs）に関わる条理」ではなく、「当事者間の相互関係に関わる……〈当面する法・制度をどう運用すれば、関係者の間で『正義・公平』にかなうものとなるか、『裁判の適正・迅速』に資することになるか〉の視点から問題になる条理」であると解される。「基本原則（「正義・公平」、「裁判の適正・迅速」──引用者注）に照らして、①法律（や慣習法）の欠缺を補充したり、②法律（や慣習法）の適用を否認したり修正したりするのである……『正義論』そのものに関わる」ものとされ、「正義・公平」、「条理」などを指摘する判決を分析している[32]。

---

[30] 潮見佳男『債権総論［第2版］1』（信山社、2003年）390頁。

[31] 笹倉秀夫『法解釈講義』（東京大学出版会、2009年）157頁。

[32] 笹倉・前掲31書158頁、173～192頁。

本件最判は、当事者の相互関係に関わる「正義・公平」にかなう「条理」をふまえて、Ｙ１の本件ビルを貸す義務違反とＸの履行請求権行使にもかかわらずＸの損害軽減義務違反と、Ｙ２の中小企業等協同組合法38条の２第２項違反ないし民法709条違反を回避するために、「その損害のすべてについての賠償をＹ１ら（Ｙ２を含む──引用者注）に請求することは条理上認められない」と判示したものと解される。

(3)　本件最判後の本件事案の解決

　本件訴訟は、差戻後控訴審（名古屋高裁平成21年（ネ）第88号事件）で和解して終結した。Ｙ１、Ｙ２からＸに対し、1850万円の支払いがなされた。この和解金は、髙橋・前掲14ジュリスト論文に引用された青森地判昭和31年８月31日下民集７巻８号2359頁、大阪地判昭和56年１月26日判例時報996号89頁、福岡高判昭和58年９月13日判例タイムズ520号148頁などを参考として、履行不能の時点から賃借人が別の店舗を借りて従前と同じ程度の収益を上げ得るに至るまでに失われた営業上の損失を計算したものである。

　その間別訴提起がなされているが、ＡからＹ１Ｙ２への本件ビル売買契約の解除に基づく代金返還請求訴訟は、Ａの敗訴で確定した。

　Ｙ１Ｙ２からＡへの本件ビルの登記引取請求訴訟は、Ｙ１Ｙ２勝訴で確定した。

　Ｙ１Ｙ２からＡへの1850万円の損害賠償請求訴訟は、Ｙ１Ｙ２一部勝訴となったが、1850万円全額の回収には至らなかった。

6　本件最判と債権法改正

(1)　東京地判平成21年９月15日判例タイムズ1319号172頁は、区分所有建物の管理組合の部会が区分所有者による専有部分の賃貸を妨げたことにより不法行為責任を問われたものであるが、本件最判は、この東京地判に引用されている。すなわち、原告が、他の賃貸人を探すなどして、損害を回避または減少させる措置を執ることなく、上記……の損害すべての

賠償を被告店舗部会に請求することは、条理上認められない、とする主張に対し、これを認めた判例である。

もっとも、東京高判平成25年7月24日判例タイムズ139号93頁・ジェイコム株式誤発注事件控訴審判決は、控訴人が一定時刻より遥かに早い段階で反対注文の入力により板上の本件売り注文を解消すること等によって損害の拡大を回避することが可能であり、かつ容易であったにもかかわらず、これらの措置を講じることを怠ったもので、一定時刻以降の約定成立にかかる損害は、条理上、通常生ずべき損害に含まれないという主張に対し、これを排斥している。

筆者も、大手自動車製造メーカー傘下の山口県内の販売店業者が、当初、山口県の海域でクルーズすることを5月に予定していたところ、東日本大震災及び福島第一原発事故の被害も終息していない2011年3月28日に、製造メーカーでも地震により従業員が死亡したこともあり、イベント自粛の趣旨でクルーズをキャンセルした事例において損害軽減義務を援用したことがある。当初の約定どおりの解約料である損害賠償の予定額を請求された事案で、損害軽減義務から派生する「損害をわかち合う義務」を主張した（最高裁平成24年（ネ受）第1235上告受理申立事件、東京高判平成24年11月22日判例集未登載（控訴棄却）、東京地判平成24年7月13日判例集未登載（不当利得返還請求事件の原告として敗訴））。事情変更の原則は、最判平成9年7月1日民集51巻6号2452頁や最判昭和30年12月20日民集9巻14号2027頁などで認められているが、「未曾有かつ想定外の国難といわれる東日本大震災及び福島第一原発事故という大災害の発生においては、単に東日本にとどまらず、その直後の日本全体の法律関係において、まさに、信義則に根拠を有する事情変更の原則が適用されるべきである。そして、このことは、条理を根拠として民法415条の解釈にかかる損害軽減義務を認めた最判平成21年1月19日民集63巻1号97頁と、条理を根拠とするものとしても、相通ずるものがある」、「本件契約に基づき支払うべき解約料を専ら被控訴人に負担させることが公平の観念及び信義誠実の原則に適う」という主張である。

条理に基礎づけられた損害軽減義務から派生する「損失を分かち合う義

務」は、既に、「履行請求権を制約する損害軽減義務を法的ルールとして制度化することが必要となるのは、典型的には、財やサービスの給付をする側ではなく、給付を受ける側が履行（第一次的には給付の受領）を拒絶するという場面であることが多いように思われる」として論じられているところである。具体的には、「一般に財やサービスの提供者は、当該給付を行うこと自体に価値を見いだしていることが稀ではなく、履行請求のコストを考慮しても、契約に固執して約定の対価を手に入れた方が有利と考えることがある。このような場合、履行期の前後を問わず、売主には契約を解消して適時に転売するという代替取引へのインセンティブは当然には働かない。しかし、買主にとってもはや目的物の給付を受ける意味がなくなってしまったような場合をも考えると、あえて売主に無駄な履行を認めて対価を取らせるより、履行を停止させたうえで発生した損害の賠償をするにとどめた方が全体としてみて合理的だという発想が生ずる。とりわけ、給付に新たな資源の投入を要する事案で給付をする側がまだその準備を完了していないような場合には、たとえ履行期前であっても履行を停止した方が合理的だという考慮が強まる。これが損害軽減義務の観念である。そこには、個々の当事者の権利や利益を別々に考えるのではなく、双方の総和をトータルに考えるという発想（コービンのいう「社会的制約」）を指摘できよう」と主張し、吉川吉樹『履行請求権と損害軽減義務　履行期前の履行拒絶に関する考察』（東京大学出版会、2010年）（内田貴加筆部分）を引用した[33]。「事例判決」を超える、損害軽減義務の積極的展開を導くことを試みたのである。

　しかし、上告受理申立事件は、2012年12月5日に申立てたが、2013年8月28日に却下された。本件最判は、前記①から③までの要件を充足する場合に限っての事例判決にとどまるという最高裁の立場において、基本的に変りがないものといえる。

⑵「民法（債権関係）の改正に関する中間試案」

33　吉川・前掲12書374、375頁（内田貴加筆部分）。

法制審議会民法（債権関係）部会が 2013 年 2 月 26 日に決定した「民法（債権関係）の改正に関する中間試案」（中間試案）中、第 10 債務不履行による損害賠償、7 過失相殺の要件・効果（民法第 418 条関係）においては、「民法第 418 条の規律を次のように改めるものとする」としている。

「債務の不履行に関して、又はこれによる損害の発生若しくは拡大に関して、それらを防止するために状況に応じて債権者に求めるのが相当と認められる措置を債権者が講じなかったときは、裁判所は、これを考慮して、損害賠償の範囲を定めることができるものとする」。

中間試案の補足説明においては、要件面の見直しとして、「民法第 418 条の『過失』という概念については、裁判実務においては、……損害の公平な分担という見地から、債権者が損害を軽減するために契約の趣旨や信義則に照らして期待される措置をとったか否かによって判断されている（いわゆる損害軽減義務の考え方）との指摘がある」として、本件最判を引用している[34]。

それをふまえて、「民法第 418 条の『過失』という要件につき、『状況に応じて債権者に求めるのが相当と認められる措置を債権者が講じなかったとき』と改めているが、この文言の当否については引き続き検討する必要がある」と説明している。部会の審議については、「損害軽減義務という考え方を参照することに対し、義務が広く解釈されることで債権者に過酷な結論となることへの危惧が表明された」とされるが、他方、「損害軽減のために債権者に一定の行動が求められる根拠は契約の趣旨や信義則にあり、そのことを明記すれば現在の実務運用の明文化にほかならないのだから、不当な拡大解釈のおそれはないし、当事者双方のバランスを考慮することも可能になるとの反論が考えられる」と指摘されている。

本件最判においては、借主 X は、カラオケ設備を再購入し他の場所でカラオケ店を開業しても余りある損害保険金を入手したことを貸主に内密にしたうえで本件建物を貸し渡すことを求め続けたのである。この点につい

---

[34] http://www.moj.go.jp/shingi1/shingi04900184.html。商事法務編『民法（債権関係）の改正に関する中間試案の補足説明』（商事法務、2013 年）124 頁。

て、訴訟代理人の立場によれば、貸主と借主の「当事者双方のバランスを考慮」して損害賠償額を妥当な額とすることができるとすれば、中間試案による民法418条の過失相殺規定の改正は、この中間試案に対する各界の意見は措くとして、基本的には、おおむね是とすべきことである。

　他方、中間試案は、第10 債務不履行による損害賠償、6 契約による債務の不履行における損害賠償の範囲（民法第416条関係）においては、「民法第416条の規律を次のように改めるものとする」としている。

「(1)　契約による債務の不履行に対する損害賠償の請求は、当該不履行によって生じた損害のうち、次に掲げるものの賠償をさせることをその目的とするものとする。
　ア　通常生ずべき損害
　イ　その他、当該不履行の時に、当該不履行から生ずべき結果として債権者が予見し、又は契約の趣旨に照らして予見すべきであった損害
(2)　上記(1)に掲げる損害が、債務者が契約を締結した後に初めて当該不履行から生ずべき結果として予見し、又は予見すべきものとなったものである場合において、債務者がその損害を回避するために当該契約の趣旨に照らして相当と認められる措置を講じたときは、債務者は、その損害を賠償する責任を負わないものとする。」。

　中間試案の概要においては、「本文(1)アは、民法第416条第1項の『通常生ずべき損害』を維持するものである」とされ、補助説明では、「これは、『通常生ずべき損害』という区分を維持すべきであるという主に実務界の意見に基づくものである」とされている[35]。
　しかし、民法（債権法）改正検討委員会（検討委員会）の提案にかかる「債権法改正の基本方針」第3編、第1部、第1章、第2目、【3．1．1．73】債権者の損害軽減義務としての提案〈1〉及び〈2〉は、中間試案の提案からは欠落している。

---

[35]　商事法務・前掲34書120、121頁。

中間試案の本文(1)アの「『通常生ずべき損害』については、もともと当然に賠償の範囲に含まれるのであるから、損害回避義務を考慮する余地がない」とする考え方[36]が根強く、前記基本方針［3、1、1、73］債権者の損害軽減義務規定は、中間試案においては採用されていない。

　これに先立つ、法制審議会民法（債権関係）部会の 2011（平成 23）年 4 月 12 日付「民法（債権関係）の改正に関する中間的な論点整理」（論点整理）において、「例えば、使用者側が、不当解雇した労働者に対して、使用者側の履行拒絶の意見が明確であったから損害軽減のために退職すべきであったと主張するなど、債権者の義務を強調することによる悪用のおそれがあるとして反対する意見」、「過失相殺には、債権者・債務者双方の利益を調整する機能があるが、債権者側の作為義務的要素のみを規定することで、その機能が損なわれないか慎重に検討する意見」などが、「議事の概況等」として紹介されている[37]。

　そのような意見をふまえて、中間試案第 10、7 過失相殺の要件・効果（民法第 418 条関係）においては前記の改正提案がなされたが、同第 10、6 契約による債務の不履行における損害賠償の範囲（民法第 416 条関係）においては、前記(1)ア通常生ずべき損害を賠償させることをその目的とされた。

　もっとも、通常生ずべき損害は、現行民法 416 条 1 項と同規定であるから、本件最判は、その「通常」性の解釈として、今後も、先例としての重要な意味を持ち続けることになる。特に本件最判が、前記①賃貸借契約を長期継続しがたいこと、②本件訴え提起時に営業再開の実現可能性が乏し

---

[36]　日本弁護士連合会 2013 年 6 月 20 日「『民法（債権関係）改正に関する中間試案』に対する意見」48 頁。http://www.nichibenren.or.jp/library/ja/opinion/report/data/2013/opinion_130620_3.pdf．同様の意見として、東京弁護士会「『民法（債権関係）の改正に関する中間試案』に対する意見書 36 頁。http://www.toben.or.jp/message/testpdf/20130530.pdf

[37]　法務省民事局参事官室「民法（債権関係）の改正に関する中間的な論点整理の補足説明」商事法務編『民法（債権関係）の改正に関する中間的な論点整理の補足説明』（商事法務、2011 年）33 頁。

いこと、③損害保険金支給額をもって他の場所でカラオケ店を営業できることによる代替取引義務をもって、「通常」性を限定的に解釈した点において。その限りにおいて、「『通常生ずべき損害』については、もともと当然に賠償の範囲に含まれるのであるから、損害回避義務を考慮する余地がない」としても、損害軽減義務を考慮する余地は残っているのである。

7　結びに代えて──ローマ法の継受と日本の習律の法制化

　本稿の冒頭、筆者は、1868年の土地賃貸借の成立から、ローマ法を継受した民法・借地法の適用に関する法律相談の事例を紹介し、日本民法が、この国に住む人々にとっては、天賦のものであったことを述べた。

　今次の民法（債権関係）の改正作業は、民法（債権法）改正検討委員会（検討委員会）を経て、法制審議会（債権関係）部会で審議検討され、行政手続法の趣旨をふまえて、論点整理と中間試案について、それぞれパブリック・コメントが実施され、できる限り、この国に住む人々の民意をも聴取する手続がとられている。

　本稿が論じた債権者の債務不履行責任追及の際の損害軽減義務についても、市場のグローバル化への対応として、債権法の改正の基本方針の［3、1、1、73］の提案〈2〉において継受法の延長で提案されたが、民法（債権法）改正の試案とするには、5、⑵で述べたとおり、否定的、消極的意見もあり、その趣旨が民法418条の過失相殺の規定の中に組み入れられるものの、民法416条に提案〈2〉が採用されることはないものと思われる。日本の習律、制定秩序（制定律）においては、まだ、債権法の一般原則として、損害軽減義務を法制化するほどには、成熟化されていないということであろう。

　もっとも、本件最判で明らかなとおり、債権者の履行請求権について、①賃貸借契約を長期継続しがたいこと、②本件訴え提起時に営業再開の実現可能性が乏しいこと、代替取引義務として、③損害保険金支給額をもって他の場所でカラオケ店営業できること、以上、①、②、③の要件を具備することで損害軽減義務が認められるとすることは、単なる事例判決にと

どまらず、習律から実定法への移行過程とみることができる。

とりわけ、本件最判においては、建物賃貸借契約の借主X（債権者）が浸水事故後に、カラオケ設備等についての損害保険金として 3000 万円余を受領していたことを内密にしたままで、逸失利益等 1 億円余を請求するという事案であった。5、(3)で述べた別訴（AからＹ１Ｙ２への本件ビル売買契約の解除に基づく代金返還請求訴訟）の相代理人富永赳夫弁護士[38]が借主X提出の書証の裏面に記載されたXのメモ書きを発見し、求釈明したことから保険金受領の事実が発覚したのであった。このような本件最判事例の事件としての筋（本書 49 頁）からすれば、やはり、債権者の履行請求権に対し、前記基本方針［3、1、1、73］の提案〈2〉のような抗弁事由が成立してもよいと考えられるが、実定法化するには至らないようである。

中間試案第 10、7 過失相殺の要件・効果によれば、中間試案第 10、6 契約による債務の不履行における損害賠償の範囲における(1)ア通常生ずべき損害を請求原因とされたときに、同第 10、7 の「損害の発生若しくは拡大に関して、それらを防止するために状況に応じて債権者に求めるのが相当と認められる措置を債権者が講じなかったとき」を債務者の抗弁事由とすることとなり、本件最判の①、②、③のような事実が、その具体的事実として主張立証されることとなる。

もっとも、中間試案後の素案の段階では、民法 418 条を維持するとして、損害軽減義務を正面から読み取れるような規定ではなくなっている。ただし、なお、民法 418 条の「過失」の中に、損害軽減義務違反の具体的事実を主張立証することは可能である[39]。また、本件最判のように、中間試案第 10、6 の損害賠償の範囲の(1)ア通常生ずべき損情害の請求原因に対し、

---

[38] 故富永赳夫弁護士は、福井県立若狭高校、東京大学法学部を卒業後、弁護士として第二東京弁護士会に登録、1984 年度同会副会長。その他、同会人権擁護委員会委員長、同会全友会常任幹事等を歴任のうえ、2011 年逝去。

[39] 法制審議会民法（債権関係）部会の 2013 年 10 月 8 日部会資料 68 Ａ 17 頁 7 過失相殺（http://www.moj.go.jp/content/000117654.pdf）篠塚力弁護士・獨協大学法科大学院特任教授にご示唆いただいた。

その「通常」損害には該当しないという、特段の事情を抗弁事由として、本件最判の①、②、③のような事実を通常損害の評価障害事実として主張立証することが、民法 416 条改正の中間試案の解釈論の余地として残されている。

　本稿は、歴史比較的かつ縦深的に社会科学するという基礎視座をふまえて、本件最判の判例評釈にとどまらず、訴訟代理人の立場から今次の民法（債権法）改正にまで論及したものである。法律実務家が歴史比較的かつ縦深的に相関社会科学の一翼を担うべきであり、法科大学院がそのために重要な研究と教育の拠点となるべきことは、既に別の機会で述べたことである[40]。本稿では特に、損害軽減義務が諸外国の立法を参考とした、いわば天賦のものとして提案されているというにとどまらず、X において損害保険金を受領した事実を相手方代理人が発見し、これを訴訟手続上、代替取引の可能性の一要素とし、民法 416 条の「損害」を縮減する主張を実務上組み立てていった経過を明らかにしたものである。そのような立場からも、この国の人々も改正手続に参画しつつ、今次の民法（債権法）改正にあたり、ローマ法を淵源とする近代西欧法の継受と、日本の習律の法制化とが、調和のとれたものとして、実現されることを望むところである。
（獨協ロー・ジャーナル 9 号（2014 年 6 月）初出）

補遺

　本稿における「通常」損害には該当しないという、特段の事情を抗弁事由とする解釈論は、債権法改正の後も、広く援用されるべきであろう。その意味において本件最判は単なる「事例判決」の域を超えている。

---

[40] 三宅・前掲 2 書 384、385 頁。なお、本書 22 頁参照。

[資料] 上告受理申立理由書

第1　最高裁判所の判例と相反する判断等
　原判決は、借地借家法28条「正当の事由」の解釈、中小企業等協同組合法38条の2第2項による損害賠償請求権にかかる上告受理申立人Y2の重過失の解釈、及び民法416条1項の「損害」の解釈につき、最高裁判所の従来の判例と異なる判断があるなど、法令の解釈に関する重要な事項を含んでいるから、上告審として事件を受理したうえで、破棄されなければならない。

　Xは、仮執行宣言の付いた原判決に基づき、Y1Y2らの所有不動産に対し直ちに競売申立てをしているから、同申立手続が進行するまでに、すみやかに上告を受理して原判決を破棄すべきである。

第2　「正当の事由」（借地借家法28条）の解釈の誤り
　1　第2次解除について
　⑴　原判決の判断

　原判決は、本件浸水事故後の平成9年2月18日付け賃貸借契約の解除申入れ（第2次解除、乙13）について、解約の申入れ（借地借家法27条1項）と認めながらも「正当の事由」がないとして、無効とした。

　原判決は、<u>「正当の事由」が認められない理由として、本件ビルの老朽化の程度は、直ちに大規模な改装及び設備の更新をしなければ、当面の利用等に支障が生じるというものではなく、事故後の本件ビルの地下1階に溜まった水を排水することも比較的容易であったことの他、Xが、地下1階の本件店舗部分でカラオケ店の営業をし、本件事故後も本件店舗部分で同営業を続ける意思を表明してY1協同組合の代表者清算人であるY2との間で営業再開のための交渉をしていた事実を挙げている。</u>

　⑵　原判決は従前の最高裁判断の判例等と相反すること

ア　しかし、原判決の「正当の事由」の判断は、本件店舗部分について既に老朽化が著しく、本件事故の原因も不明で、修復に過大の費用を要することが想定されるのもかかわらず、同地下1階部分について、賃貸人に貸す義務の継続を強いるものであり、最高裁昭和35年4月26日判決（民集14巻6号1091頁）及び東京高裁昭和40年6月22日（東高時報16巻6号121頁）など、従来の判例と異なる判断があり、また借地借家法28条の「正当の事由」の解釈に関する重要な事項を含んでいるから、到底是認できない。

　イ　すなわち、朽廃の時期が迫っているとして解約申入れが認められた最高裁昭和35年4月26日判決（民集14巻6号1091頁）は、居住用の木造家屋について、「賃貸家屋の破損腐朽の程度が甚しく朽廃の時期の迫れる場合、賃貸人たる家屋の所有者は、その家屋の効用が全く尽き果てるに先立ち、大修繕、改築等により、できる限りその効用期間の延長をはかることも亦、もとより所有者としてなし得る所であり、そのため家屋の自然朽廃による賃貸借の終了以前に、意思表示によりこれを終了せしめる必要があり、その必要が賃借人の有する利益に比較考量してもこれにまさる場合には、その必要を以って家屋賃貸借解約申入れの正当事由となし得るものと解すべきを相当とするのであって、かかる場合にまで常に無制限に賃貸借の存続を前提とする賃貸人の修繕義務を肯定して賃借人の利益のみを一方的に保護しなければならないものではない」と判示しており、建物に大修繕が必要な場合に、賃貸人に過大な修繕義務を負わせることを否定している。

　そして、その法理の具体的適用においても、「本件家屋は、原判示のごとく腐朽破損が甚しいため姑息な部分的修繕のみで放置するときは、天災地変の再倒壊の危険すら予想せられ、改築にも等しい原判示程度の大修繕を施さない限り早晩朽廃を免れないものとせざるを得ない。而して本件家屋賃貸借の実情殊にその賃料の額に徴し、また前記のごとき大修繕の必要と被上告人が解約を申し入れるに至った原判示経過とをも併せて考慮するときは、上告人が本件家屋賃貸借により有する利益と比較衡量しても、被上告人が上告人に対し本件家屋賃貸借の解約を申し入れるにつき正当事由の

あることを肯定すべきものとするのが相当である」と判示する。

　ウ　また、最高裁昭和 29 年 7 月 9 日民集 8 巻 7 号 1338 頁は、「被上告人が上告人に賃貸中の建物は、3 戸建 2 階家中の中央と東端の部分で、3 等材を使用して建てられたバラック式建物であるが、昭和 20 年 9 月、隣家からの火災に合いその西端部分は相当ひどく類焼し、現在空家のままで放置されている。上告人の賃借部分も一部延焼してしまった。そして、建物全体も西方に向かって相当傾斜し、突発の暴風または強度の地震等の場合は倒壊の虞れが多分にある。本件建物は八戸市の中央繁華街に位置し、附近にバス停もあり、斯かる場所に倒壊の危険がある建物を放置しておくことは治安上からも危険であるし、本件建物の敷地は、下水が横溢すれば溢水する虞れがあり、そのため常に湿気を呼び易く衛生上の見地からも地盤をする必要がある。そこで、被上告人は本件建物を取り壊して、この跡地に建物を建築したいとして解約を申し入れた」という事案について、「本件建物が右のごとき、状況にあるとする以上、所有者たる被上告人において、右建物を解体するの必要上、賃借人に対し右建物賃借関係の廃罷を要求することは、借家法 1 条の 2 にいわゆる賃貸借の契約の申入を為すに正当の事由ある場合に該当するものといわざるを得ないのである。（なお原判決は、被上告人は昭和 21 年中から度々上告人に対し本件建物もひどくなったからこれを取毀してその跡を被上告人企画の建物建築の敷地としたい旨を話し、上告人も昭和 24 年当初までは格別異存のあるような態度を示さなかった事実を認定しているのであって、原判決も所論のように上告人側の事情を全然考慮に入れなかったという非難には値しないのである。）論旨は採用することができない」と判示している。

　エ　さらに、賃貸家屋の修理が莫大な費用を要する割に、その耐用年数を延ばすことができず、結局建物を取りこわして新築することが解約申入れの正当事由に当たるとした東京高裁昭和 40 年 6 月 22 日判決東高時報 16 巻 6 号 121 頁は、「第一の建物は大正初期頃の、同第二の建物は大正末期頃の、建築に係るもので、建物全体が傾斜し、各所に不同沈下を起こしており、土台、基礎石はほとんど地下に埋没し、土台床下などは腐朽し、垂木、柱、桁、壁、天井、屋根なども腐朽の箇所が多く、現状のままでは

地震暴風に遭遇しないとしても、僅かに7、8年の使用に耐え得るにすぎず、浸水を防止するための基礎地業施行の上、腐朽箇所を修理するには、坪当り金25,000円の費用が必要であるが、かかる莫大な費用を投じて修理を施しても、なおかつ本件建物の耐用年数をさほど延ばし得る見込みはなく、そのような修理はもとはや得策ではない状態にある、というのであるから、被上告人において本件建物を取毀し、別の建物を新築する必要が現に存するものといわなければならない。そして本件建物が既に前記のような状況にある以上、上告人ら側の原判決判示のような事情を考慮しても、被上告人がした本件建物賃貸借の解約申入は正当の事由ある場合に該当するものとなすのが相当である」と判示している。

オ　また、<u>賃貸人が旅館を経営しており、一般民家ではない、鉱泉旅館としては、客を誘引するに適した一定の水準が必要という理由で正当事由を認めた長野地判飯田支部昭和33年9月4日判決下民集9巻9号1755頁</u>は、「本館2階の破損は相当著しい程度に達しているが、〈略〉改築でなく、修繕のみでも、居住に差支えない状態に復し得ることは認めてよいであろう。問題は、この建物が単なる居宅ではないという点にある。個人の居住のみに供する借家であれば、この場合改築を云々することは恐らく妥当ではあるまい。然しながら、旅館として使用せられる建物については、客を誘引するに適した一定の水準が要求せらるべき筋合であって、施設が旧式になれば、かりに居住や宿泊それ自体には何の支障もない場合であっても、なお改築を必要とすることがある筈である。まして、その建物が相当破損して来た場合、修理よりもむしろ建て直しによって一挙に新式の宿泊施設ある旅館とする道を選ぶとしても、旅館の建物所有者の立場としては無理もないことといわねばならない。勿論、この建物が賃借人の居住の用にも供せられている場合、正当事由の存否を判断するに当っては居住者の立場も無視せられるべきでないが、結論はこの両者の利益の比較後に下さるべきにせよ、少なくとも改築の必要性ということが本件の場合に正当事由の問題となり得ることはこれを認めなければならず、『朽廃していないから』という理由で改築の必要性を否定し、正当事由の存在を争う被告らの主張はこの理を見失ったものといわざるを得ない」と判示しているのである。

カ　また、東京高裁昭和49年1月29日（判例時報736号51頁）は、当該会社の所有する居住用建物について賃貸人が常務取締役をしている会社の資金調達のため建物の売却が必要となる一方、同じ会社の取締役である賃借人は会社の窮状を知悉しているのに再三の明渡しに応じないなどの事情の下で、賃貸人の賃貸借契約の解約申入れには正当事由が認められた事例であるが、「控訴人が3回にわたって本件建物の賃貸借契約解除の申入れをした昭和45年6月から同年11月までの間平和交通は極度に会社経営の資金繰りに苦しみ、会社財産のほか控訴人を含む役員らの個人財産の換価処分をする緊急の必要に迫られ、被控訴人もその役員の1人としてその事情を知悉し、この緊急状態は漸次緩和になったものの、翌昭和46年8月頃まで続いていたのであり、加えて、本件建物賃貸借は前述のような縁故関係、雇用関係に伴うもので、しかも低廉な家賃で維持されるなど特殊な事情に基づくものであって、このような関係にある被控訴人が翌昭和46年3月20日には自ら平和交通を退職しているのであるから、以上をもって、本件解約申入れの正当事由を具備したものと認めるのが相当である。そして、遅くとも、前記最終の解約申入後6ヶ月を経過した昭和46年6月3日には右解約申入れの効果を生じ、被控訴人は本件建物を明渡す義務を生じたものというべく、控訴人の建物明渡請求権を疎明するに十分である」と判示している。

キ　さらに、借主が別の住居から当該店舗に通って洋裁業を営んでいる場合に、食堂を営む貸主が当該店舗を取り壊しその跡を駐車場とするとともにその上に2階を作ってそこに借主に移転してもらう計画をもって店舗明渡請求をした事例において、東京高裁昭和58年5月31日判決（判例時報1084号75頁）は、「食堂の営業成績の向上を図る必要がある。弁済に難渋するような多額の借入をしたことにつき控訴人ないし征夫の計画の立て方に安易な点があったとしても、食堂部分の建物が建築後長期間経過し、自動車利用の客が多くなっている等の客観情勢の変化により経営の改善を図る必要のあったことを考慮するとき右計画の安易な点を理由として直ちに本件店舗の明渡を必要とする控訴人側の事情を軽視することはできない」として、立退料300万円の支払いと引換えに建物明渡請求を認容して

いる。

　ク　以上の各判決をふまえると、本件のように、居住用建物ではない商業利用の建物について、短期の賃貸借期間も終了し期限の定めのない建物賃貸借契約が存在していたにすぎず、さらに賃貸人から建物明渡を求められていた場合であって、朽廃との認定に至らなくても朽廃の時期に迫られ使用に耐えない状態に陥ることが予測されるときに、度重なる事故に対する修復に過大の費用を要するものであるが、既に当該建物が第三者に売却されているうえで、清算手続中の賃貸人にはその修理費用も支弁できないという事情においては、借地借家法28条の「正当の事由」の解釈においては、当該「正当の事由」が認められるものと解すべきである。

　特に、アないしキの各判決は、いずれも借家法1条の2の「正当の事由」に関するものであるが、改正後の借地借家法28条は、「建物の賃貸人及び賃借人が建物の使用を必要とする事情のほか、建物の賃貸借に関する従前の経過、建物の利用状況及び建物の現況」などもあわせ考慮して正当の事由があると認められる場合であることを要するものとしている。

　このうち、「建物の賃貸借に関する従前の経過」とは、「賃貸借をすることとした際の事情、権利金等の支払の有無および額、賃貸借関係の期間の長短、契約上の義務の履行状況などが考慮される」。「建物の利用状況」については、「賃借人が当該建物をどのような目的・態様で利用しているか」と共に、「決して独立の要素として正当事由になることはない」とされるが、それでも「所有者による建物・敷地の有効利用が考慮される可能性」も考慮される。また、「建物の現況」については、「①建物自体の物理的な状況」などが考慮され、「建物の老朽化等によって大修繕や建替えの必要性が生じるに至っていることが①の観点から斟酌されることがありうる」（以上について、幾代通・広中俊雄編『新版注釈民法⒂債権⑹ 増補版』（1996年、有斐閣）938頁［広中俊雄・佐藤岩夫執筆部分］）。

　本件は、原判決も示すとおり、借地借家法28条の適用によるものであるから、上記各判決において判示された諸事情は、本件ビルの「賃貸借に関する従前の経過、建物の利用状況及び建物の現況」として、借家法1条の2の解釈より一層、考慮されるというべきである（第1審判決が本件賃

貸借契約の債務不履行解除を認定していたため、原審においては、立退料の引換給付等の主張は何ら検討されていないが、本件を上告として受理の上、原判決を破棄し、原審へ差し戻された場合には、立退料の引換給付等の判断もなされるべきである）。

(3) 既に売却された商業利用の建物についての期限の定めのない建物賃貸借契約であること

本件ビルは、JR西日本小浜駅前に「はませんデパート」として建設された商業利用の建物であって、貸主、借主共に居住はしていない。本件ビルが、そのような商業利用の建物であることが、「建物の利用状況」（借地借家法28条）として、まず、認められなければならない。

しかも、Y2が述べるとおり、本件賃貸借契約の期間は1年である。これを1年としたことについては、「その年度までに、再々水漏れだとか水が浸水したとかいう事故が起こりましたし、私自身そういう老朽もしていますけれども、お貸しする自信もなくなりましたから、それで一応契約は解除しようと思って受け取らなかったんです」として、期間1年の契約とし、その後、更新しなかったことを明らかにしている（第1審のY2の本人調書2、3頁）。しかも、賃料は、借主の支払能力と本件ビルの修理等に基づく現況をふまえて、1988（昭和63）年に月額25万円から20万円に値下げしたままで低額で据え置かれており、値上げもしていない（同本人調書2頁）。

また、敷金として、更新される賃貸借契約の最初に敷金50万円（当時の月額賃料25万円の2ヵ月分）が借主から貸主に支払われているが、それ以外に高額の権利金、保証金、建設協力金などは支払われていない（甲1 本件建物賃貸借契約3条）。

以上のとおり、本件賃貸借契約は、居住者のいない商業利用の建物についての、短期1年の期間が満了した後の期限の定めのない契約であり、賃料は低額に据え置かれたままで、かつ、高額の権利金などは支払われていない。

(4) 本件ビル地下1階部分は本件浸水事故によって朽廃の時期に迫られていること

原判決の認定事実も認定するとおり（「第3、1、(1)、イ　本件事故発生前の水回りのトラブル」（原判決 53 頁以下――民集 63 巻 1 号 173 頁以下：筆者注））、<u>1992（平成 4）年以降は、地下 1 階に排水等が流れ込む事故が度重なっていた。</u>

申立人は、本件ビルが、建築後 30 年を経過しており、建物の内外共に老朽化しており、特に給排水設備は錆による腐食が著しく、その他の設備を含めて、特に地下 1 階は、使用に耐えない状態に陥ることが予測されたため、本件賃貸借契約の期間を 1994（平成 6）年 3 月 5 日から 1995（平成 7）年 3 月 4 日までの 1 年間として、同年 10 月 11 日には解除の申入れをしつつ、水回りのトラブルに対して適切に修理してきた。しかし、1997（平成 9）年 2 月 12 日及び 17 日の 2 度にわたり、それぞれ床上 30 から 50cm の本件浸水事故により、もはや小修繕では対応できないことは明らかとなった。したがって、地下 1 階は、1 階など他の部分とは異なり、大修繕なしに使用できる状態ではない。

とりわけ、Y2 は、上記(3)のとおり、本件賃貸借契約の期間を 1 年としたことについては、「その年度までに、再々水漏れだとか水が浸水したとかいう事故が起こりましたし、私自身そういう老朽もしていますけれども、お貸しする自信もなくなりましたから、それで一応契約は解除しようと思って受け取らなかったんです」として、期間 1 年の契約とし、その後、更新しなかったことを明らかにしている（第 1 審の Y2 の本人調書 2、3 頁）。しかも、賃料は、借主の支払能力と本件ビルの修理等に基づく現況をふまえて、1988（昭和 63）年に月額 25 万円から 20 万円に値下げしたままで低額で据え置かれており、値上げもしていない（同本人調書 2 頁）。

申立人組合が、平成 9 年 2 月 18 日付で「賃貸借契約解除申し入れ書」（乙 13）をもって本件賃貸借契約の解除（解約）を申し入れたのは、このような事情の下にあった。本件賃貸借契約は、居住用ではなく商業用建物にすぎない本件ビルの地下 1 階部分について、1995（平成 7）年 3 月 4 日の期間満了後、期間の定めのない契約として存続していたにすぎないと

ころ、上記の解約申入れによって解約されることとなるのである。

上記解除申入書（乙13）は本件ビルの買主Ａの意向により同人が自筆したものである（Ａの自筆であることは乙22から明らかである）。この解約申入れでは、「この浸水事故（を）生じた直接の原因は今日迄判明せず不明であります。賃貸借物件の所在するビルデ（ィ）ングは建築後30年を経ており、建物の内外共に老朽化しており、特に給排水設備は錆による腐食が著しく其の他設備を含めて、今日の処使用に耐えない状態に陥っております。諸設備の老朽化によりこれの修繕修復は頗る困難であると私共は判断をしており、本件賃貸借の継続更新等を考慮することは以上（の）のことにより到底その余地がない分けであります」と述べているが（乙13）、正に、原因不明の本件浸水事故直後に、Ｙ１及び本件ビルの買主Ａにおいて、度重なる漏水事故もあわせ考慮のうえ、本件ビル地下１階部分は、朽廃の時期が迫っていることを認識していたことが明らかである。

(5) 度重なる漏水・浸水事故に過大な費用を要すること

しかも、<u>朽廃との認定に至らなくても朽廃の時期が迫り、度重なる事故に対する修復に過大な費用を要すること</u>は、次の事情からも明らかである。

ア　すなわち、原審までの審理において明らかなとおり、まず、①1992（平成４）年９月ないし、②同12月までの本件ビル地下１階部分（本件店舗部分）の浸水事故が発生している。このとき、Ｙ２は、Ｙ１の費用負担でＢ設備に修理を依頼した。Ｂ設備は、この浸水の原因は３階の女子トイレであると説明した（上記Ｙ２本人調書８頁、第１審のＢ証人調書17、18頁）。同12月には３階のトイレの使用を止めたので、この床上浸水の原因はなくなった（乙５―４頁）。この時点以降、３階のトイレは使用できないビルとなった。Ｙ１の組合員は、荒れた３階の店舗を閉めて撤退した（Ｙ２本人調書14頁）。さらに、1993（平成５）年３月には揚水ポンプも修理した。Ｙ１は、本件ビルを適切に修理し、Ｘに使用収益させる義務及び修理義務を履行していたが、そもそも本件ビル、特に地下１階部分が一般顧客を誘引する商業用建物としての使用に耐えなくなったのである。

さらに、③1993（平成5）年10月にも同地下1階部分で浸水事故が起きている。この時も、Y1は修理代金90万1126円を支出して、水漏れ防止工事を実施した。この時は、1階からの水漏れを防止することとした（乙5―5頁）。もっとも、この際も、排水ポンプの修理を勧められたことはなかった（前記Y2本人調書9頁）。このため、Y2は、現認された1階からの水漏れを防止すれば足りると判断した（乙5―5頁）。

　しかし、その半年後、④1994（平成6）年4月にも同地下1階部分で浸水事故が起きた。この時は、下水溝のポンプを修理したということであるが、その際に、Y2は、BそのほかB設備の者、又はXから、排水ポンプの取替えを勧められたことはなかったし、排水ポンプを取り替えないと浸水事故が発生する旨を直接には聞いていない（Y2本人調書7、9、10、11頁）。Bも排水ポンプの取替えをYらに勧めたことはない（第1審B証人調書18頁）。

　この点について、原判決は、Xは、B設備から、ポンプ及び周りの電気系統を新しいものに交換しないと、再度、このような事故が発生するといわれたため、その旨をY2に伝えたが、上記交換はされなかった旨判示しているが、Y2は、そのような話は聞いていない。既に1993（平成5）年10月の浸水事故の際には、Y1は修理代金90万1126円を支出し、本件ビルの維持管理のための修理を拒否することはなかったのであるから、仮にも7、8万円程度の費用による排水ポンプの取替えを勧められれば、快諾したはずである。しかも、ビル診断報告書（乙2）の調査を依頼し、積極的に修理を要する箇所を調べているのであって、修理を要する箇所を意図的に隠すようなこともなかったのである。

　しかし、その後も、⑤1995（平成7）年4月と9月に2階女子トイレの故障が発生した。Y1は、この時も、同2階トイレの修理はしたが、Yらにおいて、地下1階の排水ポンプの修理を、BそのほかB設備の者又はXから勧められたことはなかった。もしも、1994（平成6）年4月の浸水時に排水ポンプの取替えの話が出ていれば、当然に1995（平成7）年4月と9月にも排水ポンプの取替えの話が出たはずであるが、そのような話は出なかったのである（Y2本人調書10、11頁）。

しかも、当該排水ピットポンプは、XがB設備に何度か見に来てもらっており、その時点で修理を要しないものであった（第1審C証人調書11項、第1審のX代表者本人調書14頁）。このため、Yらは、本件浸水事故時までに、B設備やXから排水ポンプの修理をするように勧められることはなかった（Y2本人調書10、11頁）。また、B設備として修理に当たっていたBも、従前の修理の経過をふまえて、本件浸水事故当時、同事故は、当該排水ピットポンプの故障が原因ではなく、井戸ポンプの自働制御の故障でくみ上げ続けたために水が溢れたというように思っていたし（第1審B証人調書3頁、乙4―左上肩の記載のとおり1997（平成9）年9月9日付のファックスである）、必ずしも排水ピットが同年2月の本件浸水事故の原因だったかどうかまでははっきりしないことを肯定しているのである（同証人調書16頁）。
　Y2は、上記①ないし⑤のとおり、度重なる事故に対し、本件ビル地下1階を「貸す自信もなくなり」、かつ本件ビルの買主Aの意向に従って、平成7年10月11日付通知書（乙12）をもって、本件賃貸借契約の解除（解約）を申し入れたのである。しかし、Xは、度重なる事故を承知のうえで、同解除（解約）申入れに応じることなく、同契約を期間の定めのない契約として存続させ、本件建物地下1階を使用し続けた。その結果、賃料も月額20万円に据え置かれたままであった。
　そして、本件事故当時においても、本件事故原因は不明なままで、過大な費用をかけてまでして給水設備・排水配管等と共に改装に合わせて全体的に更新することは、後記(6)のとおり累積損失1億3000万余円を抱えて本件ビルをAに売却し既に清算手続に入っていたY1にとっては、到底実施できることではなかった。
　イ　上記アのとおり、本件ビルについて事故や故障が頻発する状況にあって、本件事故直前のビル診断報告書（乙2―1997（平成9）年1月診断実施）においては、本件ビルの修復に過大の費用を要することが明らかである。この点、給排水管の修復に限っても、給水配管は亜鉛メッキ鋼管を使用しており全体的に錆による腐食が進行しており、給水設備は改装に合わせ全体的に更新する必要があると判断され（4頁）、また雑排水管

は枝管において油脂分等の汚れによる管内閉塞が進行し、縦管は錆による腐食が進行していると推測され継続使用した場合漏水の懸念があり、排水配管は改装に合わせ全体的に更新する必要があると判断されていた（5頁）など、給水設備・排水配管共に改装に合わせて、過大の費用をかけて全体的に更新する必要のあることが指摘されていた（「第3、1、⑴、ウ　平成9年1月実施のビル診断の結果」（原判決56頁以下））。

　さらに、原判決も認定するように（「第3、1、⑵、イ、（ア）」（原判決78頁））、本件事故当時、本件事故原因は不明であった。

　ウ　しかも、Xが原告（以下で引用の別件訴訟控訴審判決中の1審原告）となり訴外A（以下で引用の別件訴訟控訴審判決中の1審被告）を被告として提訴し本件訴訟と同時に控訴審判決がなされた名古屋高裁金沢支部平成16年（ネ）第9号損害賠償請求控訴事件平成18年10月16日判決（資料1、以下、<u>別件訴訟控訴審判決という</u>）においては、<u>本件原判決（70頁）よりも明確に、本件Y1（上記引用の別件訴訟控訴審判決中の訴外組合Y1）と一審被告Y2について、訴外組合Y1の修繕義務の不履行は認定されていないことと、不法行為上の過失がないことが明らか</u>である。特に、「訴外組合Y1は、賃貸人として、その都度、修繕等の対応をしていた」、「本件（浸水）事故の原因については、排水ピット内の排水用ポンプの制御系統の不良又は一時的な故障という以上には、その原因は特定できていないから、本件事故発生前において排水ピット内の排水用ポンプについて故障等が発生していて修繕を要する状態にあったとは断定し難い」すなわち原因不明であること、「本件事故が、訴外組合Y1又は1審被告Aが、賃貸人として、排水ピット内の排水用ポンプについてその修繕を怠っていたために発生したものということはできず、本件事故がY1の修繕義務の不履行により生じた旨の1審原告Xの主張は採用できない」すなわち修繕義務違反のないことまで判示されているのである（資料1―34頁）。以下、同判決を引用する。

　すなわち、「⑵また、仮に1審被告（本件訴外A）が、本件ビルの所有権を取得したことに伴って、本件賃貸借契約上の賃貸人の地位を承継した

ため、1審原告（本件Ｘ）に対して、賃貸人としての修繕義務を負うことになったとしても、次の理由で、本件事故がその修繕義務違反により発生したものと認めることができない。

　ア　賃貸人が賃借人に対して負担する民法606条所定の修繕義務は、賃貸人が賃貸借契約に基づき賃借人に対して負担する、賃貸借の目的物を使用収益させる義務から派生する義務であって、賃貸借の目的物について破損（腐朽による損傷を含む。）が生じて賃借人による使用収益に支障が生じる状態となった場合に発生する義務であるから、本件賃貸借契約上の賃貸人は、本件賃貸借契約が有効に存続している間は、本件店舗部分を賃借する1審原告に対し、特段の事情のない限り、民法606条により、本件店舗部分とその利用に必要な本件ビルの電気設備、給排水設備等の諸設備（以下「本件店舗等部分」という。）について、1審原告Ｘが本件店舗部分を店舗として使用収益するために必要な修繕義務を負うものである。

　イ　ところで、上記1(1)イで認定したとおり、本件ビルについて本件事故前から水回りのトラブルがしばしば発生していたが（資料1―21頁以下。〔申立人代理人注〕この別件訴訟控訴審判決では、（ア）平成4年9月の地下1階の浸水について本件ビル3階のトイレを修理、（イ）平成4年12月にかけて地下1階の浸水について本件ビル3階のトイレを使用しないこととした、（ウ）平成5年10月に地下1階7号室横から浸水したので壁を修理したが浸水の原因不明、（エ）平成6年4月ころ、地下1階の床面の浸水について浄化槽室の排水ピットの排水用ポンプを修理、（オ）平成7年4月及び9月に2階の女子トイレの故障について修繕、及び平成8年10月ころに揚水ポンプの故障について修繕を、それぞれ認定している）、訴外組合（本件Ｙ1）は、賃貸人として、その都度、修繕等の対応をしていたものであり、本件事故発生の直前において、本件店舗部分について、1審原告Ｘが本件店舗部分でカラオケ店営業を営む上で支障となるような不具合が生じていた事実は認められない上、上記1(1)イの事実によれば、本件事故前から発生していた水回りのトラブルのうち上記1(1)イ（エ）のトラブル（資料1―22、23頁。〔申立人代理人注〕平成6年4月ころ、地下1階の床面の浸水について浄化槽室の排水ピットの排水ポンプを修理し

たこと）は本件事故と同様の排水ピット内の排水用ポンプの不具合（故障等）が原因となって発生したものと推認されるところ、上記1(1)イ（エ）の故障の際には相当の修理がされ、以後、排水ピット内の排水用ポンプの故障ないしは不正常な作動が原因となっての水回りのトラブルは本件事故までの3年近くは発生していないのである。そして、本件事故の原因については、排水ピット内の排水用ポンプの制御系統の不良又は一時的な故障という以上には、その原因は特定できていないから、本件事故発生前において排水ピット内の排水用ポンプについて故障等が発生していて修繕を要する状態にあったとは断定し難いのである。

そうすると、本件事故が、訴外組合Y1又は1審被告Y2が、賃貸人として、排水ピット内の排水用ポンプについてその修繕を怠っていたために発生したものということはできず、本件事故が訴外Y1の修繕義務の不履行により生じた旨の1審原告Xの主張は採用できない。

(3)そして、上記(2)の説示によれば、1審被告Y2について、本件事故の発生に関して不法行為上の過失があったものと認めることもできない。」

以上のとおり、別件訴訟控訴審判決においては、<u>本件浸水事故の原因が不明であったこと、及び本件事故が訴外組合（本件Y1）の修繕義務の不履行により生じたものではないとし、本件事故の発生に関して買主Aの不法行為上の過失はなかった旨認定しているのである。この点は、借地借家法28条の「正当の事由」の解釈においても、十分に尊重されなければならない。</u>

なお、上記アのとおり、1994（平成6）年4月に、Y2がB設備から、ポンプ及び周りの電気系統を新しいものに交換しないと、またこのような事故が発生すると言われたことはないし、さらに、1995（平成7）年9月に本件ビル2階トイレを修理したときに、Y2がXから地下1階の排水ポンプの修理をするよう勧められたこともない（Y2本人調書9頁）。これらの点について、原判決は異なる事実認定をしているが、仮に異なる事実認定のとおりとしても、別件訴訟控訴審判決のとおり、本件事故はY1の修繕義務の不履行により生じたものではないし、本件事故の発生に関して

不法行為上の過失はなかったというのであるから、Y１Y２らにおいて、何ら責められることではない。

　エ　加えて、原判決は、特段の反証のない本件では、本件ビルの排水設備も通常の湧水量に対応できるだけの能力を有していたものと推認されるところ、本件事故時において本件ビルの排水設備能力を超える大量の湧水があったことを窺わせる証拠はない旨判示するが、この判旨には、従前の審理で明らかとなった事実に明らかに反するものであるうえ、借地借家法28条の「正当の事由」の解釈に影響を及ぼすものである。

　すなわち、Xの従業員Cによれば、「平成９年２月12日の浸水があった前日は夜12時まで営業していましたので、それから翌日のお昼の12時頃までに30センチから50センチの浸水があった」ということであり（第１審Ｃ証人調書24項）、X代表者もこれを認める陳述をしているが（第１審X代表者本人調書８頁）、この証言等を前提とするに、地下１階は372.16平方メートルあるところ、前日の営業終了後から翌日正午までの最大12時間に372.16平方メートルに0.3メートルないし0.5メートルを乗じた111.648立方メートル（0.3メートルで計算した場合）ないし186.08立方メートル（0.5メートルで計算した場合）の浸水が生じたということである。すなわち、１時間当り、9.304立方メートル（同0.3メートルの場合）ないし15.506立方メートル（同0.5メートルの場合）の湧水である。これに対し、排水ピットのポンプの能力は毎分100リットル（１立方メートルの1000分の１）としても（第１審Ｂ証人調書５頁）、１時間当り６立方メートル、12時間で72立方メートルにとどまるから、本件ビルの排水設備が通常の湧水量に対応できるだけの能力を有していたとしても、本件事故時において本件ビルの排水設備能力を超える量（１時間当りの超過湧水量は3.304立方メートル（上記0.3メートルの場合）ないし9.506立方メートル（上記0.5メートルの場合）での最大12時間分）の湧水が発生していたことになる。このことから、本件事故時において本件ビルの排水設備能力を超える原因不明の大量の湧水であったことが明らかである。

　そして、仮に排水ポンプの故障が原因であるとしても、排水ポンプがフル回転で作動していても、可能排水量を超える湧水のために排水能力を超

えるフル稼働により、途中で故障したとも解しうるのであるが、さらに、同程度の湧水が2月17日にも、その時点までの排水ポンプの故障と関係なく発生したものであるから、仮に排水ポンプの故障があったものと仮定するとしても、やはり、排水ポンプその他本件ビルの排水設備とは別の原因による大量の湧水があったと考えざるをえないのである。それゆえ、上記で引用の別件訴訟控訴審判決のとおり、仮に、「排水ピット内の排水用ポンプの制御系統の不良又は一時的な故障」があったとしても、それ「以上には、その原因は特定できていない」のである。

⑹　賃貸人において売却済み建物の大改修の過大な費用を支弁できないこと

　しかも、Ｙ１は、1996（平成8）年8月の段階で1億3000万余円の繰越損失金を発生し清算手続に入っており、改修費用も自弁できない状態にあったのであり（資料2の1ないし6）、そのような清算手続にあって、1997（平成9）年2月12日の本件浸水事故においては、本件事故原因は不明であるうえに、その事故原因を究明し、かつ修理することは到底その能力を超えていたというべきである。ちなみに、Ｙらは本件控訴審判決後に湧水排水のみを目的とし雨水等の突発的な大量の流入水への対応を目的とはしない排水工事の見積りを依頼した。これに対し、前記鑑定書を作成した三菱電機ビルテクノサービス株式会社では、「既存内装廃材、各設備撤去、処分及び内装復旧工事は含まない」ものとしての排水工事について、見積総額を112万円（消費税を除く）としているが、Ｙ１には、上記清算手続のままで、その支払は不可能な状態にある。しかも、同株式会社からは、「地下階設備工事見積積算致しましたが、当建物老朽化が激しく、取壊し等検討必要と思われます」と注記される程に地下1階の老朽化は激しい状態にある（資料3）。

　原判決は、本件事故の原因の解明が遅れたのは、Ｙらが本件事故を利用してＸに対して本件店舗部分からの退去を求めるために、本件事故の原因究明を怠った結果であると判示するが、この判示は、明らかに誤っている。Ｙ１及びＹ２は、本件浸水事故後、当時本件建物の給排水設備を管理して

いたB設備に原因究明の調査を依頼していたが、1997（平成9）年9月9日付で揚水ポンプの故障しか考えられないという回答を得るにとどまり（乙4）、また、上記(5)のとおり、従前から、排水ポンプの取替えを勧められたことはなかったので、およそ排水ポンプの故障には思い至らなかったのである。それゆえ、前記のとおり、1997（平成9）年2月12日午前0時以降同日正午までの最大約12時間のうちに111.648立方メートルないし186.08立方メートルという通常は予測不可能な大量の湧水が発生し、さらに仮に排水ポンプの故障が既に生じていたとしても、再び17日には汚水除去後においてもなお排水ポンプの故障とは全く関係なく同程度の大量の湧水が発生したことから、その大量湧水の原因究明はできなかったのである。

(7)　借地借家法28条の「正当の事由」が認められるべきであること

ア　このように、本件事故後にあっては、本件賃貸部分の地下1階は、原状のままで使用に耐えず、修復には事故原因の調査も含め過大な費用がかかる状態であって、かかる場合に、いつまでも貸す義務を賃貸人に負わせるのは酷である。特に本件のように、顧客を誘引する商業用建物について、建物老朽化のため、1年間という極めて短期の賃貸借契約が締結された後に期限の定めのない建物賃貸借契約となった場合に、重大な事故があって修復に過大な費用がかかっても、貸す義務を免れないということでは、過度な負担を賃貸人に負わせるものといえる。したがって、本件においては、上記(2)で述べたとおり、各判決の示す諸事情と同様の事情を考慮のうえ、借地借家法28条の「正当の事由」が認められるというべきである。

本件事故後にあっては、本件賃貸部分の地下1階は、原状のままで使用に耐えず、修復には事故原因の調査も含め過大な費用がかかる状態であって、特に本件のように、建物老朽化のため、1年間という極めて短期の賃貸借契約が締結された後に期限の定めのない建物賃貸借契約となっている。このような場合においても、原判決は、重大な事故があって修復に過大な費用がかかっても、Y1の修繕義務を免れないとするのであるが、その判断は、「正当の理由」の解釈について、前記(2)の最高裁判所の判例等に反

している。

　特に、賃貸家屋の修理が莫大な費用を要するわりに、その耐用年数を延ばすことができず、結局建物を取り壊し新築する必要あることが解約申入れの正当事由に当たるとした前掲東京高裁昭和40年6月22日（東高時報16巻6号121頁）も、Ｙらの主張と同旨の考え方に立つものであるが、これに反する原判決の判断は、「正当の理由」の解釈について、この高等裁判所の判例とも異なるものである。

　原判決の判断は、建物はまだ使えるという点が強調されているが、前記のとおり、排水工事と排水ピットの排水ポンプの取替えだけで100万円を超える修理費用を要するし（資料3）、さらにビル診断報告書（乙2）をふまえて、給水設備・排水配管共に改装に合わせて全体的に更新するために過大な費用をかけなければならない。それゆえ、仮に物理的に使用が可能だとしても、修繕義務の履行のためには、期限の定めのない賃貸借契約として、いつでも賃借人から解約申入れができる状況下で、過大な費用をかけて抜本的な修繕をしなければならないのであって、累積損失1億3000万余円以上を抱えて本件ビルを売却し清算手続に入っているＹ1においては、社会経済上の観点から不可能を強いるものである。

　イ　元々、本件建物の敷地は、国鉄小浜線小浜駅の駅前として開発されるまでは、水量が豊かな水田地帯であったことから、地下建物としては、自然湧水は他の地域以上に避けることができない地域にある。この点で、自然湧水等の対策を必要とせず使用可能である本件ビル1、2階と、そうではない地下1階の本件店舗部分とは、経年劣化の進行度合も異なるなど、明らかに使用の可否を異にしている。1997（平成9）年2月の12日と17日の2回の本件浸水事故も、そのような地理的条件にあって起きたものである。前記のとおり、排水ポンプの排水可能量をはるかに超える大量の湧水が、最大にみても2月12日のわずか12時間の内に起きたのは、そのような条件によるのである。

　そして、<u>そもそも、本件事故当時、ビル診断報告書（乙2）において、電気設備、空調設備、給水設備、排水設備、建物の外壁と屋上防水のいずれについても改装に合わせ全体的に更新する必要があると判断されていた</u>

のであり、建物全体が経年劣化の状態にあったことが明らかであった。<u>特に、本件建物の水回りについては、本件浸水事故前は、揚水ポンプ修理や浸水に対する適切な処置をとっており、問題はなかったが</u>（この点は、前記(5)ウで述べたとおり、別件訴訟控訴審判決でも認定されている）、本件浸水事故が生じた。しかも、本件浸水事故当時、同事故原因は不明であり、Ｘすら、本件浸水事故原因を、電気設備の管理不良における漏電等の事故にあり、揚水ポンプの故障によるものと信じていたのであり（第１審訴状請求の原因二（３頁））、Ｙ１もまた、本件浸水事故は予見することができず、また、回避することもできなかった。Ｙ１としても同年９月７日にＢ設備から揚水ポンプの故障しか考えられないとの意見を受けていた（乙４）。この点を裏付けるべく、本件鑑定書は、「各機器の腐食等が進行し、その原因を特定できる環境では無い」と明言したうえで、「最も可能性が高いと推定される原因」としては「排水ポンプが運転出来なかった為」であると推定したのであるが、これはあくまで推定にとどまっている。しかも、「床上浸水した湧水の浸水箇所が特定出来なかった」とするなど原因不明の事実を摘示したうえ、「浸水により、各機器に著しい腐食が全体に発生している」ことを随所に指摘している（本件鑑定書２、３枚目及び写真２、３、12ないし16）。地下１階の本件店舗部分は、１メートル以上浸水して（甲７）朽廃し、現状では使用不能である。

　本件建物の買主兼新所有者であるＡは、本件浸水事故の１年余前の1996（平成８）年１月に、はませんビルテナントを集めて食事会を開き今後も賃貸借を継続していく旨を意思表明したが、<u>地下１階の本件店舗部分については1997（平成９）年２月12日及び17日の２回の本件浸水事故により朽廃し、電気系統設備は上記のとおり著しい腐敗が発生した他、「給排水設備は錆による腐食が著しく其の他設備を含めて、今日の処使用に耐えない状態」であり、「諸設備の老廃化によりこれの修繕はすこぶる困難である」程度の朽廃の状況にあると判断し</u>、賃貸人の地位の承継者として「利害関係人」名でＹ１と連名にて、Ｘに対し、平成９年２月18日付賃貸借契約解除申し入れ書を送付した（乙13）。この点も、使用可能である本件ビル１、２階と地下１階の本件店舗部分とで使用の可否を異にし

ていることを前提として、Xに対しては、本件店舗部分の賃貸借を継続することができない旨を表明していることによるのである。

　Y1は、本件店舗部分を補修しないで放置したわけではないし、Xから業者に依頼して修理させようとしても、これを拒絶したわけでもない。むしろ、Xは、本件浸水事故以後、Y2に対し、漏水状態を放置したままで排水しないことを求めて、一旦水を抜いたY2に対して抗議しているし（Y2本人調書23頁）、業者に依頼して什器備品等を撤去して地下1階を修理させようともしていない。また、甲4（見積書）は、損害賠償請求額の算定のためのものであって、この見積りに基づく改装工事をすることの申入れもなされていない。特に、Xは、1998（平成10）年5月27日付で3211万6646円の損害保険金を受領したにもかかわらず（乙16の1ないし3）、一旦湧水が引いた状態においても、本件店舗部分（地下1階部分）の取片付けもしないで、設備や什器備品をそのまま放置させており（乙3の写真の現状のまま─但し、現在は湧水によって浸水することを防ぐ大改修をしなければ使用できない状態にある）、Yらに対し、保険金を充当してのカラオケ事業再開の要請もしないし、修理の承諾を得ることもしなかった。また、Xは、甲7の通知書において「相応の（すくなくとも金3000万円又はこれに近い）明渡し料」を請求しているが、これに相応する損害保険金が支払われたのであるから、その事実を明らかにしたうえでの示談交渉をすべきであるのに、そうすることなく、かえって、Yらが乙16の1ないし3を提出するまで、保険金支払いの事実を隠したうえで本件損害賠償請求訴訟を提起し及びその前の本件損害賠償請求民事調停事件を申し立て、追行してきた。

　ウ　原判決は、上記最高裁判例等で示されている社会経済上の観点からの諸事情の検討を怠り、安易に「正当の事由」を否定したものであって、到底是認することはできないから、上告審において、破棄されなければならない。

　2　第3次解除について（上告受理申立理由1の2）
　⑴　原判決は、本件浸水事故後の平成11年9月13日付け賃貸借契約の

解除申入れ（第3次解除）について、解約の申入れ（借地借家法27条1項）と認めつつ「正当の事由」がないとして、無効とした。

原判決の根拠は、第2次解除（解約の申入れ）で「正当の事由」を否定するのと同様である。

⑵　しかし、原判決は、上記1で述べたとおり、賃貸人に過大な負担を課すもので、到底是認できない。

また、Xは、設備什器の損害保険金3711万6646円（内訳　同損害保険金3109万6946円、臨時費用保険金500万円、取片付費用保険金101万9700円）が支払われたにもかかわらず（乙16の1ないし3）、当該保険金を他に流用し（資料1―20頁。別件訴訟控訴審判決では、カラオケ店の運転資金、設備資金として金融機関等から借り入れた借入金に対する利息を本件事故以後も返済し続けていることから、支払われた損害保険金は、金融機関等からの借入金の返済にも充てられてはおらず、結局他の用途に使われたと推認する旨の主張がなされている）、本件建物地下1階部分の取片付もしないで、地下1階部分の設備や什器備品をそのまま放置させていた（Y2本人調書23頁）。また、Xはこのように本件建物地下1階の使用収益をする意思がないままで、賃料を支払わず（1999（平成10）年4月分以降賃料を支払わず供託もせずにいるし、それ以前の1年分の供託金についても払い戻している）、賃借の意思がないと推断できる状況（損害賠償請求訴訟をするだけで営業再開の申入れもせず無人のままで本件建物地下1階を放置している）に至らせたのである。

したがって、事故後2年半経って建物使用再開への動きもない中で行われた解約申入れにおいて、なお「正当の事由」を否定することはおよそ社会通念に反する。

⑶　以上より、原判決の「正当の事由」の判断には、最高裁判所等の従来の判例と異なる判断があり、看過できない重大な誤りがあるので、上告審において、破棄されなければならない。

第3　中小企業等協同組合法38条の2第2項の「重大な過失」の解釈に関する誤り（上告受理申立理由2）

1　原判決の判断

原判決は、Ｙ2の損害賠償責任について、中小企業等協同組合法（以下、中企法という）38条の2第2項（平成17年法律第87号会社法の施行に伴う関係法律の整備等に関する法律による改正前）の「重大な過失」があるとして、これを認めた。

原判決は、まず、中企法38条の2第2項は、平成17年法律第87号会社法の施行に伴う関係法律の整備等に関する法律による改正前の商法266条の3第1項と同趣旨の規定であるから、その解釈も同項と同一に解するのが相当とした。

その上で、Ｙ2は、Ｙ1が負う修繕義務を履行すべき職責を負っていたのに、これを不履行にすることによって、その職責を怠ったとし、Ｘに対する、賃貸借契約の第2次解除が有効であって修繕義務がないと考えたものとしても、少なくともそのことに重大な過失があるとした。

その理由として、第2次解除は、Ｙ2において、本件事故により本件ビル地下1階が修繕不能となり、本件賃貸借契約の継続が不能又は困難となったものと判断したからというよりは、Ｙ2が本件事故により本件店舗部分でのカラオケ店営業が不能になったことに乗じて、Ｘの賃借権を安価に消滅させようとする意図に出たものと推認されることを挙げ、推認の根拠として、①本件事故後も、本件ビルの1階を新たに賃貸しており、本件ビル自体直ちに使用不能というほどではなかったこと、②Ｙ2は、本件事故の原因や修繕の可否及びその場合の費用の多寡等を何ら調査検討せず、立退きを要求していること、③Ａに対して本件ビルのテナントを立退かせて引渡をする義務を負っていたこと。④本件事故後の民事調停でわずか100万円の立退料しか示さなかったことを挙げる。

2　重過失のないこと

しかし、原判決は、「重大な過失」の解釈を誤っている。

⑴ <u>中企法38条の2第2項の「重大な過失」は旧商法266条の3第1項より限定的に解釈されるべきこと</u>

ア　中企法に基づく協同組合は、組合員の相互扶助を目的としており、株式会社のような営利法人ではない。したがって、「重大な過失」の解釈にあたっては、大規模な営利活動を予定し高度な責任を負わされる株式会社の取締役と比較して、小規模な組合員の相互扶助を目的として活動を行う協同組合の理事（清算人）の責任は限定されなされなければならない。

すなわち、旧商法266条の3第1項の「重大な過失」は、任務懈怠にあたることを知るべきなのに、著しく注意を欠いたためにそれを知らなかったこととされるが（最高裁昭和44年11月26日大法廷判決民集23巻11号2150頁参照）、中企法38条の2第2項の「重大な過失」においては、著しく注意を欠いたか否かの判断において、株式会社の取締役のような高度な責任を負わされる者を基準とすべきではなく、一般の小規模事業者の判断を基準とすべきである。

なぜなら、中企法は、第1条の法律の目的において、「相互扶助の精神に基づき協同して事業を行うため」と定め、第5条1項1号は、組合の要件として「組合員又は会員の相互扶助を目的とすること」を定めているが、このことからわかるように、協同組合は、小規模な組合員の相互扶助の精神に基づく協同経営体であるに過ぎないからである。

イ　このため、中企法に基づく協同組合は、株式会社のような営利を目的とする団体とは異なり、「組合員の事業・家計の助成を図ることを目的とする共同組織であるとの性格に基本的な変更はない」ものと判断されて商人性を認められていない（最高裁平成18年6月23日判決判例時報1943号146頁、最高裁平成48年10月5日判例時報726号92頁）。他方、旧商法266条の3第1項の取締役の第三者責任が定められたのは、「株式会社が経済社会において重要な地位を占めていること、しかも株式会社の活動はその期間である取締役の職務執行に依存するものであることを考慮し」たことによるものである（前掲最高裁昭和44年11月26日大法廷判決）。

この両最高裁判決を比較すると、<u>協同組合は、営利性を有さず、小規模</u>

な事業者の相互扶助を目的とする協同経営体にとどまるから、その協同組合の理事もまた、旧商法266条の3第1項の取締役の第三者責任の趣旨は妥当せず、株式会社の取締役ほどの高度な責任を負わせることはできない。

ウ　このような解釈は、中企法38条の2を新設した際に既に明らかにされていたものである。

すなわち、「法旧第42条が準用した商法旧第266条は、上記の現行組合法第38条の2程度の規定であった。ところが、改正商法第266条は、著しく厳格なものとなったのである。なぜなら、株式会社の株主は、会社の内容を知悉せず、かつ、多数である。これに反し、組合の組合員は、株主とは性格を同じくしていない。彼らは、相互扶助のため、組合を結成する。他方、会社の取締役は高給を食み、会社の業務に専念するのに対し、組合の理事は、原則として、本業に従事する傍、組合の業務に従事する。組合の経理状況次第で、報酬らしい報酬を受けぬ場合も少なくない。こうした性格の差のある理事に、取締役なみの厳格な責任を負わせることには、問題がある。それのみでなく、理事に就任することを躊躇せしめないものでもない。かくて、旧法程度の責任たらしめるための法第38条の2の新設となった。」のである（資料4の1　磯部喜一『中小企業等協同組合法』（1952年、有斐閣）153頁、傍点――申立人ら代理人。なお、稲川宮雄『改正中小企業等協同組合法の解説』（1951年、日本経済新聞社）134頁（資料4の2）も、「主観的要件は狭められたといえる。元来理事は、組合に対しては委任関係にあるが、第三者に対しては直接法律関係に立つものではないから、不法行為による責任は別として、本来ならば第三者に対し損害賠償の責任を負うべき理由はない。しかし、法は、とくに第三者を保護するため、一般の不法行為の要件と必要としない特別の責任を理事に負わせることとしたのである。」としている）。

エ　したがって、協同組合の理事の第三者責任の「重大な過失」（中企法38条の2第2項）の解釈にあたっては、原判決のように、営利性を前提とした旧商法266条の3第1項と同趣旨と解釈して同じ基準を採用するべきではなく、一般の小規模事業者の判断を基準とすべきである。

(2) 「重大な過失」（中企法38条の2第2項）のないこと
ア　本件における解除の有効性の判断は、本件事故の原因、本件ビルの老朽化の程度、従前の賃貸借契約の経過などをふまえて極めて高度な法的判断を要求されるものである（原判決は解除の有効性を否定するが、第1審判決では解除は有効と認められており、両判決で結論が全く異なることからも、極めて高度な判断となることが明らかである）。

上記(1)で述べたとおり、「重大な過失」（中企法38条の2第2項）とは、小規模事業者を基準として、任務懈怠であることを知るべきなのに、著しい注意を欠いたためにそれを知らなかったと解釈するべきであるところ、本件解除の有効性判断は、裁判官でも判断がわかれる極めて高度な法的判断であり、この判断の誤りをもって、重大な過失があったということはできない。

イ　すなわち、上記（「第2「正当の事由」（借地借家法28条）の解釈の誤り」）で述べたように、本件においては、少なくとも地下1階については、原判決の認定事実も認定するとおり（「第3、1、(1)、イ　本件事故発生前の水回りのトラブル」（原判決53頁以下））、1992（平成4）年以降、地下1階に排水等が流れ込む事故が度重なっており、朽廃の時期に迫られて、近い将来、商業用建物として使用に耐えない状態に陥ることが予測されたため、本件賃貸借契約の期間を1994（平成6）年3月5日から1995（平成7）年3月4日までの1年間として、同年10月11日には解除の申入れをするなどしてきた。かかる状況下において、1997（平成9）年2月12日及び17日の2度にわたり床上0.3から0.5メートルの本件浸水事故が発生し、原因も不明であったことから、もはや小修繕では対応できないことは、明らかとなった。したがって、地下1階は、1階など他の部分とは異なり、過大な費用を要する大修繕なしに使用できる状態ではなかった。この点は、既に、前記第2、1、(6)で述べたとおりである。

このため、Y2としては、地下1階部分は、もはや営業用スペースとして貸すことができる状態ではないと考えて、解除を申し入れ、これにより修繕義務を免れると判断したものである。本件ビルの老朽化の状況下において、本件賃貸借契約を解除して修繕義務を免れることは、今後も重大な

漏水事故が発生してＹ１が多大な損害賠償義務を負う危険も考慮すれば、Ｙ１の社会経済的観点から有益な職務行為であるから、かかる判断に基づいて行動したことは既に清算手続中のＹ１の清算人として合理的な行動である。実際にも、当該解除は、第１審判決では有効と認められている。したがって、Ｙ２が解除を有効として行動したことには、法律的にも社会経済的にも合理性があり、「重大な過失」があると評価することはできない。

　仮に、Ｙ２が、解除が有効だと考えたことが、結果的に裁判上は誤りだと判断されても、上記に述べたとおり、「重大な過失」は小規模事業者を基準として判断すべきことも考慮すれば、本件において、Ｙ２が解除の有効性について判断を誤って修繕義務がないと考えたことは、上記客観的事実に照らしてやむを得ないものであって、「重大な過失」がないことは明らかである。本件浸水事故について、Ｙ１に修繕義務違反がないことは、前記第２、１、(5)、ウで述べたとおり、別件訴訟控訴審判決においても明確に判示されている。この点をふまえても、Ｙ２が第２次解除の有効性について判断を誤って修繕義務がないと考えたことはやむを得ないというべきである。

　ウ　これに対し、原判決は、Ｙ２が本件事故により本件店舗部分でのカラオケ店営業が不能になったことに乗じて、Ｘが賃借権を安価に消滅させようとする意図に出たものと推認して、これを根拠に「重大な過失」を認定する。

　原判決は、Ｙ２の内心の主観的意図を重視し、これに基づいて重過失の認定をしている。しかし、新築のビルの立退き事案のように客観的に立退きを求める状況が存在しない事案とは異なり、本件解除にあたっては、本件事故の約５年前から、実際に建物老朽化による漏水事故が多発し、本件事故の約３年前に期間１年の賃貸借契約とされ、その後期間の定めのない賃貸借契約となっていたこと、及び本件漏水事故はこれまでの漏水事故と異なり大規模かつ原因不明であり、しかも２月12日と17日の２回にわたって発生したこと、並びに本件事故直前のビル診断報告書（乙２）において、給水設備・排水配管を含む本件ビル改装に過大の費用を要することが明らかになっていたこと等の客観的事実が存在する。

Ｙ２は、既に清算手続中のＹ１の清算人として、かかる客観的事実に基づいて、現在の本件ビルの状態では、いつ何時にも再び大規模な漏水事故が発生するかわからず、その場合高額の損害賠償義務を負うことになりうることも考慮して、もはや地下１階を貸す義務を果たすことができないと考え、本件事故を契機に本件賃貸借契約を解除して立退きを求めざるをえないとしたのであって、この判断は合理的なものである。したがって、Ｙ２の行為が、賃借権を安価に消滅させようとする主観的な意図に出たものではない。
　また、仮に、Ｙ２において、賃借権を安価に消滅させようとするＡの意図に従わざるをえなかったとしても、Ｙ１としては、老朽化が著しい地下１階について、なるべく安い立退料で立ち退きを欲する新所有者Ａの意図に従わざるをえないことは、社会経済的観点からも合理的である。特に、Ｙ１では本件浸水事故直前にビル診断を実施し、その診断によって、給水設備・排水配管を含む本件ビル改装に過大の費用を要することが明らかとなり、買主Ａが賃借権をすべて消滅させたうえでの本件ビルの取毀しも検討し始めていたのである（乙13）。また、清算手続中のＹ１では本件ビルの過大な修理費用の支払能力はない。したがって、Ｙ２の行動に、上記客観的状況に基づいて立退きを求める意図に加えて、Ｙ１のために、安い立退料で立退きを求める買主Ａの意向に従う意図が含まれていたとしても、Ｙ１の清算人の立場として合理的な行動であるから、かかる主観的意図があることをもって「重大な過失」などと評価されるべきものではない。
　エ　原判決は、①本件事件後も、本件ビルの１階を新たに賃貸しており、本件ビル自体直ちに使用不能というほどではなかったことを指摘する。しかし、本件ビル地下１階は、前記第２、１、(5)で述べたとおり、度重なる漏水・浸水事故のため、本件ビル１、２階とは比較できないくらいに老朽化していたのであって、本件ビル１階が使用可能であるから本件ビル地下１階も使用可能ということにはならない。しかも、本件ビル１階の賃貸は、同ビルがＪＲ小浜駅の真正面にあるため、観光キャンペーン上、空ビルにすることを避けるために、そのキャンペーン期間中に限り同１階だけを、小浜駅通り商店街振興組合、及び小浜商工会議所に貸すことになったにす

ぎない。本件ビルの新所有者Ａが賃料収入を欲したゆえに（乙28）、やむを得ず賃貸することとなったにすぎないのである。また、Ｙ１において地下１階の電源を切ったのは、本件浸水事故が原因不明であるうえ、本件ビル地下１階が浸水したままで、漏電事故が発生することを避けるためであったのであり、本件地下１階をＸに使用させないためではなかった。

また、原判決は、②Ｙ２は、本件事故の原因や修繕の可否及びその場合の費用の多寡等を何ら調査検討せず、立退きを要求していることを指摘する。しかし、上記のとおり、Ｙ１では、本件浸水事故直前にビル診断を実施し、その診断によって、給水設備・排水配管を含む本件ビル改装に過大の費用を要することが明らかとなり（乙２―当該ビル診断書の内容をみれば、空気設備、空調設備、給水設備、排水設備、建物外壁、屋上防水のいずれについても改修が必要であると指摘されており、全体の改修費用が過大になることは社会通念上明らかである）、買主Ａも本件ビルの取毀しを検討し始めていたのであるから（乙13。原判決64頁でも認定のとおり）、この点をもって「重大な過失」を認定することも誤りである。また、1997（平成９）年９月９日にはＢ設備から本件浸水事故の原因についての意見を受けていたのである（乙４）。

さらに、原判決は、③Ａに対して本件ビルのテナントを立退かせて引き渡す義務を負っていたことも指摘する。しかし、仮に、本件ビルのテナントを立退かせて引渡をする努力義務が認められるとしても、その義務は、Ｙ１が本件ビル売買契約によって負担した義務であり、かつ、「違約金の対象とせず、売主は買主とよく協議し円満に解決に協力するものとする」（乙19）という努力義務にとどまるから、Ｙ１の清算人であるＹ２が、Ａの意向に従って、その売買契約上の努力義務の履行をはかろうとすること自体をもって中企法38条の２第２項の「重大な過失」を認めることは、あまりに清算人に酷である。

加えて、原判決は、④Ｙ２が、本件事故後の民事調停でわずか100万円の立退料しか示さなかったことまで指摘する。しかし、民事調停では、従前の立退料の提案500万円についてもＸにおいて拒絶され、かつ、Ｘの保険料入金等も明らかでない状態において、引越費用等としては100万円の

立退料が提案されたという事情がある。このような民事調停の全体の経過を検討することなく、上記のとおり事実摘示することで賃借権を安価に消滅させようとする意図は認定されるべきではない。

　オ　そして、中企法第38条の2第2項にいう理事の重過失を認めるべきものとした事例としては、最高裁昭和34年7月24日（民集13巻8号1156頁）が、中企法に基づく組合の理事が、組合員に40万円の融資をするに際し、組合に現金がないため同額の融通手形を振出したことについて、理事が同組合員において満期に手形金の払込をするものと信ずるにつき思考するに足る事情はなく、しかも手形振出しの時以降組合の取引銀行における当座残高は終始5万円を出ず、その後10万円の小切手の不渡、当座取引の解約、交換所の取引停止処分が相次ぎ、銀行からの借入金500余万円も約半額の返済がされただけで新たな融資も実現が困難であった等の真実に照らし、組合が満期に手形金の支払をすることが極めて困難な状態にあり、特段の事情のないかぎり理事において手形振出当時にかかる状態を当然に予見しえたものと認められる以上、これを予見しなかったとすれば、理事には中企法第38条の2第2項にいう重大な過失があったものと解すべきである、と判示している。

　しかし、前記アのとおり、本件における賃貸借契約の解約の有効性の判断は、本件事故の原因、本件ビルの老朽化の程度、従前の賃貸借の経過などをふまえ極めて高度な法的判断を要求されるものであり、この点をふまえれば、融通手形の振出しにかかる上記最高裁昭和34年7月24日判決の事案とは異なる。また、そもそも前記(1)で述べたとおり中企法38条の2第2項が制定された趣旨にも反するような、広範囲に「重大な過失」を認める解釈適用となることは、これを避けるべきである。それゆえ、Y2が本件賃貸借契約の解約申入れをすることができると判断したことには、「重大な過失」（中企法38条の2第2項）はなかったというべきである。

　カ　以上より、原判決の「重大な過失」の判断は、第1審と原審とで判断が分かれるような高度な法的判断である解除の有効性について、客観的事情を考慮することなく、Y2の内心の主観的意図を過大に推認評価して重過失と認定しており、看過できない重大な誤りがあるので、上告審にお

いて、破棄されなければならない。

第4　民法416条1項の「損害」の解釈に関する誤り（上告受理申立理由3）

1　逸失営業利益損害の算定の誤り

(1)　原判決の判断

<u>原判決は、逸失営業利益損害の算定について、営業利益は、企業会計原則に従って、営業上の収入からこれを得るために必要とする営業上の経費を控除して算出されるが、営業上の経費の中には、企業が休業期間後の営業再開のため、実際に営業をしていなくとも引き続き支出せざるを得ない経費部分（いわゆる固定経費）と実際に営業をしていないことで支出を免れる経費部分（いわゆる変動経費）とがあるから、営業利益の算出の際に営業上の収入から控除していた営業上の経費のうち固定経費は控除せず、変動経費に該当する経費のみを控除し、その控除後の額を逸失営業利益損害とすべきものとした。</u>（「第3、6、(2)、ウ　一審原告の逸失営業利益損害算定に関する基本的な考え方」（原判決96頁））。

その上で、減価償却費274万8693円については、固定経費又はこれに準じるものとして、控除すべきでないとした。

(2)　控除すべきものを控除していないこと

<u>しかし、本件の事案では、付属設備、構築物、器具及び備品の減価償却費は、営業上の収入から控除すべきである。</u>

すなわち、本来、逸失営業利益損害の算定においては、全ての営業経費を営業上の収入から控除するのが原則であって、減価償却費も控除されることになる。しかし、固定経費と考えられる減価償却費は、実際に営業をしていなくても引き続き支出せざるを得ない経費であって、新たに損害が発生していることを根拠として、控除しないこととされているものである。

本件では、事故により、付属設備、構築物、器具及び備品は滅失したのであって、それ以降の設備維持に必要な経費あるいは経年劣化による損失

はなく、減価償却費自体が新たに発生する損害ということはない。そうだとすれば、交通事故訴訟判決で変動経費のみを控除する下級審判決とは異なり、原則に立ち返り、逸失利益の算定にあたり、営業上の収入から減価償却費が控除されなければならない。

名古屋地裁平成10年10月2日判決も、営業設備自体の滅失と同視できる、営業車が全損となった交通事故のケースで、営業利益算定の際に、当該車両の減価償却費を控除している（自動車保険ジャーナル1297号2頁、乙27「2005年版損害賠償算定基準（上巻）」（赤い本）115頁）。すなわち、「被害車両の収入及び支出は月により大きな変動があることが認められるが、その原因及び変動が恒常的なものであるかは証拠上明らかでないから、事故直近の3か月（ただし12月分は事故前の20日分）の数値によることとすると、同期間の収入総額は412万5117円（算式略）、被害車両の廃車あるいは稼動不能により支出を免れる経費総額は162万3800円（燃料・油脂費、修理代、有料道路代、減価償却費、航送料の合計額）であるから、1日当りの営業利益は3万0880円（算式略）となる」と判示している。この判決は、減価償却資産（被害車両）を取得して営業をしたからこそ利益が生じるのであるから、名目上の営業利益から減価償却資産の取得経費を差し引かなければ、正確な営業利益を算定したことにはならないことをふまえたものと解される。

原判決は、Yの上記見解に対して、価値を失ったのであればなおさら減価償却費を控除すべきでないことになるはずであるとするが、その理由は示されていない。付属設備、構築物、器具及び備品の損害については、保険金3711万6646円（内訳　同損害保険金3109万6946円、臨時費用保険金500万円、取片付費用保険金101万9700円が支払われており、保険で填補された。仮に、その後、保険が支払われた物品について、減価償却費の控除をしないと、ある物が滅失したことの損害について、保険支払の対象とされたその物自体の価値と減価償却費として把握されるその物の価値で二重計上することになり不当であることは明らかである。また、減価償却費は、高額の什器・備品代の繰り延べ償却としての性格を有するものであり、カラオケ営業においては、什器・備品を購入しなければ営業利益を

あげることができなかったという関係にあるから、特に、複数年の逸失利益を算定するにあたっては、少なくとも繰り延べ償却分としての什器・備品代を複数年にわたり控除しなければ、損害の公平分担の見地からは、正当な逸失営業利益損害の算定とはならないというべきである。

そして、特に、減価償却資産それ自体を滅失しこの資産に代わる保険金が支払われた点においては、横浜地裁平成 5 年 12 月 16 日判決（交通民集 26 巻 6 号 1520 頁）のように、飲食店経営者の休業損害で、当該資産に代わる保険金が支払われたことが明らかではないものとは事案を異にする。

(3) 原判決の逸失営業利益損害の算定の判断には、看過できない重大な誤りがあるので、上告審において、破棄されなければならない。

2　4 年 5 月にわたり同額の逸失営業利益損害が生じることはないこと
(1) 原判決の判断

原判決は、平成 9（1997）年 2 月 12 日（本件事故の日）から平成 13（2001）年 8 月 11 日までの 4 年 6 ヵ月間、本件店舗部分でのカラオケ店営業ができなかったのであるから、1 審被告組合の本件修繕義務不履行（本件事故の 1 ヵ月後からの修繕義務不履行）により 3104 万 2607 円（702 万 8515 円×（4×（5／12））年）の逸失営業利益損害を被ったものということができると判示している。

(2) カラオケ設備の普及と逸失営業利益の減少

しかし、原判決は、福井県小浜市の JR 小浜駅前付近で、X が本件ビル地下 1 階で経営する「カラオケヒットスタジオ」（小浜市駅前町 6 ― 1 所在）以外に、同店から徒歩 5 分程度で類似のカラオケボックス・喫茶として「ゲンジ」（小浜市小浜酒井 1 ― 63 所在）と「シャララ」（小浜市小浜酒井 104 所在）の両店舗が営業中であり（資料 5 ― NTT 西日本電話帳タウンページのカラオケ店欄）（資料 6 ― 地図上の小浜市小浜酒井の地域）、その他のスナックやバーにおいてもカラオケ設備が普及していった状況に照らしても（いずれも公知の事実である）、顧客が他のカラオケボックス・喫茶に流れることは当然に起こることであるし、必ずしも、4 年 5 ヵ

月間にわたり年間の逸失営業利益が702万8515円を維持することは認められないというべきである。

3　「損害」の解釈にあたり過失相殺の主張に対する判断がなされていないこと

(1)　原判決の主張の整理と判断

原判決は、事実及び理由第1、4（争点についての当事者の主張）、(5)（1審被告Y2の損害賠償責任の有無）のうち、中企法38条の2及び民法709条の過失責任について、1審被告Y2の主張として、本件事故は、Y2にとっては、不可抗力であり、修繕義務違反を問うことができないものであり、重過失がないことはもちろん、過失もない。また、仮にY2について民法709条の過失責任が問われるとしても、本件事故は、Xにも過失があることから、裁判所は、損害賠償額を定めるについて、過失相殺を斟酌すべきであると主張した旨、主張を整理している。これを前提として、原判決は、中企法38条の2第2項は、中企法に基づいて設立された協同組合の理事について第三者に対する特別の法定責任を認めた規定であって、一般の不法行為の規定の特別法ではないから、理事がその職務を行うにつき故意又は過失により直接第三者に損害を与えた場合には、一般不法行為の規定によって、その損害を賠償する義務を負うことを妨げるものではないと判示している。

すなわち、中企法38条の2第2項の法定責任と一般の不法行為責任との請求権競合を認めたうえで、中企法38条の2第2項による損害賠償請求権に基づき逸失営業利益損害3104万2607円と遅延損害金の支払いを認容し、かつY2に対する不法行為に基づく請求の認容額としても、「これを上回らない」額を認容している。

(2)　過失相殺の主張に対する判断をすべきこと

しかし、Y2は、控訴審被控訴人（1審被告）準備書面(4)で「一審原告Xは、いわば、本件建物部分は30年に達した経年劣化によって不測の事故が起こりうる状態にあると知りつつ、あえて、賃貸借の契約期間満了後

も本件建物部分に居すわり続けたことによって、本件浸水事故に遇ったというべきであるから、一審原告Xにおいても、本件浸水事故について、斟酌されるべき過失があったというべきである」（同書面11、12頁）と主張していた。すなわち、一般の不法行為責任に基づくと共に、中企法38条の2第2項による損害賠償請求権に基づく仮定主張としての過失責任に対する、過失相殺を主張していたのである。それゆえ、Y2に対する不法行為に基づく請求の認容額について、過失相殺の判断をすると共に、中企法38条の2第2項による損害賠償請求権に基づく逸失営業利益損害としても損害の公平分担の見地から過失相殺の判断がなされるべきである。

(3) 本件における過失相殺の判断

これを本件についてみるに、本件事故直前のビル診断報告書（乙2）においては、給水配管は亜鉛メッキ鋼管を使用しており全体的に錆による腐食が進行しており、給水設備は改装に合わせ全体的に更新する必要があると判断され（4頁）、また雑排水管は枝管において油脂分等の汚れによる管内閉塞が進行し、縦管は錆による腐食が進行していると推測され継続使用した場合漏水の懸念があり、排水配管は改装に合わせ全体的に更新する必要があるとも判断されていた（5頁）。Y2も、上記のとおり本件賃貸借契約の期間を1年としたことについては、「その年度までに、再々水漏れだとか水が浸水したとかいう事故が起こりましたし、私自身そういう老朽もしていますけれども、お貸しする自信もなくなりましたから、それで一応契約は解除しようと思って受け取らなかったんです」として、期間1年の契約とし、その後、更新しなかったことを明らかにしていた（同本人調書2、3頁）。

そして、本件排水ポンプの故障を措くとしても、本件ビルの電気設備自体も、「一般的な寿命である使用年数30年を経過して」いるものとして（乙2―調査結果のまとめ2頁）、「異常は認められないものの、今後思わぬ事故等の発生が懸念され」るという状態であることが指摘されたのであった。Xは、1997（平成7）年3月4日までの契約期間満了後も（甲1―4条）、本件建物の老朽化等を原因とする（Y2本人調書2、3頁）平

成7年10月11日付通知書（乙12）によるY1の本件賃貸借契約の解約及び本件建物部分明渡しの申入れに応じなかった（Y2本人調書3頁）。

　それゆえ、Xは、いわば、本件建物部分は30年に達した経年劣化によって不測の事故が起こりうる状態にあると知りつつ、あえて、賃貸借の契約期間満了後も本件建物部分に居すわり続けたことによって、本件浸水事故に遇ったというべきであるから、この点は、本件浸水事故について過失相殺として斟酌されるXの過失によるものと解すべきである。

4　保険金支払による損害賠償請求権の移転（保険者代位）

(1)　原判決の判断

　<u>原判決は、本件損害保険契約は、本件店舗部分の設備什器の損害についてのものであるから、当該損害相当額の保険金3109万6946円が支払われた結果、その限度で損害賠償請求権が損害保険株式会社に移転したとした。</u>

(2)　営業利益の損害賠償請求権の移転もあったこと

　しかし、本件では、101万9700円が取片付費用保険金として、500万円が臨時費用保険金として別途支払われている。これらは、物損に対する支払ではなく、実質的には営業損害に対する支払である。

　また、<u>保険金は営業損害か設備什器の損害か区分されることなく、全額代位の対象になるというべきである</u>。最高裁昭和50年1月31日判決（民集29巻1号68頁）は、「保険金を支払った保険者は、商法662条所定の保険者の代位の制度により、その支払った保険金の限度で第三者に対する損害賠償請求権を取得する結果、被保険者たる所有者は保険者から支払いを受けた保険金の限度で第三者に対する損害賠償請求権を失い、その第三者に対して請求することのできる賠償額が支払われた保険金の額だけ減少する」ことを判示しているが、この判旨は、失われる損害賠償請求権の発生根拠となる内訳（設備什器、営業利益、取片付費用等）ごとに保険金を分けて減少額を計算することまでを要求するものではないし、商法662条1項も、「損害」、「支払ヒタル金額ノ限度」と規定するだけで、その文言上、損害の内訳ごとに保険金を分けて減少額を計算する旨の規定でもない

からである。「保険者代位は政策的見地から法律が特に認めた効果であって、法定の要件の具備とともに、当事者の意思表示をまたずして当然に発生し、また権利の移転を債務者その他の第三者に対抗するためにも格別の要件を必要としない」とする解説からも（最高裁判所判例解説民事篇昭和50年度30頁）、このような解釈を導くことができる。実際に、所得補償保険は、その約款規定からみて損害保険の一種であり、商法662条1項の保険者代位の適用があるとされることも（最高裁平成元年1月19日判決・判例時報1302号149頁）、上記解釈を裏付けるものである。

したがって、合計601万9700円の保険金は、設備什器の損害を超えて営業損害を填補する趣旨で支払われたものであって、同金額についても損害賠償請求権が損害保険株式会社に移転し、Xは損害賠償請求権を喪失したというべきである。

原判決は、結果として3204万2607円の逸失営業利益損害を認定しているが、上記保険金による営業損害に対する填補を考慮すれば、逸失営業利益損害は、2602万2907円となり、判決に重大な影響を与える過誤があるというべきである。

(3) 以上より、原判決の保険による代位の判断には、看過できない重大な誤りがあるので、上告審において、破棄されなければならない。

第5　まとめ

以上の次第であるから、原判決には、借地借家法28条「正当の事由」の解釈、中小企業等協同組合法38条の2第2項による損害賠償請求権にかかるY2の重過失の解釈、及び民法416条1項の「損害」の解釈につき、最高裁判所の従来の判例と異なる判断があるなど、法令の解釈に関する重要な事項を含んでいるから、本件申立ては上告審として受理されたうえで、原判決が上告審で破棄されなければならない。

注）本資料中のアンダーライン部分は、本稿14頁に関係する営業用建物賃貸借の終了事由にかかる主張であって、実際の上告受理申立理由書には引かれていないものである。

第3章
個人情報保護法旧法案の修正提案と弁護士

第1　はじめに──個人情報保護法の制定過程

　1　個人情報の保護に関する法律（以下、「個人情報保護法」または「本法」）は、2015年改正（平成15年法律第57号）に至るまで高度情報通信社会の進展に伴い個人情報の利用が著しく拡大していることに鑑み、個人情報の適正な取扱いに関する基本理念等を定めるとともに、個人情報取扱事業者の遵守すべき法的義務を定めることにより、個人情報の有用性に配慮しつつ、個人の権利利益を保護することを目的としたものである（1条）。①総則（基本理念を含む）、②国及び地方公共団体の責務等、③個人情報の保護に関する基本方針等、④個人情報取扱事業者の義務等、⑤雑則、⑥罰則の六つの章より構成されてきた（以下、本稿執筆時における法制定時の条文の他に、2015年改正による変更後の条文を［改正法〇条］として付記する）。

　基本理念として、個人情報が個人の人格尊重の理念の下に慎重に取り扱われるべきものであるということに鑑み、個人情報は、その適正な取扱いが図られなければならないと定めているが（3条）、これを実現するため、「個人情報取扱事業者」を定義した上で、この者に対し、情報収集の際の利用目的制限、情報の開示義務および訂正の請求があった場合の応諾義務等の具体的な義務を課している（15条〜30条［改正法15〜35条］）。他

方で、報道機関等につき、一定の目的で情報を取り扱う限りにおいて、上記義務の適用除外とする場合があることも定めている（50条［改正法76条］）。

　上記義務の履行の確保については、各業界で個人情報保護指針を策定し、また認定個人情報保護団体が各業者の個人情報の取扱いに関する苦情の処理を行うことを定めるとともに（31条、42条［改正法35条、52条］）、当該義務に従わない場合は、当該個人情報取扱事業者を所管する主務大臣が改善または中止の命令をはじめ、改善のための措置をとることができ（34条［改正法42条］）、改善または中止の命令に従わない場合は、6ヶ月以下の懲役または30万円以下の罰金を科す旨定めている（56条［改正法84条］）。

　さらに、個人情報の保護に関する施策の総合的かつ一体的な措置を図るために、基本方針が定められ（2004年4月2日閣議決定）、これに基づいて、経産省ガイドラインや厚労省ガイドライン等が、所轄の企業における詳細な運用マニュアルを定めている。

　2　そもそも、政府は、「高度情報通信社会推進に向けた基本方針」（1998年11月9日高度情報通信社会推進本部決定）において、電子商取引等推進のための環境整備の一環として、個人情報の保護について、民間による自主的取組を促進するとともに、法律による規制も視野に入れた検討を行っていくこととした。1999年4月には、この基本方針のアクション・プランが決定され、これに基づき、政府は、高度情報通信社会推進本部（情報通信技術（IT）戦略本部）のもとに個人情報保護検討部会（1999年7月14日高度情報通信社会推進本部長決定、座長：堀部政男中央大学教授。以下、「個人情報保護検討部会」または「検討部会」）を開催した。また、同年8月13日に145回通常国会で住民基本台帳法改正法案が可決されたが、その際、附則1条2項で「この法律の施行にあたっては、政府は、個人情報の保護に万全を期するため、速やかに所要の措置を講ずるものとする」ことが規定され、民間部門を含む個人情報保護の制度化が要請され、同部会での検討に委ねられた。同部会においては、「我が国におけ

る個人情報保護システムの在り方について（中間報告）」（1999年11月19日。以下、「中間報告」）が取りまとめられた。この中で、日本の個人情報保護システムの中核となる基本原則等を確立するため、全分野を包括する基本法を制定することが必要であり、法制的な観点からの専門的な検討のための体制を整備すべき旨が指摘された。

この中間報告を受けて、政府は、基本的な法制について具体的な検討を進める旨を決定し、高度情報通信社会推進本部のもとに、別途、個人情報保護法制化専門委員会を開催し、（2000年1月27日高度情報通信社会推進本部長決定。以下、「専門委員会」）、2001年10月には、「個人情報保護基本法制に関する大綱」（以下、「大綱」）を決定した（大綱「はじめに」）。

筆者も、IT戦略本部個人情報保護検討部会の委員として立法に関与したが、既に、「個人情報保護基本法大綱の立法過程」において、「民間部門をも含む個人情報保護の制度化について、主として検討部会の中間報告と専門委員会の大綱、及びこれに対する弁護士会などの民間団体の意見を対照させ、諸外国の立法例を参考にしつつも、これとは異なる日本独自の大綱の策定過程を検証し、あるべき個人情報保護法制を検討した[1]。すなわち、個人情報保護検討部会の中間報告では、「オムニバス方式の立法例はヨーロッパ諸国に多く、セクトラル方式はアメリカに見られる」と解説しつつも（中間報告2頁）、「我が国の個人情報保護システムの在り方としては、まず、官民を通じた基本原則の確立を図ることとし、あわせて保護の必要性が高い分野については個別法の整備を図るとともに、民間における業界や事業者等の自主規制等の自主的な取組みを促進し、これらを全体として組み合わせて最適なシステムとして構築する」旨の基本的考え方が明らかにされ、「我が国の個人情報保護システムの中核となる基本原則を確立するため、全分野を包括する基本法」の制定が提言された。

専門委員会の中間整理とこれに対するパブリック・コメントやヒアリングを経て、大綱は五つの基本原則を「個人情報を取り扱う者」の自主的な努力義務とした。同時に、個人情報データベース等を取り扱う「個人情報

---

[1] 田島裕教授記念『現代先端法学の展開』（2001年、信山社）211頁。

取扱事業者」（仮称）には、個別法を一部先取りし、基本原則をより厳格に規定した法的義務を課すこととした。

　個人情報保護法大綱は、アメリカとヨーロッパ諸国の個人情報保護制度を参考としつつも、高度情報通信社会において、「個人情報の有用性に配慮しつつ」、「個人の権利利益を保護すること」を目的とし、個人情報を「個人の人格尊重の理念の下に慎重に取り扱われるべきもの」として日本独自の法構造による制度化がなされたのである。

　個人情報保護制度の比較法的研究をふまえて、現代的課題に応えたものとして、個人情報保護法の法制化と運用が注目されるところであった。

　3　この大綱を受けて、2001年3月「個人情報の保護に関する法律案」（以下、「旧法案」）が国会に提案されたが、基本原則（旧法案3条ないし8条。具体的には、①利用目的による制限、②適正な方法による取得、③内容の正確性の確保、④安全保護措置の実施、⑤透明性の確保（当該個人情報が適切に関与しうる状態の確保）の5原則）が、表現の自由、報道・取材の自由を侵害するなどという強い批判を受けた。

　このため、旧法案は一旦2002年12月に廃案となり、新たに基本理念（3条）を明記し、適用除外（50条［改正法76条］）を拡大した新しい法案（本法）が2003年3月に国会に提出され、両議院で可決され、2003年5月個人情報の保護に関する基本法制が制度化された。同年12月には、「個人情報の保護に関する法律施行令」（政令507号。以下、「施行令」）も定められた。

　個人情報保護法は民間部門の「個人情報データベース等」（本法2条2項）を保護の対象とし、民間の個人と法人に広く適用されることから、数多くの解説書、手引書等が公刊された[2]。もっとも、旧法案が廃案になった

---

[2]　園部逸夫編『個人情報保護法の解説』（2003年、ぎょうせい）67頁に「旧法案に規定されていた『基本原則』について」の解説がある他、藤原静雄『逐条個人情報保護法』（2003年、弘文堂）36頁以下で基本原則の削除の経過と、基本原則の解説がなされている。三宅弘『Q＆A個人情報保護法解説』（2003年、三省堂）24頁でも旧法案の廃案の経過について論及した。しかし、その他の解説書では、旧法案の廃案がもたらす法的意味についてはほとんど論じられていない。

経過については、解説書では、ほとんど記載がない。

しかし、筆者は、廃案になる経過にも、本法の解釈運用に影響を及ぼす立法事実があると考える。本稿では、旧法案廃案から本法提案までの修正の経緯を明らかにすることをふまえて、本法の解釈運用のあり方を論じ、さらに適用されるべき民間部門の代表例として、弁護士における個人情報保護のあり方について論及する。

第2 旧法案の修正提案の発表の経緯と個人情報保護法の制定

1　IT戦略本部の個人情報保護検討部会は、上記第1、2記載のとおり、「我が国の個人情報保護システムの中核となる基本原則等を確立するため、全分野を包括する基本法」の制度化を提言した。当時の通商産業省、自治省が中心となって検討部会の事務局が運営された。基本法の制度化の提言について、当初、検討部会の委員からの起草委員会を設置することも検討されていたが、事務局の中核を総務庁（当時）が担い、検討部会とは別に個人情報保護法制化専門委員会を設置することとなり、検討会の堀部政男座長は、オブザーバーとして常時出席するという、異例の委員会になった。筆者も、この時点では、「全分野を包括する基本法」を提言した検討部会での議論をふまえて、「個人情報保護法制化の経緯と課題――緩やかな民間規制か」[3]や「個人情報保護基本法制と消費者運動の指針」[4]を発表し、主としてOECD8原則を日本型に置き換えたうえでの努力義務規定からなる、緩やかな民間規制が望ましいと考えていた。

しかし、総務省主導の事務局による専門委員会では、「全分野を包括する緩やかな努力義務からなる基本法」にとどまらず、あわせて、「特定の個人情報取扱事業者に罰則付きの高度の法的義務を課する一般法」を構想した。すなわち、大綱2の基本原則の中で使われている「個人情報を取り扱う者」と大綱3の「個人情報取扱事業者」は別個の概念とされ、この

---

[3] 法律時報72巻10号（2002年9月号9頁）。

[4] 法律のひろば2001年2月号27頁。

「個人情報取扱事業者」は、民間事業者を主として対象とし、法的義務が課せられる主体となった。この限りで、中間報告では個別法の適用を予定されていた分野について、個別法を先取りし、一般法としての法的拘束力をもたらすことが予定されたのである。

　2　専門委員会においては、立案過程で、2000年3月9日に日本新聞協会、日本雑誌協会、日本放送協会及び日本民間放送連盟からの、さらに同年7月14日に日本民間放送連盟、日本放送協会及び日本新聞協会、また同年7月21日に日本雑誌協会からのヒアリングがなされてはいるが、「大綱7、その他(1)適用除外について、ア報道分野等との調整について」においては、「適用除外に関する具体的な規定方法については、政府の立案過程において可能な限り範囲を明確に確定する観点からの立法技術上の検討を行う必要がある」と記載するにとどまり、大綱から法制化されたときに予想される条文形式の規定案については、具体的な提言がなされていない。結局のところ、マスメディア諸団体からのヒアリングは、法制化にさしたる影響を与えることはなかった。

　報道機関に対して、個人情報取扱事業者として課せられる法的義務の適用除外について具体的な規定案が提言されなかったことと連動するが、「大綱2、基本原則」からの報道機関の適用除外についても具体的な提言はなされなかった。大綱作成の最終段階で、基本原則に関する説明の末尾において、「なお、個人情報の保護にあたって個人情報の有用性に配慮することとしている本基本法制の目的の趣旨に照らし、個々の基本原則は、公益上必要な活動や正当な事業活動等を制限するものではない。基本原則実現のための具体的な方法は、取扱者の自主的な取組みによるべきものである。この趣旨は、報道分野における取材活動に伴う個人情報の取扱等に関しても同様である」と注記されたが、大綱に基づく旧法案の立案において条文上影響を与える方向で配慮されることはなかった。

　この点を詳論するに、旧法案の提案にあたり、当初は、「個人情報は、個人が社会的又は経済的な活動主体として存在する以上、その有用性の観点から、他の活動主体にとっても一定の範囲で取扱いが認められるべきで

ある」（大綱2頁）という、「個人情報の有用性」（本法1条）にも配慮して、旧法案の3条ないし8条において、「諸外国、国際機関等における法制度、検討の成果等を参考にしつつ、取扱者が個人情報の保護のために自主的な取組みを行うに当たっての基本となる原則として、また、政府等が講ずる個人情報の保護に関する総合的な制度施策を展開するにあたっての指針として、個人情報の取扱いについての基本原則を明確に規定すること」（大綱2頁）とされた。基本原則は、「個人情報の適正な取扱いに努めなければならない」という、努力義務とされた。しかし、本法の制定前においても、人格権の一つとしてプライバシーの権利が憲法上の権利としても判例上肯定されている（たとえば、最大判昭和44年12月24日刑集23巻12号1625頁—京都府学連事件）。また、「人格権としての名誉権に基づき……侵害行為の差止めを求めることができる」（最大判昭和61年6月11日民集40巻4号872頁—北方ジャーナル事件）、さらに、「氏名は……人格権の一内容を構成する」（テレビ放送において韓国人の氏名を日本語読みすることの可否が争われた最判昭和63年2月16日民集42巻2号27頁）として個別的な人格権概念が認められていた。したがって、個人情報保護法の制定後は、人格権侵害に基づく差止請求や損害賠償請求の具体的な理由として、個人情報の取扱いにあたっての基本原則違反が主張されていくことが予想された。このため、大綱は、特に、上記のとおり、「なお、個人情報の保護に当たって個人情報の有用性に配慮することとしている本基本法制の目的の趣旨に照らし、個々の基本原則は、公益上必要な活動や正当な事業活動等を制限するものではない。」と指摘したのである。

　しかし、旧法案の国会提案にあたり、上記の指摘を条文としては明文化しなかったために、何人にも個人情報保護の基本原則を課することは、表現の自由、報道・取材の自由を妨げることになるとして、同法案に対する強い批判が高まった。また、「透明性の確保」の原則は、メディアに対する個人情報の本人開示請求を認めるものであるなどとも解釈されることとなった。

　立法者は、「個人情報の有用性に配慮」することとし（1条）、基本原則は努力義務であるということで、表現の自由、報道・取材の自由を妨げる

ことはないと考えていたようである[5]。しかし、上記のとおり、人格権侵害に基づく差止請求や損害賠償請求の具体的な理由として基本原則違反が主張されることにより、従前の、知る権利、表現の自由の保障と、人格権としての知られたくない権利の保障との、訴訟法上の微妙なバランスを壊すことが懸念された。

　個人情報保護法の制定にあたっては、民主政治の存立基盤にもかかわる知る権利は、知られたくない権利よりも少し重いという観点が必要であると解される。また、人は知ることによって豊かになるのであり、それがいきすぎる場合に、知られたくない権利も尊重されるという関係にある。いわゆる法廷メモ事件で、最高裁判所は、「各人が自由にさまざまな意見、知識、情報に接し、これを摂取する機会をもつことは、その者が個人として自己の思想及び人格を形成、発展させ、社会生活の中にこれを反映させていく上において欠くことのできないものであり、民主主義社会における思想及び情報の自由な伝達、交流の確保という基本的原理を真に実効あるものたらしめるためにも必要であ」るとして、「このような情報等に接し、これを摂取する自由」（知る権利）は、憲法21条１項の表現の自由の保障の規定の趣旨、目的から「派生原理として当然に導かれる」と判示しているが（最大判平成元年３月８日民集43巻２号89頁）、個人情報保護法の旧法案が何人にも個人情報保護のための基本原則を課することは、知る権利を過度に制約するおそれがあるとして、表現の自由とプライバシー保護の調整が、より慎重になされるべきであった。しかし、個人情報保護法制化専門委員会の審議では、この点の検討が十分ではなかったと言わざるをえない。

5　高橋和之「メディアの『特権』は"フリー"ではない――個人情報保護法の正確な理解に向けて」ジュリスト1230号52頁。この論文は、過剰取材・過剰報道によるプライバシー侵害が論議された、個人情報保護法の立法当時の状況を反映していると思われる。これに対し、田島泰彦編『個人情報保護法と人権――プライバシーと表現の自由をどう守るか』（2002年、明石書店）の田島論文「第１部　総論　個人情報保護法とは何か」が、一貫して、「取材・報道との調整は、表現の自由をふまえて、より限定的な『プライバシー』の法理で行うべき」と主張している。

旧法案の基本原則（旧法案3条ないし8条。①利用目的による制限、②適正な方法による取得、③内容の正確性の確保、④安全保護措置の実施、⑤透明性の確保）が、表現の自由、報道・取材の自由を侵害するなどという強い批判が生じるのは、表現の自由とプライバシー保護の調整が十分でないこと、及び大綱の解説によれば「個々の基本原則は、公益上必要な活動や正当な事業活動等を制限するものではない。……この趣旨は、報道分野における取材活動に伴う個人情報の取扱い等に関しても同様である」との理解が、旧法案の基本原則の条文上配慮されなかったことに根本的な問題があったからである。

3　このような問題状況にあって、IT戦略本部個人情報保護検討部会の委員においては、2002年2月に、旧法案の修正を提案する動きがあった。加藤真代委員（主婦連合会副会長）と原早苗委員（消費科学連合会事務局次長）が連名で、また筆者が単独で、それぞれ修正案を、旧法案の審議が予定されている衆参両議院の担当委員会委員宛に提出した。加藤・原案と三宅案の違いは、弁護士活動の自由を認め、弁護士活動を報道、学術研究、政治活動及び宗教活動と同様に個人情報取扱事業者の法的義務の適用の除外とするか否かという点にあったので、ここでは、弁護士活動を法的義務の適用除外とすることも提案した三宅案を中心に論ずることとする。

⑴　まず、修正提案の「意見の趣旨」の第1で、旧法案が対決法案として強行可決されないための一試案として、高度情報通信社会推進本部個人情報保護検討部会の元委員の立場から、次のとおりの旧法案の修正を提案した。

①　法案3条2項を加えること（A案）。さらに、3条1項ただし書を加えること（B案）を検討すること。

第三条　個人情報が個人の人格尊重の理念の下に慎重に取り扱われるべきものであることにかんがみ、個人情報を取り扱う者は、次条から第八条までに規定する基本原則にのっとり、個人情報の適正な取扱いに努めなければならない。<u>ただし、第五十五条第一項第一号に規定する報道機関または報道に従事する者については、第四条及び第五条は適用しない。（B案）</u>

2　前項の個人情報の取扱いについては、表現の自由、学問の自由、信教の自由、政治活動の自由、弁護士活動の自由その他の基本的人権を妨げることがないよう、公益上又は正当な事業活動上の必要性にも配慮するものとする。（A案）
　②　法案39条3項に、「国民生活審議会の意見を聴いて」の要件を付加すること。
第三十九条3　主務大臣は、前二項の規定にかかわらず、個人情報取扱事業者が第二十一条、第二十二条、第二十五条から第二十七条まで又は第二十八条第一項の規定に違反した場合において個人の重大な権利利益を害する事実があるため緊急に措置をとる必要があると認めるときは、国民生活審議会の意見を聴いて、当該個人情報取扱事業者に対し、当該違反行為の中止その他違反を是正するために必要な措置をとるべきことを命ずることができる。
　③　法案40条に、「弁護士活動の自由その他の基本的人権」を加えること。
第四十条　主務大臣は、前三条の規定により個人情報取扱事業者に対し報告の徴収、助言、勧告又は命令を行う場合においては、表現の自由、学問の自由、信教の自由、政治活動の自由、弁護士活動の自由その他の基本的人権を妨げることがないよう配慮しなければならない。
　④　法案41条1項に、「国民生活審議会の意見を聴いて」の要件を付加すること。
第四十一条　この節の規定における主務大臣は、次のとおりとする。ただし、内閣総理大臣は、この節の規定の円滑な実施のため必要があると認める場合は、個人情報取扱事業者が行う個人情報の取扱いのうち特定のものについて、国民生活審議会の意見を聴いて、特定の大臣又は国家公安委員会（以下「大臣等」という。）を主務大臣に指定することができる。
一　個人情報取扱事業者が行う個人情報の取扱いのうち雇用管理に関するものについては、厚生労働大臣（船員の雇用管理に関するものについては、国土交通大臣）及び当該個人情報取扱事業者が行う事業を所管する大臣等
二　個人情報取扱事業者が行う個人情報の取扱いのうち前号に掲げるもの

以外のものについては、当該個人情報取扱事業者が行う事業を所管する大臣等

⑤　法案55条1項1号に「出版社」、「又は報道に従事する者」を加え、報道の用に供する目的について「報道（これに付随する意見表明又は芸術的若しくは文学的表現を含む。）」とすること。さらに同条1項5号として「弁護士又は弁護士の団体　弁護士法に定める活動の用に供する目的」を加えること。

　第五十五条　個人情報取扱事業者のうち次の各号に掲げる者については、前章の規定は適用しない。ただし、次の各号に掲げる者が、専ら当該各号に掲げる目的以外の目的で個人情報を取り扱う場合は、この限りでない。
一　放送機関、新聞社、通信社、<u>出版社</u>その他の報道機関<u>又は報道に従事する者</u>　報道<u>（これに附随する意見表明又は芸術的若しくは文学的表現を含む。）</u>の用に供する目的
二　大学その他の学術研究を目的とする機関若しくは団体又はそれらに属する者　学術研究の用に供する目的
三　宗教団体　宗教活動（これに付随する活動を含む。）の用に供する目的
四　政治団体　政治活動（これに付随する活動を含む。）の用に供する目的
<u>五　弁護士又は弁護士の団体　弁護士法に定める活動の用に供する目的</u>

⑥　法案附則9条として、施行後4年を目途とする見直し規定を設けること。

　第九条　政府は、この法律の施行後四年を目途として、この法律の施行の状況について検討を加え、その結果に基づいて必要な措置を講ずるものとする。

⑵　高度情報通信社会における個人情報の過度の流通、漏えいの危険は増大しており、個人情報保護法の早期制定は、個人の権利利益の保護のために必要不可欠であるが、旧法案の前提となった「個人情報保護基本法制に関する大綱」が部分的に詳細でないこともあり、法案の国会提案に至るまで、必ずしも国民各層からの意見が反映されていないとして、諸々の法案反対意見がある。このため、なぜ、旧法案の修正を求めるのかについて

は、「意見の趣旨」の第2においては、修正提案が、反対意見の主なものを検討し、最小限の法案修正を提案し、充実した国会審議がなされることを求めるものであることを明らかにした。

① 法案3条（上記第1の1）と法案55条1項（上記第1の5）の修正により、個人情報の保護と表現の自由、報道の自由との調整をはかる。
② 法案39条3項と41条1項に「国民生活審議会の意見を聴いて」の要件を加えることにより、主務大臣の権限について、その監督権限を国民生活審議会に付与し、もって強大すぎると批判される主務大臣の権限を抑制し、できる限り、独立した監督機関としての役割を求める。
③ 法案55条1項5号において、弁護士又は団体について、宗教団体や政治団体と同レベルで、個人情報取扱事業者の義務の適用除外とし（上記第1の5）、もってその依頼者である国民一般の秘密を守る立場とそのための弁護士自治の制度的保障を明確にする。
④ 上記①と③に関連して、法案40条の配慮義務を修正し、法案40条が個人の権利利益の保護と個人情報の有用性全般への配慮との調整をはかる確認規定であることを、より一層明確にする。
⑤ この修正提案は最小限のものであるが、この法案によって、広く国民一般が、個人情報を取り扱う者として基本原則等の適用対象となること等にかんがみ、法律施行後4年の見直し規定を置くことで、この法案が国民に対する過度の規制にならないような措置を求める。

以上の修正提案を参考に、国会において十分な審議がなされ、くれぐれも法案が対決法案として強行可決されないことを求めるものであった。

(3) さらに、「意見の趣旨」で述べた修正提案について、「意見の理由」として、第1に個人情報保護法案の国会提案に至る経緯を述べた。すなわち、1999年8月の住民基本台帳法の改正、1999年7月に政府の「高度情

報通信社会推進本部」の下に「個人情報保護検討部会」が設置されたこと、さらに、検討部会の中間報告を受けて開示等請求権の在り方等基本法の確立に向けた具体的内容の法制的検討等については大部分が「個人情報保護法制化専門委員会」に委ねられたこと、専門委員会が2000年10月「個人情報保護基本法制に関する大綱」（大綱）を公表したこと、この大綱に基づき旧法案が国会に提案されたこと、などである。

　しかし、旧法案について、以下のような問題点を指摘した。すなわち、①この基本原則は、「個人情報を取り扱う者」として何人にも課せられたものであるから、市民に及ぼす影響は大きいものであって、原則が高度情報通信社会においてプライバシーの保護のために果たして機能しうるものかどうか、逆に個人の知る権利やこれに奉仕する報道機関の報道・取材の自由を妨げないかどうかなどの点について、慎重に検討する必要がある。

　②　また、個人情報データベース等の情報を保有する限りにおいて、民間企業のうち、特に、報道機関、学術研究機関、宗教法人、政治団体さらには、弁護士会、法律事務所も規制の対象となる個人情報保護義務と保護措置は、プライバシーの保護と同時に、市民の知る権利、社会経済上の正当な利益との調整の見地からも検討を要する。

　③　しかし、旧法案は、公的部門に関する個人情報保護施策について、その個別具体的な法制度のためには検討を加えず、1988年に制定された「行政機関の保有する電子計算機処理にかかる個人情報の保護に関する法律」（以下、「旧行政機関法」）の改正を明記するに止まっている。地方自治体でも、全国で1748団体で個人情報保護条例が制定されている（2000年4月現在）が、その運用実例も参考として、現行法を早急に、抜本的に、改正することが求められている。

　④　加えて個人情報保護法案は、個別法の個人情報保護整備についてもふれているが、その具体的措置については述べられていない。個人信用情報分野においては、個人の収入、資産、負債等の経済能力に関する個人情報については、個人情報の中でもとりわけプライバシーとして保護する必要性が高いと考えられ、他方、消費者信用産業においては、与信業者が過剰融資を行わないようにするため、個人信用情報を一定の機関に集中管理さ

れている。しかし、これらの情報管理は、現在、個人信用情報機関の自主的運営に委ねられており、個人信用情報の大量漏洩事件や誤情報による信用取引の利用障害などの問題、さらには、近時発足した個人信用情報機関であるテラネットが貸し倒れ事故情報のみならず取引残高情報の積極的交流を営業化していることの是非をめぐる問題（以下、「テラネット問題」）が、表面化している。しかし、個人情報保護法案の国会での審議を見守るという理由で、政府における個人信用情報保護の法制化は進んでいない。

⑤　医療情報分野においては、医療情報は、患者の診療情報の開示問題（1999年3月発表の厚生省の「カルテ等の診療情報の活用に関する検討会」報告書に対する日弁連意見書を参照）、遺伝子研究等のため大量の検査情報が集積されることになっていることや、2000年4月1日からの介護保険等の利用による医療、行政、福祉業者のそれぞれが情報保有、利用したりすることに対して、それぞれの個人情報保護や自治体における個人情報保護条例との整合性が検討課題となっている。

以上のとおりであり、高度情報化社会の急速な進展に即応し、公的部門と民間部門とを対象とする個人情報保護基本法制及び個別法並びにガイドライン等を含めた法制化が喫緊の課題となっている。

⑷　次いで、「意見の理由」第2では、対決法案として強行可決されないための修正提案であることの具体的な説明がなされた。

すなわち、修正にあたり、他の条項の修正を提言する立場も考えられるが、本修正提案は、上記喫緊の課題であることを前提として、旧法案3条、39条、40条、41条、55条という、法案の運用では実現できないと考えられる点に限り、必要最小限の条文修正を提案するものであり、あわせて、これを含む、法律全般の運用をふまえて、情報公開法附則3項と同様の規定により、附則9条として法施行4年後の見直しを提案するものであることが述べられた。

①　旧法案3条の修正提案は、基本原則（旧法案3条ないし8条）が適用されると国民の知る権利に奉仕する報道機関及び報道に従事する者の報道の自由とこれに伴う取材の自由が萎縮されるという、報道機関及びフ

リージャーナリスト等の批判を考慮したものである。このうち、A案は、上記大綱の策定の最終段階において、解説部分に明記された趣旨、すなわち「なお、個人情報の保護に当たって個人情報の有用性に配慮することとしている本基本法制の目的の趣旨に照らし、個々の基本原則は、公益上必要な活動や正当な事業活動等を制限するものではない。基本原則実現のための具体的な方法は、取扱者の自主的な取組によるべきものである。この趣旨は、報道分野における取材活動に伴う個人情報の取扱い等に関しても同様である」と明記された趣旨を旧法案40条、55条と関係付けて法文化するものである。大綱策定時に、法制化専門委員会では、この解説部分は、大綱中の枠で囲った提言部分と同等の意味を有すると解説されていたのであるから[6]、これを法文化することには何らの妨げはないと解せられる。

報道機関及び報道に従事する者にとっては、A案を法文化して、個人情報の保護と表現の自由、報道の自由、取材の自由を利益衡量することにより、取材活動及び報道に対する規制や妨害を排斥することができ、人格権や、プライバシー権等の侵害を理由とする損害賠償請求に対しても正当業務行為であることを根拠付けることができるものと考えられる。しかし、それでも、なお不安があるとすれば、A案にかえて、又はA案と共にB案も考えられる。B案は、報道機関と報道に従事する者は、旧法案第55条第1号に規定するものとして、報道に附随する意見表明又は芸術的若しくは文学的表現を含む、広義の報道の自由とこのための取材の自由の保障のために、「利用目的による制限」（旧法案4条）と「適正な取得」（旧法案5条）の基本原則の適用を除外するものである。但し、取材し報道される個人情報は、正確かつ最新の内容に保たれるべきことや漏えい、滅失又はき損の防止その他の安全管理のために必要かつ適切な措置が講じられるべ

---

[6] 2000（平成12）年10月10日の第12回個人情報保護検討部会で小川登美夫内閣審議官は、「『基本原則』の解説の中でこういったこと（個人情報の有用性と保護とのバランス）を改めてネーミングを入れた文章をもう少し足し算するのかなということで最終の文言調整をやっているところでございます。いずれにしても条文化の段階で『基本原則』の性質論を含めて検討を要するところであろうかと思っております」と述べていた（同部会議事録）。

きことや、報道機関や報道に従事する者の公共性に基づく限りでの説明責任に基づく透明性の確保がはかられるべきことから、旧法案6条ないし8条の努力義務は除外しないこととし、取材された後の個人情報の保護と報道の自由・取材の自由との調整をはかるものである。

② 次に、旧法案39条3項と41条1項による主務大臣の権限の監督権限を国民生活審議会に付与することの提案についてである。

個人情報の国家的統制を排し、これを保護のためには、前記法制化専門委員会委員においても、「アメリカのFTC（連邦取引委員会）のような強大な委員会、英・独・仏のそれぞれの独立した監督機関が個人情報保護制度を運用していることに鑑みるならば、我が国においても、各省庁の大臣に委ねるのではなく、独立した監督機関を設立することが考えられてよい」と述べられている[7]。

しかし、個人情報保護法案では、行政改革の観点から新しい組織を設けることはできないとされ、その結果、主務大臣が個人情報取扱事業者の、同法案違反の行為の中止その他違反を是正するために必要な措置をとるべきことを命ずることができ（旧法案39条3項）、内閣総理大臣は、個人情報取扱事業者が行う個人情報の取扱のうち特定のものについて主務大臣を指定することができるものとし、従前は所管の大臣が定まっていない事業者（たとえば、作家・文筆業者、新聞社・通信社・出版社、予備学校・学習塾、弁護士・弁護士会など）を含む民間部門すべてについて、主務大臣による統制を可能としている。

法案の基となった前記大綱においては、「基本的には当事者間で扱われるべきものであるが、当事者間の問題を超えて社会的に解決が要請される場合には、行政による適切な対応が求められるものである」とし、「主務大臣については、各業の所管の大臣等がそれぞれの所管に応じて分担することが基本になる」としか述べられていなかったのであり、およそ、所管大臣が定まっていない事業者を含むすべてに主務大臣を定めて個人情報取

---

[7] 新見育文「個人情報保護基本法制大綱——アメリカ・EUとの対比」ジュリスト2000年12月1日号94頁。

扱いにおいて事業者を国家的統制下に置くことは読みとれなかったところである。

　法案が、アメリカやヨーロッパの法律とは異なる日本独自の形式であるうえに、パブリックコメントを経ることなく、大綱の趣旨から乖離しているとして、国民が、個人情報の取扱いについて民間事業者すべてを国家的統制下に置かれるという危惧感を持つことは、新制度の導入にあたり、やむをえないところである。そこで、個人情報の国家的管理に対する国民の危惧感を払拭するためには、主務大臣による改善中止等命令にあたり（旧法案39条3項）、又主務大臣を指定するかの判断にあたり（旧法案41条1項）、いずれも、法案12条3項と同様に、「国民生活審議会の意見を聴いて」という手続的な要件を付加することにより、事前又は緊急を要する場合には事後に、国民の監督権能を付することが当面の措置としてとられるべきものと考えられる。もちろん、本来的には、前記のとおり、アメリカやEU諸国と同様に、独立行政委員会による個人情報保護が望ましいところであるが、これは、法施行状況を検討したうえでの、旧法案附則9条による見直しの課題とされるべきである。

　③　また、個人情報取扱事業者の法的義務の適用除外（旧法案55条）の拡充とこれに伴う配慮義務（旧法案40条）の修正については、次のとおり提案された。

　適用除外規定（旧法案55条）については、出版社やフリーのジャーナリストが明示的に規定されていないという批判がある。この点は、既に、個人情報保護法制化専門委員会の「個人情報の保護に関する法律案」Q&A（http://www.kantei.go.jp/jp/it/privacy/houseika/houritsuan/qa-law.html）や北川れん子衆議院議員提出の「個人情報の保護に関する法律案」に関する質問趣意書に対する政府答弁書において、出版社やフリーのジャーナリストは、旧法案55条1項の「その他の報道機関」に含まれるとの回答がなされている。そうであるならば、その趣旨をより明確にするために、「出版社」と「報道に従事する者」を明定することは何ら妨げないと考えられる。

　また、報道機関全般からは、旧法案55条1項1号の「報道の用に供す

る目的」は、「宗教活動（これに附随する活動を含む。）の用に供する目的」や「政治活動（これに附随する活動を含む。）の用に供する目的」と比較して、除外の範囲が狭すぎるとの批判がある。この点は、前記大綱では、「報道分野における取材活動等に伴う個人情報の取扱いについては……『３．個人情報取扱事業者の義務等』の諸規定は適用しないこと」と「報道分野以外の宗教、学術、政治の分野における個人情報の取扱いの中には、信仰、学問、政治活動の自由と密接に関係するものがあり得ると考えられ、これらについては、政府の立案過程において、報道分野に準じて適切に調整する必要がある」と述べるだけで、十分な検討がなされていなかったところである。また、「個人データ処理に係る個人の保護及び当該データの自由な移動に関する EC 指令」（以下、「EU 指令」）においては、プライバシー権と表現の自由に関する準則を調和させる必要がある場合に限り、ジャーナリズム目的または芸術上、文学上の表現目的のためにのみ行われる個人データ処理について、個人データ処理の適法性に関する一般準則（第２章）、第三国への個人データの移転に関する準則（第４章）、及び監督機関等に関する規定（第６章）に関して適用除外及び例外を定めるべきであるとされていること（９条）と比較しても、「報道の用に供する目的」は適用除外の範囲が狭いと批判されている。

したがって、EU 指令９条をも参考に、少なくとも「報道」を広義の意味で理解し、「これに附随する意見表明又は芸術的若しくは文学的表現を含む」ものと定義されるべきである[8]。

上記のとおり、宗教、芸術、政治の分野における個人情報の取扱いについては、大綱では十分な議論がなされず、旧法案55条１項２号ないし４号の規定が立案された。特に、宗教、政治の分野においては、大綱策定段

---

[8] 報道にかかる事実と意見の区別については、最判平成９年９月９日民集51巻８号3804頁が、「一般の読者の普通の注意と読み方を基準として」、「証拠等をもってその存否を決することが可能な他人に関する特定の事項を主張しているもの」と解せるときは「事実の摘示」に当たるとしていることから（最判平成10年１月30日判時1631号68頁も同旨）、その区別が難しいことも予測されることを考え、特に修正提案では「意見表明」も「報道」に含まれることを明記することを求めた。

階では十分な審議がなされていなかったものの、個人情報取扱事業者の法的義務の適用除外の範囲は、極めて広範的なものとなっている。この点から、日弁連では、法案における宗教、政治の分野における広範な適用除外と比較すると、弁護士、弁護士法人、弁護士会及び日弁連についても、弁護士法に定める活動の用に供する目的のための個人情報については、当然に、事業活動上の自由の一つである弁護士活動の自由のために、法的義務の適用除外として規定されるべきであるとの意見がある。旧法案55条1項5号としての「弁護士又は弁護士の団体弁護士法に定める活動の用に供する目的」という規定が検討されるべきである。

④　以上①ないし③の修正と関連して、旧法案40条の配慮義務は、報道機関、学術研究機関、宗教団体、政治団体（さらには弁護士又は弁護士の団体）の活動にとどまらない、その他の機関に保障された基本的な人権全般に配慮するということの確認規定であることをより一層明確にするための、「その他の基本的人権」を妨げることがないようとの規定に修正されるべきである。

⑤　法律の見直し規定を以上のとおり、必要最小限の規定の見直しを提案するものであるが、とにかく、これまで全く法律上の規制のなかったところに、主務大臣の改善中止命令違反については罰則の適用もある強い法律が制定されようとしている。この点において、個人情報施策における国家的統制として強く危惧する意見のあるところである。したがって、この危惧感を払拭するためにも、「法律の施行後4年を目途として、法律の施行の状況について検討を加え、その結果に基づいて必要な措置を講ずるものとする」との附則9条が設けられるべきである。

(5)　最後に、国民的合意に基づく法律の制定を求めることを結語とした。すなわち、個人情報保護法案は、これまで法規制がなく自由勝手に取扱われてきた民間部門の個人情報の取扱いを規制するものとして、喫緊の課題であると共に、規制態様如何によっては、個人情報の国家的統制を招来しかねない側面を有している。それゆえ、試案の検討にあたっては、この二面性を十分に考慮のうえ、この修正試案が参考にされて、慎重に審議され

ることが求められた。

　くれぐれも、住民基本台帳法改正のように、国論を二分したままで、何らの修正もなく強行採決のうえ、法案成立に至るという、国民にとって最も不幸な事態が避けられるよう、強く求めることとした。

　4　修正提案の三宅案は、与党である公明党の山口那津男参議院議員を介して、漆原良夫・髙木陽介両衆議院議員に直接の説明がなされ、また、竹中平蔵IT担当大臣にも説明の機会があった。その後の国会審議の状況は、既に公刊の解説書のとおりであるが[9]、最終的に旧法案は廃案となり、本法が新たに提案されることとなった。

　本法と修正提案・三宅案を対比すると、以下のとおりである。
(1) 基本原則（旧法案3条から8条まで）を削除し、基本理念（本法3条）に変更。これは、三宅案の旧法案3条についての前記A案の趣旨を本法1条の「個人情報の有用性に配慮しつつ」の解釈に含ませることを確認するとともに、前記B案を、より一層徹底させるものである。これにより、本法は、広く「個人情報を取り扱う者」に対する「基本法」としての性格よりも、「個人情報取扱事業者」に対する「一般法」としての性格に重きを置くものとなった。
(2) 主務大臣の違反行為是正命令の措置（旧法案39条3項）は、変更されていないが（本法34条3項［改正法42条3項は個人情報保護委員会の措置］）、国民生活審議会に新たに個人情報保護部会が設置され、個人情報保護施策全般について審議することとなった。
(3) 主務大臣の権限の行使の制限（旧法案40条）は、「弁護士活動の自由その他の基本的人権」の規定を入れるという点においては変更されなかった（本法35条1項［改正法43条は個人情報保護委員会の権限］）。
(4) 主務大臣の指定（旧法案41条1項）も、変更されていないが（本法36条1項［改正法46条は事業所管大臣の指定］）、(2)と同様、国民生活審議会の個人情報保護部会で検討の機会が得られることとなった。

9　前掲・園部編『個人情報保護法の解説』28頁。

⑸個人情報取扱事業者の法的義務の適用除外（旧法案 55 条 1 項）に、「報道に従事する者」を含めるとの修正提案については、「報道機関」に「報道を業として行う個人を含む」という変更がなされた（本法 50 条 1 項［改正法 76 条 1 項］）。また、「報道」について「これに附随する意見表明又は芸術的若しくは文学的表現を含む」という修正提案については、新たに本法 50 条 2 項［改正法 76 条 2 項］の「報道」の定義のうち、「これに基づいて意見又は見解を述べることを含む」という規定が付加されることに影響を与えることとなった。

　もっとも、適用除外対象機関（旧法案 55 条 1 項及び本法 50 条 1 項［改正法 76 条 1 項］の各 1 号から 4 号）について、「弁護士又は弁護士の団体」を入れるべきとの修正提案は採用されなかった。

⑹法案の附則に施行後 4 年の見直し規定を設けることの修正提案は、与野党の法案修正の最終協議事項にもなったが、本法案について、この修正しか認めない与党に対し、野党が修正に応じなかったため、衆議院と参議院のそれぞれの「個人情報の保護に関する特別委員会」において、「全面施行後 3 年を目途として、本法の施行状況について検討を加え、その結果に基づいて必要な措置を講ずること」との附帯決議がなされた（衆議院同委員会附帯決議 6 項、参議院同委員会附帯決議 6 項）。

第 3　個人情報保護法施行後の状況と弁護士への適用

1　2005 年 4 月 1 日から本法は全面的に施行されたが、個人情報の扱いに混乱も生じている。JR 宝塚線（福知山線）の脱線事故の直後に、負傷者を収容した病院では、本法を理由に負傷者の安否確認を受け付けなかったことがあった。このような事故の場合には、安否確認の重要さと「個人情報の有用性の配慮」（本法 1 条）の趣旨を考慮すれば、本人への確認なく医療機関が負傷者の氏名を公表することは許されるものと解される。厚労省も、同年 5 月 20 日には、大災害、大事件への対応として「安否確認を提供すべきだ」とする見解を医療機関に示した。

そもそも、第2で詳論したとおり、基本原則（旧法案3条ないし8条）を規定した旧法案が一旦2002年12月に廃案となり、新たに基本理念（3条）を明記し、適用除外（50条［改正法76条1項］）を拡大した新しい本法が制定された。
　この立法過程、特に、前記修正提案が取り入れられた経緯に照らしても、民主政治の存立基盤にもかかわる知る権利は、知られたくない権利よりも少し重いのである。人は知ることによって豊かになるのであり、それが行きすぎる場合に、知られたくない権利も尊重されるという関係にある。このため、本法では、旧法案が規定した基本原則は削除され、基本理念としての適正な取扱いが図られなければならないことにとどまった。

　2　本法の弁護士への適用にあたり、特に論じられるべきことは、「弁護士会員名簿」を保有すると「個人情報取扱事業者」か、である。
⑴　日弁連が作成し各弁護士に配布している「会員名簿」を業務に利用している者は、すべて「個人情報取扱事業者」に該当し、本法15条から31条までの法的義務を課せられるのか。この問題については、古本晴英論文「弁護士会・法律事務所の個人情報保護対策」[10] が、「会員名簿」は経験年数を推測させる「登録番号」の明記があり、弁護士という属性も付随していることを理由に、「会員名簿」の利用者は、「個人情報取扱事業者」に該当するという話を展開し、全国の弁護士に波紋をよんだ。

⑵　最終的には、最高裁判所が「個人情報データベース等」（2条2項［改正法2条4項］）、「個人情報取扱事業者」（2条3項本文［改正法2条5項本文］）、「その取り扱う個人情報の量及び利用方法からみて個人の権利利益を害するおそれが少ないものとして政令で定める者」（2条3項5号［改正法では5号を削除。ただし改正法附則11条により「特に小規模の事業者の事業活動が円滑に行われるように配慮」］）をどのように解釈するかによるが、筆者としては、日弁連作成の「弁護士会員名簿」を本法成

10　「自由と正義」2005年2月号21頁。

立前と同様の形態で業務上利用するだけでは「個人情報取扱事業者」には該当しないと考えている。

　確かに日弁連作成の「弁護士会員名簿」は、「これに含まれる個人情報を一定の規則に従って整理することにより特定の個人情報を容易に検索することができるように体系的に構成した情報の集合物であって、目次、索引その他検索を容易にするためのものを有するもの」に形式的には該当するものといえる。しかし、「弁護となるには、日本弁護士連合会に備えた弁護士名簿に登録されなければならない」し（弁護士法8条）、「弁護士名簿の登録、登録換及び登録取消は、すみやかに、日本弁護士連合会から当該弁護士の所属弁護士会に通知し、且つ、官報をもって公告しなければならない」ものとされている（同法19条）。この弁護士登録に関する情報は、公表を義務付けられた公的情報というべきであり、もはや個人情報としての要保護性を有しないものであると解することもできる。

(3)　また、経産省ガイドラインにおいては、個人情報データベース等に該当する事例として、
　① 電子メールソフトに保管されているメールアドレス帳
　② ユーザーIDとユーザーが利用した取引についてのログ情報が保管されている電子ファイル
　③ 社員が名刺の情報を業務用パソコン（所有者を問わない。）に入力し、他の社員等も検索できる状態にしている場合
　④ 人材派遣会社が登録カードを氏名の五十音順に整理し、五十音順のインデックスを付してファイルしている場合
などをあげ、他方、個人情報データベース等に該当しない事例として、
　⑤ 社員が自己の名刺入れについて他人が自由に検索できる状態においていても、他人には容易にわからない独自の分類方法により名刺を分類した状態である場合
　⑥ アンケートの戻りはがきで、氏名、住所等で分類整理されていない状態である場合
をあげている。

本法は、第2で述べた立法過程、特に前記修正提案が取り入れられた経緯に照らしても、高度情報通信社会の進展に伴い個人情報の利用が著しく拡大していることに鑑みて個人情報取扱事業者の遵守すべき法的義務を定めたにとどまっている。本法成立前と同様の形態で利用している名簿について新たに法規制をかけなければならない立法事実は、特に強調されたわけではなかった。

　(4)　さらに、「その取り扱う個人情報の量及び利用方法からみて個人の権利利益を害するおそれが少ないもの」(2条3項5号[改正法では5号を削除、ただし、改正法附則11条])のうち、「取り扱う個人情報の量」については、「個人データ」によって識別される本人の数、要するに、事業者が何人分の個人情報を取り扱っているかという点が基準とされている。施行令2条では、「過去6月以内のいずれの日においても5000を超えない」、すなわち5000人以下のときは(ただし、同一個人の重複は除かれる──経産省ガイドライン参照)、個人情報取扱事業者には該当しない。
　また、「利用方法」については、どのような形で事業に活用し、または管理しているかといった個人データの利用形態が基準とされているが、具体的にどのような場合かについて、施行令2条では、
① 個人情報データベース等の全部または一部が他人の作成によるものである。
② その個人情報データベース等を構成する個人情報として氏名、住所(居所を含む、地図上またはコンピュータの映像面上において住所または居所の所在場所を示す表示を含む)または電話番号のみを含んでいる。
③ その個人情報データベース等について、新たに個人情報を加え、識別される特定の個人を増やしたり、他の個人情報を付加したりして、個人情報データベース等そのものを変更するようなことをせずに、その事業の用に供している。

との要件をすべて満たしている場合は、この個人情報データベース等中の「個人データ」によって識別される特定の個人の数は、5000人を超え

るかどうかの計算からは除いていいことになった。

経産省ガイドラインによれば、たとえば、

① 電話会社から提供された電話帳及び市販の電話帳CD―ROM等に掲載されている氏名及び電話番号
② 市販のカーナビゲーションシステム等のナビゲーションシステムに格納されている氏名、住所または居所の所在場所を示すデータ（ナビゲーションシステム等が当初から備えている機能を用いて、運行経路等新たな情報等を記録する場合があったとしても、「特定の個人の数」には算入しないものとする）
③ 氏名または住所から検索できるように体系的に構成された、市販の住所地図上の氏名及び住所または居所の所在場所を示す情報
④ 倉庫業、データセンター（ハウジング、ホスティング）等の事業において預かった、その内容について関知しない個人情報

については、5000人を超えるかどうかの計算から除外することになる。

このような施行令と経産省ガイドラインを参考とすると、日弁連や単位弁護士会のガイドラインとして、日弁連から配布された「弁護士会員名簿」については、識別される特定の個人数は5000人を超えるかどうかの計算から除外することは十分に可能である。

もっとも、個人情報は適正に取り扱われなければならないから（本法3条）、「弁護士名簿」は名簿としてのみ利用し、毎年の更新で使用しなくなったものは、シュレッダーにかけるか溶解して、第三者が目的外で利用することのないように処分することが必要であろう。

第4　結びにかえて──企業における個人情報の漏えいと情報漏えい罪への懸念

本法の全面施行後においても、企業における個人情報の漏えい事例は、後を断たない。企業が漏えいの被害者に対し詫び状と金品など（1000円ないし500円）を送付するだけでも、被害総額が数十億円に達する事件もある。企業における顧客などの個人情報は、企業秘密情報とも解されるの

で、改正された不正競争防止法による営業秘密の保護の規定が適用されるべきであろう。

　もっとも、自民党の個人情報保護プロジェクトは、さらに、個人情報を漏えいした従業者などに情報漏えい罪を課すという、本法の修正案を述べている。しかし、情報窃盗が処罰されていない刑法原則の修正は慎重に取り扱われるべきである。知る権利は知られたくない権利よりも少し重いという観点から修正された本法の立法経過をふまえつつ、不正競争防止法による営業秘密の保護として十分かどうか、検討のうえに、さらに情報漏えい罪を設ける本法の修正を論じていくべきであろう[11]。

（獨協ロー・ジャーナル1号（2006年2月）初出）

補遺

　個人情報保護法の2015年改正（平成15年法律第57号）においても、本稿において論じた点については、大枠の理論としては変更がない。2015年改正後も、改正法76条1項の適用除外や附則11条による小規模の事業者の事業活動が円滑に行われるよう配慮することにおいて、参考とされるべきである。

11　注2で論じたように、一旦国会に提案された法律案が修正される過程においては、その立法資料は行政機関の保有するところではなく、情報公開法などに基づいて国民に開示される機会がほとんどない。いわゆる議員立法についても同様である。本稿は、そうした状況をふまえて、個人情報保護法旧法案の修正の過程を明らかにしたものであるが、より本来的には、国会の情報公開法が制定されることによって、本稿で紹介した修正提案も開示され研究対象となるべきである。「国会……における行政的性格の文書については、……情報公開請求の対象とすることが検討されるべき」であるとして指摘されているが（宇賀克也『新・情報公開法の逐条解説第6版』（2014年、有斐閣）40頁、北沢義博・三宅弘『情報公開法解説第2版』（2003年、三省堂）18頁）、本稿を超えるテーマであるから、別の機会に論じたい。

第 4 章

個人情報保護法の本人情報開示請求権——請求権を否定した東京地裁平成19年6月27日判決の批判的検討

第1　事案の概要

1　請求の趣旨
(1)　被告は、原告○○に対し、別紙開示請求目録記載の情報を、書面の交付による方法により開示せよ。
(2)　被告は、原告○○に対して、10万円及びこれに対する平成18年8月27日から支払済みまで年5分の割合による金員を支払え。
（原告2名、それぞれの請求として）

2　本判決（東京地判平成19年6月27日・判時1978号27頁）の事案は、被告（医療法人）の開設する眼科診療所で診療を受けた原告（個人2名）が、被告に対し、個人情報保護法25条1項と同法施行令6条に基づき、同法2条2項5号（第3章と同様、2015年改正による変更後の条文を［改正法2条2項7号］として付記する。以下、本章において同じ）にいう「保有個人データ」としての自己の診療録の開示を求めるとともに、損害賠償請求をしたというものである。当該事案において、被告が個人情報保護法の個人情報取扱事業者（法2条3項［改正法2条5項］）に該当することや、診療録が保有個人データ（法2条5項［改正法2条6項］）

に該当することについては、当事者間に争いはなかった。

3　争点の概要
(1)　法 25 条 1 項［改正法 28 条 1 項］に基づく裁判上の開示請求の可否
（原告らの主張）
25 条 1 項［改正法 28 条 1 項］は、本人から保有個人データの開示を求められた場合に単に個人情報取扱事業者に開示義務を負わせるにとどまらず、本人に対し、個人情報取扱事業者に対する保有個人データの開示請求権を付与したものと解される。

（被告の主張）
25 条 1 項は、本人が開示を「請求することができる。」という文言は一切用いておらず、条文の標題も「開示請求権」ではなく「開示」とされている。法は、いわゆる本人関与手続（法 24 条 2 項ないし 27 条［改正法 27 条 2 項ないし 30 条］）の履行を最終的に確保するための方法として、主務大臣に対し、報告徴収、助言、勧告及び命令といった権限を付与しているだけであって（法 32 条ないし 36 条［改正法 40 条ないし 46 条で個人情報保護委員会の権限］）、本人を主体として開示の履行を確保する規定を置いていない。法 25 条 1 項は、……本人に具体的な開示請求権を認めるものではない。

(2)　法 25 条 1 項に規定する除外事由の有無
（被告の主張）
仮に、法 25 条 1 項が本人に私法上の具体的な開示請求権を認めたものであるとしても、本件においては、被告の業務の適正な実施に著しい支障を及ぼすおそれ（法 25 条 1 項 2 号［改正法 28 条 2 項 2 号］）がある。原告らは、……地域的に競合関係にある被告が開設経営するすべての眼科診療所の内情を探ろうとしている。

（原告らの主張）
原告らは、被告が不正な診療報酬を請求している疑いを有するため、その真偽を検証した上で、被告が不正な診療報酬の請求を行っているのであ

ればこれをただすとの意図から…開示を求めている

(3) 権利濫用
（被告の主張）
原告らは、地域的に競合関係にある診療所を攻撃する目的で組織的に開示の求めを行って（いる）。

(4) 法25条2項［改正法28条2項］違反に基づく慰謝料請求権の存否
（原告らの主張）
被告は、……開示をしない旨の決定をしたときは、法25条2項［改正法28条3項］に基づき、遅滞なくその旨を原告らに通知する義務を負う。被告は、……本件訴え提起に至るまで、原告らに対し、何らの通知もしなかった。
（被告の主張）
被告が原告らに対して何らの通知をしていない事実は認めるが、原告らのその余の主張は争う。法25条1項2号［改正法28条2項3号］に該当する事由が存在するので違法ではない。また、……通知しなかったことによって原告らに精神的苦痛が生じたとは到底いえない。

第2 判決の要旨

1 本判決は、原告の開示請求について、次のように判示して裁判上の開示請求権を認めなかった。
「法は、25条1項による開示の求め等に関する苦情の処理については、個人情報取扱事業者、業界団体による自主的な紛争解決を期待しており、そのために、本人が裁判外の各種の方法によって苦情の解決を求められる仕組みを設けるとともに、そのような自主的解決が期待できない場合の主務大臣による関与の仕組みを設けているものといえる。……仮に、本人が、法25条1項に基づいて個人情報取扱事業者に対する保有個人データの開示を裁判手続で請求することができると解すると、法が上記のとおり定め

た当事者間における自主的解決手段や主務大臣による紛争解決手段によるよりも裁判上の請求の方が直截であるとして、法の定めた紛争解決手段によることなく、直接裁判上の開示請求がされることになり、紛争解決手段に関する法の規定が空文化することにもなりかねない。」

「また、前記の法令の定めのとおり、個人情報取扱事業者は、法25条1項の開示の求め等に関し、その求めを受け付ける方法を定めることができる（法29条1項［改正法32条］）上、当該開示の実施に関し、手数料を徴収することもできる（法30条［改正法33条］）。ところが、本人が法25条1項に基づき個人情報取扱事業者に対する保有個人データの裁判上の開示請求ができるとなると、このような規定も適用の余地がなくなるが、法は、このような事態が生ずることを予定していないというべきである。」

「さらに、法25条1項は、その標題が『開示』とされ、個人情報の開示を専ら個人情報取扱事業者の義務として規定し、本人が開示請求権を有することを規定していないことからすると、同項は、文言上も、行政機関（主務大臣）に対する義務として個人情報取扱事業者の開示義務を規定しているものであって、本人が開示請求権を有する旨を規定しているものではないと解される。

以上によれば、法25条1項が本人に保有個人データの開示請求権を付与した規定であると解することは困難であって、本人は、同項の規定に基づき、個人情報取扱事業者に対し、保有個人データの開示を裁判手続により請求することはできないというべきである。」

2　「法28条［改正法31条］が法25条2項［改正法28条3項］の通知をする場合には本人に対しその理由を説明するよう努めなければならない旨定めていることからすれば、法25条2項の趣旨は、個人情報取扱事業者の決定の理由を早期に知らせることによって、本人に苦情の申出等のその後の対応をより行い易くする点にあると解されること、法の規定する各種の苦情の申出手続は、必ずしも法25条2項の規定による通知が存在しないとなし得ないというようなものではないことにかんがみると、被告が原告らに対して本件各診療録を開示しないことを明らかにしたのが、原

告らが初めて被告に対して本件各診療録の開示を請求した日の約3か月後であったとしても、これによって原告らの置かれた立場に特段の差異が生じたとは認められないというべきであり、そのような被告の不作為によって原告らに金銭をもって慰謝されなければならないような精神的損害が生じたとまでは認められないというべきである。」

「法25条1項に基づく本件各診療録の裁判上の開示請求は認められないこと、上記説示のとおり、被告の不作為自体に基づく精神的損害が生じたものとは認められないことからすれば、被告が原告らに対して本件各診療録を開示しない旨の決定の通知を遅らせたからといって、これにより本件訴えの提起が強いられるという関係にあるとはいえないから、原告らの主張する本件訴えの提起を強いられたことに基づく精神的損害も、被告において賠償しなければならないものとはいえないというべきである。」

第3　批判的検討

1　2001年3月「個人情報の保護に関する法律案」(以下、「旧法案」)が国会に提案されたが、基本原則(旧法案3条ないし8条)が、表現の自由、報道・取材の自由を侵害するなどという批判を受けた。旧法案は、一旦2002年12月に廃案となり、新たに基本理念(3条)を明記し、適用除外(50条［改正法76条］)を拡大した新しい法案(本法)が2003年3月に国会に提出され、両議院で可決され、「個人情報の保護に関する法律」(以下、「個人情報保護法」または「2003年法」)が制定された。その立法経過については、すでに旧法案の修正をめぐり、別稿で述べたとおりである[1]。内閣府を中心として、高度情報通信社会推進本部(情報通信技術(IT)戦略本部)の個人情報保護検討部会(座長：堀部政男中央大学教授(当時))や個人情報保護法制化専門委員会(委員長：園部逸夫元最高裁判所裁判官)の事務局がその立案を担当した。

---

[1] 三宅弘「個人情報保護法旧法案の修正提案と弁護士」獨協ロー・ジャーナル第1号(2006年)24頁。

その後、総務省・行政機関個人情報保護法制検討会（座長：茂串俊元内閣法制局長官）が「行政機関の保有する電子計算機処理にかかる個人情報の保護に関する法律」（以下、「旧電子計算機処理個人情報保護法」）を改正することを検討し、2001年3月「行政機関の保有する個人情報の保護に関する法律案」（以下、「行政機関個人情報保護旧法案」）が国会に提案されたが、いわゆる防衛庁リスト問題（二関辰郎「防衛庁情報公開請求者リスト問題」自由と正義2002年10月号83頁）を毎日新聞によってスクープされ、同旧法案では、公務員による個人情報の保護に不十分であるなどという批判を受けて、個人情報保護法の旧法案と同様に一旦廃案となり、新たに個人情報の漏洩についての罰則を強化のうえ、新しい行政機関個人情報保護法案が国会に提案され、両議院で可決され、2003年法と同時に「行政機関個人情報保護法」が制定された[2]。行政機関個人情報保護法は、総務省の所管であった。

2　個人情報保護法25条の本人情報開示請求権の法的性格については、次のとおり国会で審議された。

例えば、2002（平成14）年4月25日、衆議院本会議における、旧法案についての竹中平蔵国務大臣の趣旨説明では、「個人情報データベース等を事業の用に供している一定の事業者が個人情報を取り扱う際に遵守すべき義務として、個人データの第三者提供の制限や、本人の求めに応じた開示、訂正等の義務を定めることといたしております」と説明し（衆議院会議録第8号3頁）、さらに、「個人情報を取り扱う事業者に関する法律上の義務を明確に」すると答弁する（同号5頁）など、本人の開示請求権を前提とする個人情報取扱事業者の「義務」として規定されていることをふまえての審議がなされているのである。このことは、2003年法（新法案）の国会審議においても、2003（平成15）年4月25日、衆議院本会議における新法案についての細田博之国務大臣の趣旨説明でも、上記竹中大臣と

---

[2] 現行の行政機関個人情報保護法の立法経過については、三宅弘・小町谷育子『個人情報保護法　逐条分析と展望』（青林書院、2003年）267頁。

全く同様の説明がなされている（衆議院会議録第 21 号 2 頁）。

　竹中大臣と細田大臣のそれぞれの各国会での趣旨説明の後に、片山虎之助国務大臣による行政機関個人情報保護法の旧法案と新法案の、それぞれの趣旨説明がなされている。この説明では、旧電子計算機処理個人情報保護法 13 条の本人情報開示請求権と 17 条の処理情報の訂正等の申出との比較を前提として、新たに、本人情報訂正請求権（行政機関個人情報保護法 27 条）を設けることを趣旨説明としているのである。

　もっとも、個人情報保護法は内閣府の所管による新しい法律の制定であり、行政機関個人情報保護法は総務省の所管による旧電算機処理個人情報保護法の改正であることから、両方の説明は、「開示」の見出しの下に「開示を求められたときは……当該保有個人データを開示しなければならない」（個人情報保護法 25 条本文）と「保有個人情報の開示義務」の見出しの下における「保有個人情報を開示しなければならない」（行政機関個人情報保護法 14 条本文）との文言の異同がある。また、個人情報保護法は、行政機関個人情報保護法とは担当者の所轄を異にすることから、同法 12 条、27 条、36 条のような、「何人も、（開示、訂正、利用停止等を）請求することができる」という規定を設けていない。これらの異同に留意する必要があろう。

　3　さらに、個人情報保護法の実質審議においては、第 156 回国会衆議院個人情報の保護に関する特別委員会と同国会参議院個人情報の保護に関する特別委員会は、いずれも、法 25 条 1 項に基づく本人情報開示請求が裁判として争われることを想定し、その前提に基づいて、自己情報コントロール権という概念を条文上明記すべきか否かを論じている。

　ここでも、この本人情報開示請求が裁判として争われることは当然の前提とされている。

　第 156 回国会での新法の審議では、二関辰郎弁護士の論文[3]が引用する、

---

[3]　二関辰郎「個人情報保護法に基づく開示請求の権利性――裁判規範性を否定した東京地裁判決の批判的検討」自由と正義 2008 年 4 月号 80 頁。

参議院個人情報の保護に関する特別委員会会議録第6号（2003年5月16日）24頁4段目の細田博之国務大臣の答弁にあるとおり、「それはこの法律案自体が、本来、言わば民法上の私人間の様々な問題を、プライバシーの権利をめぐりまして、これを別の言葉で言う方もおられますけれども、そしてそれをできるだけ円滑に処理しなければならない、そして典型的に起こる問題につきまして個人情報取扱事業者との間にその請求をいたす、そして開示、訂正、利用停止その他を定めまして、そういうことを本人が関与して進める、そうしてあくまでも個人情報取扱事業者に対して苦情処理をいたしまして、それがどうしても駄目な場合は裁判手続に行くのであります。基本的に民事法において裁判で決めなければならないことになります。」ということで、開示請求権が裁判規範性を有していること明らかにしている。同第6号27頁においても、細田大臣は、「この法律は、あくまでも私人から自らの個人情報を侵されたということで、自らの努力で個人情報取扱事業者に様々なことを要求し、もしもそれが不可能な場合には裁判所に問題を提起していただく法律である」、「個人が個人のレベルにおいて、それぞれが自分の権利が侵された、権利利益が侵されたという場合は最後まで基本的には訴訟で争ってほしいという、そういう構造をしている法律である」と述べている。

なお、第156回国会衆議院では、野党の対案が提案されており、そこでは目的規定に自己情報コントロール権を明記するとの提案であったため、その明記の是非をめぐる議論が中心となっており（たとえば、衆議院個人情報の保護に関する特別委員会議録第4号（2003年4月16日）19頁1～2段目、24頁1～2段目など）、必ずしも本人情報開示請求権の裁判規範性について焦点をすえた議論にはなっていないが、細田国務大臣は、自己情報コントロール権の明記は不要との立場に立ちながらも、「個人の情報に対する権利というのは一体何であるかということはおのずと学説、判例等が積み上がっていくものであると考えております」と述べている（同会議録第3号16頁）。

4　個人情報保護法制化専門委員会の委員として個人情報保護法の立法

に関与した藤原静雄・筑波大学教授（当時）は、著書の中で「権利性をはっきりさせたとして、それを自己情報コントロール権と説明するかは、次の段階の問題であると思われる」、「本人は個人情報取扱事業者による開示義務の履行を求めて、裁判上の訴えを提起できる」と解説しているが、この衆議院での議論状況をふまえてのことと思われる。立法担当者の重要なコメントであるから、多少長めではあるが、引用する。

　「1　概要　本条は、開示等の求めに関する規定である。参加の原則すなわち本人の関与（旧基本原則の「透明性の確保」）を実質的に保障するために、個人事業取扱事業者には、本人の求めにより「保有個人データ」を開示することが義務づけられた。これを、本人の側からみれば、本人の自己情報コントロール権が実質的に認められているといってもよいであろう。また、開示請求は、これが認められてはじめて訂正請求が実効的なものになるという意味でも基礎的な権利であるといえる。

　本法［2003年法］は、「何人も……開示を求める権利を有する」あるいは「何人も開示を求めることができる」とはせず、「個人情報取扱事業者は……開示しなければならない」という個人情報取扱事業者の義務規定として、法律関係を構成している。これは、個人情報取扱事業者に課せられている義務（個人情報を個人の権利利益を侵害しないように適正に取り扱う義務）の実効性を担保するという観点から、開示等が構成されているという趣旨を明確にする規定の仕方であると思われる。すなわち、開示の根拠を、学説上争いのある憲法上の権利（自己情報コントロール権）に求めること、これを請求権と構成することを慎重に避けているものといえる。

　たしかに、民民の争いに開示等の請求権を認める場合、それを法的にどう根拠づけるかは一つの問題である。しかし、立法者のような考え方とは異なるが、権利性を認めることで弊害は生じないのではないかと思われる。この法律で権利が創設されたと考えても、権利は人格権に根拠をもつものとして考えても、結論的には変わらないであろう。そもそも、個人情報保護法制においては、本人の人格権の保護から権利を構成すべき場合もあれば、個人情報の財産権的性格から構成することが許される場合もある。大切なのは、本人にとっての透明性あるいは関与の権利を通じて、本人が保

護される必要があるということである。諸外国の法制でも、例外なく、開示等の権利を認めているのは、保護の必要から考えているからであろう。権利性をはっきりさせたとして、それを自己情報コントロール権と説明するかは、次の段階の問題であると思われる。

　いずれにせよ、本条1項に反して開示が行なわれなかったら、本人は個人情報取扱事業者による開示義務の履行を求めて、裁判上の訴えを提起できる。したがって、これを請求権と呼ぶことは不自然ではないと思われる。ただし、立法者は、請求を、上記のように事業者の義務という観点から構成しているので、これをあえて「求め」と呼んでいるのである。」[4]。

　また、二関論文は、さらに、「なお、園部逸夫ほか『個人情報保護法の解説〔改訂版〕』（ぎょうせい 2004 年）が裁判規範性について否定的な見解をとるものとして紹介される場合もあるが（本判決を掲載した前掲判例時報解説等）、同書はその点について触れていないと解するのが正確であろう。」と論評している[5]。これは、上記国会審議によって明らかとされた立法経過をふまえても、読み方としては正解であると考えられる。

　また、二関論文が紹介した、内閣府国会用想定問答集、内閣府逐条解説 81 — 82 頁も、重要な立法資料である。

　このような立法経過をふまえて、宇賀克也・東京大学教授は、「これは（本件判決の解釈は）、評者が確認した立法者の意思に明らかに反するのみならず、実際上、かかる解釈は、個人情報保護の開示・訂正・利用停止の求めの制度の実効性を大きく損なうものであり、わが国の個人情報保護法をグローバル・スタンダードから著しく乖離した脆弱なものにしてしまうことになり、その影響がきわめて懸念される」と述べ[6]、さらに同教授と藤原教授らの座談会でも、両教授から本件東京地裁判決に驚いたという、

4　藤原静雄『逐条個人情報保護法』（弘文堂、2003 年）97 頁。

5　前掲3二関論文 81 頁注 3 。

6　宇賀克也「最新判例批評 13」判例評論 589 号 164 頁。

同様の見解が述べられているのである[7]。

5　そもそも、個人情報保護法は、2001年3月に旧法案として提出されたが、2002年12月に廃案となり、新法案が2003年3月に国会に提出され、上記3の衆参両院の個人情報の保護に関する特別委員会において審議検討された[8]。

これに先立つ、旧法案の立法過程における、本人情報開示請求の法的性格については、小町谷育子弁護士が簡潔に整理している[9]。

「3　開示の求め──開示請求権

開示の「求め」は、大綱のドラフトの段階で、開示の申出とされていたものが、私人間の場合、申出というのは奇異であるとの理由で変更された（専門委員会26回議事録藤井審議官説明）。

申出という文言は、旧法の訂正等の申出（旧法17条）において使用されており、自己情報に誤り、不正確な点などがあることを知った本人から訂正等を申し出ることをいい、保有機関が必要な調査を行い職権により訂正、追加又は削除を行なうかどうかを判断する端緒となるものであり、訂正等の請求権を認めたものではないとされていた（総務庁「新訂版逐条解説個人情報保護法」187頁）。そこで、「求め」という文言に変更されたものの、それは申出と対応する用語として本人に開示請求権を認めたものではないのではないかとの疑問も生じ得る。しかし、本条は、個人情報取扱事業者の義務について規定する形式をとっており、当該義務の裏返しとして本人の開示の求めは法律上の権利であると考えるべきであるとされ（専門委員会11回、13回、23回、26回議事録）、開示、訂正、利用停止等について裁判規範性を有する請求権規定であることには異論はないとされる

---

[7]　宇賀克也＝藤原静雄＝七條浩二＝萩原まき子「個人情報保護の現状と課題」ジュリスト1367号（2008年）2頁、20頁。

[8]　前掲1三宅論文24頁、26頁、37頁。

[9]　小町谷育子＝三宅弘『個人情報保護法──逐条分析と展望』（青林書院、2003年）187頁。

(〔座談会〕21頁)[10]。」。

　個人情報保護法制化専門委員会で「開示の申出」を「求め」に変更したことが、開示請求権を認める根拠となる。専門委員会の報告を受けて、筆者も委員であった高度情報通信社会推進本部個人情報保護検討部会では、開示請求権を認めることが当然のこととして理解されていた。

　具体的には、個人情報保護検討部会の中間報告中の「法律上の請求権として構成すべきである」との検討課題を受けて、2000（平成12）年4月14日の第11回個人情報保護法制化専門委員会では、「開示、訂正等の求め」について、この「求め」の法的性格についてどのように考えるかが議論された。この会議では、一通りの意見交換の後に、園部逸夫委員長が、「損害賠償請求権であれば、これは別に法律が規定をしなくても、損害賠償請求権は誰でもあるわけだから、それはいいのですけれども、何かこういう開示請求等について、本人の権利を実体的な権利として認めるか、それとも保有主体の行為規範として規定するにとどめるか」という問題として改めて提示している。これに対し、上谷清委員が、「結論的には請求権は認めて、できるだけ損害賠償ではなくて、具体的な履行を求める形の方がいいだろうとは思います。その前にしかるべき機関の判断を経過して、裁判所へ何でもかんでも最初から持っていくというよりも、そういった中間の段階を作っていただいた方が、裁判所としては少なくともありがたいです」と述べ、「開示の求め」を裁判規範として定立する方向付けが確認された。

　同年同月28日の第13回の同専門委員会でも、新美育文委員が「訂正請求権だとか開示請求権、利用中止権みたいなものを仮に考えるとしたとき、どういう状況があったときに不法行為の要件を満たすのか。そして、不法行為ではなくてこの法律でどこで法によって新たな局面を切り開くのかということを検討しておく必要があるのではなかろうか」という問題の整理

10　専門委員会は、個人情報保護法制化専門委員会。［座談会］は、北沢義博＝小早川光郎＝藤井昭夫＝藤原静雄＝棟居快行「個人情報保護基本法制大綱をめぐって」ジュリスト1190号（2000年）。

がなされている。これに対し、上谷委員は、「場合によればそれを権利の面から書いていくという、先ほどからおっしゃっている西谷委員、高橋委員、新美委員の御意見はもっともだと思います」と引き取ったうえで、「なかなか権利の体系で書き切ることは難しいと思いますが、思想としてはそれがわかるような形で、言ってみれば物権的、人格権を物権になぞらえれば、物権的請求権として侵害排除、予防、そういう請求権として書いていますけれども、そのような意識で読んでもらえるような、理解してもらえるような書き分けですね。それができれば一番望ましいと私も思います」、「事前の予防請求的なものですね。あるいは排除請求的なものが組み立てとしてわかるような構成がとれれば、これがベターだと私も思います」と述べている。これを受けて、当日の司会進行をつとめていた小早川光郎委員長代理は「そうなりますと、今までのお話というのは人格権に基づく請求権というのは解釈上、構成可能であって、そのことを踏まえ、それをなぞるような形で、それに対応するような形で立法的な整備をするということでよろしいでしょうか」と結論付けている。これに加えて、上谷委員は、さらに、「書きやすい部分はできるだけはっきりした訂正請求権、開示請求権みたいなことがわかるように開示を求めることができるという形でしていくのかなという感じです」と確認している。

　同年7月28日の第23回専門委員会では、委員会の意見の取りまとめにあたり、開示請求権の法的位置付けについて、高橋委員は、「非常に単純に、例えば、契約も何も関係なく法律に書いてしまえばそれは法律が根拠になる」と述べ、上谷委員も、「例えば人格権的なものに基づいてそういうような開示請求権があるのだということにして、この法律でとにかく書き込んでおいて、それと重ねて、契約上もまた認めることは一向に差し支えない」とも述べている。

　同年9月22日の第26回専門委員会では、最終報告の事案を検討し、この中で、事務局より「開示の申出があった場合というような言い方をしていましたが、私人間の場合、申出というのも奇異かということで、「申出」を「求め」にしているとの説明があり、さらに、素案に基づく苦情処理のイメージ図（末尾資料）を踏まえて、「一番下の右の方で裁判所です

が、開示請求とか訂正とか、そういう権利義務侵害に係るようなものについては当然裁判所（ママ）ができますし、あとは直接この基本法なり一般法の部分の問題でないのかもしれませんが、裏に債務不履行とか、不法行為とか、そういう問題がある個人情報に関連するような問題については裁判所があって訴えることができるという形になってございます」と説明されていた。

　6　本件東京地裁判決は、2～5で述べた立法経過を無視するものであって、採りえないのではないか。
　上記5のとおり、内閣府の所管として国会に提案された個人情報保護法が、個人情報保護法制化専門委員会において、請求権の法的性格を明らかにするために、「開示の申出」とはせずに「開示の求め」として提言された。これを受けて、法制化が進められ、上記2のとおり、旧法案と新法案のいずれにおいても、竹中、細田両国務大臣の趣旨説明においては、本人の開示請求権を前提とする個人情報取扱事業者の「義務」として規定されたとのことであった。そして、上記3のとおり、個人情報保護法の衆議院と参議院の各委員会審議においても、本人情報開示請求が裁判として争われることは当然の前提とされていた。その裏付けとして、二関論文が紹介した、内閣府国会用規定問題集、内閣府逐条解説81―82頁等の立法資料がある。
　2003年法の立法過程のどの過程をとっても、本判決が理由として述べる「仮に、本人が法25条1項に基づいて個人情報取扱事業者に対する保有個人データの開示を裁判手続で請求することができると解すると、法が上記のとおり定めた当事者間における自主的解決手段や主務大臣による紛争解決手段によるよりも裁判上の請求のほうが直截であるとして、法の定めた紛争解決手段によることなく、直接裁判上の開示請求がされることになり、紛争解決手段に関する法の規定が空文化することにもなりかねない」などという考え方で結論付けられたことはないのである。
　逆に、個人情報保護法7条［改正法7条］に基づき策定された、「個人情報の保護に関する基本方針」（平成16年4月2日閣議決定）によれば、その「7　個人情報の取扱いに関する苦情の円滑な処理に関する事項」に

おいて、「個人情報の利用・提供あるいは開示・不開示に関する本人の不平や不満は、訴訟等によるのではなく、事案の性質により、迅速性・経済性等の観点から、むしろ苦情処理の制度によって解決することが多いと考えられる」と言明しており、ここでも、開示・不開示に関する本人の不平や不満は訴訟によって解決することが少なからずあることが当然の前提とされている。そのうえで、できる限り、司法の判断にゆだねなくても迅速性・経済性等の観点から「複層的な仕組み」を採ることとしたにすぎないのである。「複層的」な救済の仕組みについては、同法の制定当時、司法制度改革が議論されており、その中で、裁判外紛争解決手続のあり方について、司法制度改革推進本部の「ADR検討会」において検討されていたことをふまえ、筆者が、訴訟による紛争解決に頼らず、私的自治の原則に基づいて紛争を解決することが個人情報保護法に係る紛争解決のためにも望ましいと考えて提案した経緯がある。

　個人情報保護法上、個人情報取扱事業者、認定個人情報保護団体、さらには、地方公共団体の消費者センターや、国民生活センターなどによる「複層的な仕組み」としての苦情処理手続が功を奏しない場合には当然のこととして、個人情報保護法に基づく本人情報開示請求権、訂正請求権、利用停止請求権等の存在を前提に、訴訟手続での救済を図ることを想定していたのである。現行法の立法過程において、個人情報保護法制化専門委員会が策定中の「個人情報保護基本法制に関する大綱」をめぐり、その報告を受けていた高度情報通信社会推進本部個人情報保護検討部会においては、筆者らは、そのように理解していたのであり、この開示請求権の行使において、訴訟手続での救済が図れないなどということは、およそ想定されてはいなかったのである。「ADR検討会」での議論は、「裁判外紛争解決手続の利用の促進に関する法律」に結実していくこととなるが、同法制定後は、個人情報保護法の苦情処理手続も当然に、民間紛争解決手続き（裁判外紛争解決手続利用促進法2条1号）へと発展していくことも構想されてよいのである。しかし、そのことは、決して訴訟手続による紛争解決を排除するものではない。

7　本件東京地裁判決の判示が、個人情報保護法 25 条の立法経過を無視した誤った解釈であるとすると、本来は、次のように判示されるべきではなかったか。

すなわち、

①　開示請求権を認め、これを前提として、実質審理に入り、

②　本人情報開示請求者の請求目的を事実認定し、仮に、前記第 1、3、(2)、(被告の主張) の事実があれば、2003 年法 25 条 1 項 2 号［改正法 28 条 2 項 2 号］の「業務の適正な実施に著しい支障を及ぼすおそれ」ありということで不開示とすべきではなかったか。

③　もっとも、不開示の通知を要するというのが同条 2 項で義務付けられており、仮に同第 1、3、(2)、(被告の主張) の事実があれば、通知しなかったことによって原告らに精神的苦痛が生じたとは到底いえないと判断されることになろうが、その他の事情如何によっては、この不履行については義務違反として名目的な損害賠償請求を認容するという結論もあったのではないか。

いずれにせよ、司法に携わる者としては、法律の解釈にあたっては、立法事実、立法趣旨を、自由な証明によるにせよ、十分に調査検討のうえ適用すべきではなかろうか。

第 4　結びにかえて──くり返される法解釈の誤りと立法学教育の必要性

1　「汝事実を語れ、余は法を語る」の原則は、民事訴訟法学においては、証明の対象や、説明を要しない事項として、論じられる。「裁判官は法律専門家であることが期待されているから一般的には自らの法律知識に従って法を適用する職責があるといわねばならない（jura novit curia ＝ 法は裁判所の知るところ）」[11]、「法規を知ることは裁判官の職責であるから、裁判官は、当事者の主張や証明をまたずに知っている法を適用して差

11　三ケ月章『民事訴訟法』（有斐閣、1959 年）386 頁。

しつかえない（当事者の法知識や法解釈に拘束されることもない」[12]、「法規については、原則として説明の必要はな（い）、……わが国の裁判制度が法律の知識・素養のある者を裁判官に任用することとしているためであ（る）」[13]、「『裁判官は法を知る』という諺にあるように、法規を知ることは裁判官の職責であるから、本来は当事者の主張・証明の対象ではなく、証明責任を生じる余地はない」[14] などと解説されるところである。

　2　しかし、筆者は、本件東京地裁判決を含め、これまで、情報公開法・条例と個人情報保護法の情報法制において、三度、この原則の適用に疑いを持つことを経験している。偶然の現象とは解されず、裁判官の資質と法学教育のあり方についての構造上の問題提起も含んでいると思われる。
　その1は、横浜地判昭和59年7月25日行裁例集35巻12号2292頁である。この判決は、神奈川県の公文書の公開に関する条例に基づく情報公開請求が拒否された事件について、当該建築確認許可申請添付図面の建物の建築地から離れて居住している神奈川県民は、当該公文書に直接の利害関係をもたない者として、請求拒否処分によって自己の具体的な権利利益になんら影響を受けるものではないことを理由に、訴えを却下した。日本で最初の情報公開制度に関する裁判例である。しかし、「情報公開の場合には、請求人の主観的な利害と直接関係のない文書でも請求の対象となるのであり、その意味において、行政手続におけるような事件性はない。このように具体的情報について固有の主観的利益がないのにもかかわらず、当該情報の開示を求める権利が広く住民等に認められるところに情報公開制度の特色がある」[15]。
　この事件を控訴審から担当した筆者は、森田明弁護士・神奈川大学法科

12　新堂幸司『新民事訴訟法第三版』（弘文堂、2004年）491頁。

13　伊藤眞『民事訴訟法第3版3訂版』（有斐閣、2008年）303頁。

14　梅本吉彦『民事訴訟法第三版』（信山社、2007年）758頁。

15　塩野宏『行政法Ⅰ〔第四版〕行政法総論』（有斐閣、2005年）296頁。塩野宏「救済の行方──情報公開条例の場合」法学教室49条（1984年10月号）113頁。

大学院教授（当時）と共に、塩野宏東大教授（当時）の上記引用に示されることとなる示唆を受け、神奈川県の情報公開条例の立法経緯を証明の対象とした立証活動をしたうえで、東京高判昭和 59 年 12 月 20 日行裁例集 35 巻 12 号 2288 頁の原判決破棄差戻の判決を得た。この東京高判は、条例の立法趣旨に忠実に、同条例が神奈川県内に住所等を有する者は県の行政に利害関係を有する者とみなし、かつ県の行政に利害関係を有する者は公文書の閲覧につき一般的に利益を有するという擬制の上に立って、これらの者に個別的具体的権利としての閲覧請求権を与えているとして、訴えの利益を認めた。塩野教授は、「しかし、おそらく、かかるみなし乃至は擬制を介在させる必要はないのであって、個々人に公文書の閲覧権が端的に与えられるのは県の施設の利用権が個々人に与えられると同様に解され、したがって、その利用拒否については、取消訴訟によって争うことができるものと思われる」と評されているが[16]、その後は、上記横浜地判のように、適法な情報開示請求に対する拒否処分において、訴えの利益を否定した判決はない。

　その 2 は、最判平成 13 年 3 月 27 日民集 55 巻 2 号 530 頁である。この判決は、部分公開義務規定である大阪府公文書公開条例 10 条について、「非公開事由に該当する独立した一体的な情報をさらに細分化し、その一部を非公開とし、その余の部分にはもはや非公開事由に該当する情報は記録されていないものとみなして、これを公開することまでをも実施機関に義務付けているものと解することはできない」とする、いわゆる独立一体説を採用し、知事の相手方氏名の非公開にとどまらず、交際費の支払年月日、支出項目、支払額の非公開部分を取り消すことはできないと判示した。この説は、同事件の第 1 審以来、差戻後上告審まで訴訟当事者間でも意識的に議論されたことがなかったが、「法は裁判所の知るところ」というべく、差戻後上告審判決が突然に判示したことにより、その余の情報公開法をめぐる訴訟や情報公開審査会で国側が全部不開示を適法と主張するためのよりどころとされた。

---

[16] 塩野前掲１５書 296 頁注(1)。

筆者は、早くから、この判決については、最高裁がアメリカ情報自由法の部分公開義務規定（合衆国法典552条（b）項）に由来する部分公開義務規定であることを看過し情報公開法の立法経過を誤解したことを分析した[17]。この批判は、ようやく最高裁も、最判平成19年4月17日・判時1971号109頁において、認めるところとなった。この最判は、原審の名古屋高判平成17年11月17日判例集未登載を批判し、非公開情報に該当しない（公開すべき）公務員の懇談会出席に関する情報とこれに該当する（非公開とすべき）公務員以外の者の懇談会出席に関する情報とに共通する記載部分がある場合、それ自体非公開情報に該当すると認められる記載部分を除く記載部分は、公開すべき公務員の本件各懇談会出席に関する情報として公開すべきであると判示した。この最判には、元情報公開審査会委員でもあった藤田宙靖裁判官の補足意見が付されており、そこにおいては、情報公開法6条2項は同条1項の部分開示の趣旨が確実に実現されるように、特に配慮をした、「確認規定としての性質を持つものであるに過ぎない」と判示した上で、「このようなわが国情報公開法制の基本的な趣旨・構造に思いを致さず、単に例えば情報公開法6条2項が『当該部分を除いた部分は、同号の情報は含まれないものとみなして、前項の規定を適用する』という文言を用いているという事実から、専ら形式的な文言解釈により、これと異なる考え方を導き出す原審のような解釈方法は、事の本末を見誤ったものといわざるを得（ない）」とまで述べている。この最判は、「立法者意見にも従前の実務にも適合したものであり、開示により支障が生じない情報は最大限開示するという情報開示制度の理念にも適合し

17　三宅弘「行政情報の公開－新たな課題」ジュリスト1215号（2002年）20頁。同「交際費情報公開判決と審査会の役割――最三小判平成13年3月27日批判」自由と正義2002年10月号92頁。なお、批判をまとめたものとして同「情報公開法の見直しと残された課題」獨協ロー・ジャーナル第2号（2007年）3頁、9頁、特に10頁注11。「《総論》個人情報保護法施行後の現状と課題」法律時報78巻8号（2006年）76頁、79頁、特に同頁注(3)、(4)。三宅弘『原子力情報の公開と司法国家――情報公開法改正の課題と展望』（日本評論社、2014年）252、275、312頁。

たものといえよう」と評されている[18]。また、「平成13年判決を担当した最高裁調査官が『我が国情報公開法制の基本的な趣旨・構造』を正解していれば、このような誤解を生じることはなく、また原審のように下級審で誤った解釈が横行することもなかったのである」とも批評されている[19]。

　第3が、本件東京地裁判決であると思われる。いずれは、本件東京地裁判決のように、個人情報保護法25条の本人情報開示請求権の裁判規範性を否定する判決は、改められるべきこととなろうが、もしも、「個人情報保護法制の基本的な趣旨・構造に思いを致さず、専ら形式的な文言解釈により、これと異なる考え方を導き出し、事の本質を見誤る」ことにより、裁判規範性を否定する判決が定着するようであれば、上記第3、1で述べたように、内閣府所管の個人情報保護法も、総務省所管の行政機関個人情報保護法12条、27条、36条のような、「何人も、（開示、訂正、利用停止等を）請求することができる」という規定を明定しなければならないかもしれない。

　3　同時に、より根本的には、法科大学院教育において、単に解釈法学にとどまらず、立法学についても、科目として整備し、その内容を充実したものとし、これから育つ裁判官をして、立法過程・立法者意思を尊重する態度を養う教育をしていくことも必要とされるのではなかろうか。法科大学院の設立と並行して、立法学の体系書も出版されている[20]。獨協大学法科大学院においても設けられた「立法学」の講座などが発展していくことを期待したい。

（獨協ロー・ジャーナル4号（2009年3月）初出）

---

[18] 宇賀克也『新・情報公開法の逐条解説〔第4版〕』（有斐閣、2008年）96頁。

[19] 近藤卓史「情報公開・最高裁判決補足意見に思う」自由と正義2007年12月号5頁。

[20] 中島誠『立法学——序論・立法過程論』（法律文化社、2004年）、大森政輔＝鎌田薫編『立法学講義』（商事法務、2006年）など。

補遺

　2003 年法の個人情報保護法 25 条は、「開示」及び「求め」の規定によって開示請求権としての法的性格を認めない本件東京地裁判決の判示がくり返されるとのことのないように、2015 年改正法同法 28 条 1 項のとおり、「本人は、……保有個人データの開示を請求することができる」とする規定に改正された。訴訟における具体的な請求の趣旨（民訴法 133 条 2 項 2 号）としては、別紙目録で保有個人データを特定した上で、「被告は、原告に対し、別紙保有個人データ目録記載の保有個人データを開示せよ。」などと記載することが考えられる[21]。この場合に、開示請求権を認めて実質審理に入った際に、なお、本論文は参考とされるものと解される（本書 201 頁）。

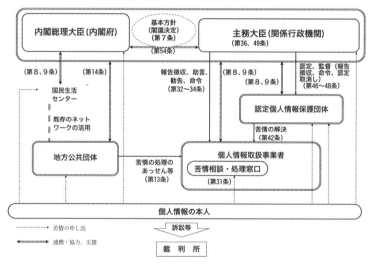

(出典・内閣官房個人情報保護室「法案の論点解説」)

21　日置巴美＝板倉陽一郎『平成 27 年改正個人情報保護法のしくみ』（商事法務、2015 年）90 頁。

第 5 章

情報公開法・公文書管理法と特定秘密——「時の経過」に関する最近の判決・答申を参考として

1 はじめに

　日本においては、1999年に行政機関情報公開法（以下「情報公開法」ともいう）、2001年に独立行政法人等情報公開法、2003年に個人情報保護法が制定された。1988年制定の行政機関電算機個人情報保護法を改正するものとして2003年に行政機関個人情報保護法があわせて制定され、同時に独立行政法人等個人情報保護法も制定された。この間、地方公共団体では、地方分権の観点から、独自に情報公開条例や個人情報保護条例が制定されていたが、現行の行政機関情報公開法25条や個人情報保護法5条をふまえて、すべての地方公共団体において個人情報保護条例が制定され、ほとんどすべての地方公共団体において情報公開条例が制定されている[1]。さらに、2009年には公文書管理法が制定され、行政文書及び法人文書の管理について法制化され、行政機関は文書不存在を理由として情報公開請求を拒否することが制約されることとなった。以上の法律や条例の関係を一覧すると、本章末尾記載の「情報公開法制・個人情報保護法制の体系イメージ」（以下「情報法制体系図」）のとおりとなる。

---

1 右崎正博＝多賀谷一照＝田島泰彦＝三宅弘『新基本法コンメンタール情報公開法・個人情報保護法・公文書管理法——情報関連7法』108頁（鈴木秀美）。

その後、行政機関情報公開法や独立行政法人等情報公開法の改正が提案されたが[2]、3・11 東日本大震災への対応が国会で優先審議となり、また、2010 年の参議院議員選挙により、いわゆる衆参両議院のねじれ現象によって法案の国会可決が難しくなっていた。さらに、民主党政権から自公政権への政権交代とともに、改正の気運は遠のいた。かえって、新政権において、衆議院と参議院の特別委員会で強行採決のうえ、2013 年 12 月に特定秘密保護法（以下「法」または「本法」）が制定された。2014 年 10 月には、特定秘密保護法施行令と運用基準を閣議決定し、12 月 10 日に同法を施行した。

　本稿は、最近の情報公開訴訟の判決と公文書管理委員会特定歴史公文書等不服審査分科会の答申における「時の経過」の解釈をふまえて、情報公開法・個人情報保護法・公文書管理法の体系の中に、特定秘密保護法とその施行令、運用基準を仮に位置づけ、同法の問題点及びその廃止や抜本的見直しの方向性を明らかにする[3]。

2　特定秘密保護法3条による指定と情報公開法との関係

(1)　特定秘密の指定

　法3条は、行政機関の長、合議制機関にあってはその機関ごとに、特定秘密として指定する権限と手続について定める。「行政機関の長（当該行政機関が合議制の機関である場合にあっては当該行政機関をいい、前条第4号及び第5号の政令で定める機関（合議制の機関を除く。）にあってはその機関ごとに政令で定める者をいう。以下同じ。）」が特定秘密を指定す

2　右崎外・前掲1書531頁。改正法案の提案から廃案の経緯については、三宅弘『原子力情報の公開と司法国家──情報公開法改正の課題と展望』（日本評論社、2014年）248頁。

3　筆者は、既に、「公文書管理法による特定秘密の利用請求」法セミ716号（2014年）6頁と「情報公開法・公文書管理法と特定秘密」法時86巻12号（2014年）111頁を発表しているが、本稿は、特定秘密法が施行されたことを機として、最近の判決・答申をふまえて、両論文を合体し、加筆のうえ、整理・再構成するものである。

る。法3条1項は法2条に規定された行政機関の単位ごとに特別秘密の保護を行うことを前提に、まずは保護の対象となる特定秘密について、各行政機関の長が指定を行うこととするものである（逐条解説15頁）[4]。特定秘密を指定するのは、次の19の行政機関の長のみとされる。①国家安全保障会議、②内閣官房、③内閣府、④国家公安委員会、⑤金融庁、⑥総務省、⑦消防庁、⑧法務省、⑨公安審査委員会、⑩公安調査庁、⑪外務省、⑫財務省、⑬厚生労働省、⑭経済産業省、⑮資源エネルギー庁、⑯海上保安庁、⑰原子力規制委員会、⑱防衛省、⑲警察庁となる（施行令3条）。

ただし、法3条1項ただし書の政令で定める行政機関に該当するのかしないかを問わず、61の機関（2014年7月1日現在。最高検察庁、高等検察庁等については検察庁（1機関）として計上）すべてについて、国家公務員法100条1項及び109条12号の「職務上知ることのできた秘密」については、別途、「秘密文書等の取扱いについて（昭和40年4月15日事務次官等会議申合せ）」及び「政府機関の情報セキュリティ対策のための統一基準（平成26年5月19日情報セキュリティ政策会議決定）」によって管理されていたが、2015年1月現在、内閣府公文書管理課において、一般の秘密文書の取扱いの見直しのため、「特定秘密以外の公表しないこととされている情報が記録された行政文書のうち秘密保全を要する行政文書（特定秘密である情報を記録する行政文書を除く）の管理」について、行政文書の管理に関するガイドラインを改正のうえ策定し、各府省庁の規則のモデルとしている。

(2) 指定の意味

本項は、特定秘密の要件として、①別表該当性、②非公知性、③特段の秘匿の必要性の3要件を充足することを要することとしている（逐条解説15）。本法による改正前の自衛隊法（以下「改正前自衛隊法」という。）第

---

[4] 内閣府内閣官房特定秘密保護法施行準備室「特定秘密の保護に関する法律［逐条解説］」（2014年12月9日）15頁。以下、逐条解説として本稿で引用する。

96 条の 2 第 1 項と同様の規定であるとする（旧逐条解説 10 頁）[5]。

　この点、②及び③の要件から明らかなように、特定秘密は、実質秘（「非公知の事実であって、実質的にもそれを秘密として保護するに値すると認められるもの」（沖縄密約事件最決昭和 53 年 5 月 31 日刑集 32 巻 3 号 457 頁））の中から指定されるものである。沖縄密約事件においては、沖縄返還協定の締結に至るまでの日米両政府間交渉上、日本が米国に対し、同協定で定められた内容を超える財政負担等を国民に知らせないままに行う旨の密約があったとして、これを示す行政文書の国家公務員法 100 条 1 項の「秘密」性が問題となった。実質秘は現行法上も国家公務員法（昭和 22 法 120）等により保護され得るものであるが、本法は、実質秘の中から特段の秘匿の必要性があるものを厳格な保護措置や重い罰則で保護しようとするものであり、実質秘の中から特別秘密に該当するものを抽出・明確化するための手段として、指定という制度を導入するものである、とする（旧逐条解説 10 頁）。

　同最決は、沖縄返還交渉上の密約について、「国家公務員法 109 条 12 号、100 条 1 項にいう秘密とは、非公知の事実であって、実質的にもそれを秘密として保護するに値すると認められるものをいい」、「その判定は司法判断に服するものである」と判示するものであって、秘密指定の是非についても、その指定は極めて限定的なものにとどまり、かつ、その判定は司法の実質的判断に服することに留意する必要がある。

　特定秘密保護法にかかる運用基準によれば、別表該当性の判断は、特定秘密保護法別表に掲げる事項の範囲内でそれぞれの事項の内容を具体的に示した事項の細目に該当するか否かにより行うものとする。なお、事項の細目に該当する情報のすべてを特定秘密として指定するものではなく、当該情報のうち、後述の非公知性及び特段の秘匿の必要性の要件を満たすも

---

[5] 内閣府内閣官房「特別秘密の保護に関する法律案［逐条解説］」は、特定秘密保護法案の参議院特別委員会の強行採決の直前になって公表された。本法に対応するものではないが、3 条（特別秘密の指定）、4 条（指定の有効期間及び解除）においては参考となるので、旧逐条解説として、本文中に引用する。

のものを特定秘密として指定する、とされる（運用基準Ⅱ、1、⑴）。

(3) 特定秘密と行政機関情報公開法との関係

　行政機関情報公開法は、「国民主権の理念にのっとり、行政文書の開示を請求する権利につき定めること等により、行政機関の保有する情報の一層の公開を図り、もって政府の有するその諸活動を国民に説明する責務が全うされるようにする」（同法1条）ことを目的として制定されたものであり、特定秘密として指定される情報も、その前提として同法2条2項の「行政文書」に該当する。

　同法は、何人にも「行政文書の開示を請求することができる」として、開示請求権を認め（同法3条）、行政文書の「原則開示」を定めるものである（「考え方」三(2)）[6]。不開示はあくまでも例外であり、必要最小限の範囲に限定しなければならない。すなわち、開示することにより、個人や法人等の正当な権利・利益を害し、国の安全や公共の安全を損ないまたは行政の適正な遂行を妨げるような情報も存する。そのため、同法5条柱書において開示を原則としつつ、開示による不利益の調整を図るため、一定の合理的な理由により不開示とする必要がある情報を「不開示情報」として、同法5条各号に限定的に列挙するものである[7]。

　このうち、国の安全・外交情報については、「公にすることにより、国の安全が害されるおそれ、他国若しくは国際機関との信頼関係が損なわれるおそれ又は他国若しくは国際機関の交渉上不利益を被るおそれがあると行政機関の長が認めることにつき相当の理由がある情報」が、不開示情報となる（同法5条3号）。公共の安全等情報については、「公にすることにより、犯罪の予防、鎮圧又は捜査、公訴の維持、刑の執行その他の公共の安全と秩序の維持に支障を及ぼすおそれがあると行政機関の長が認めることにつき相当の理由がある情報」が、不開示情報となる（同法5条4号）。

6　行政改革委員会「情報公開法制の確立に関する意見」（1996年12月16日）中の「情報公開法要綱案の考え方」第三項(2)。

7　右崎外・前掲1・基本コメ34頁（右崎正博）。

本法における特定秘密は、行政機関情報公開法5条各号により不開示とする必要がある情報よりも、はるかに限定的に解釈適用されるものでなければならない。本法3条1項は、行政機関情報公開法5条3号及び4号該当情報のうちでも「漏えいが我が国の安全保障に著しい支障を与えるおそれがあるため、特に秘匿することが必要であるもの」に限り、特定秘密として指定することが認められているにすぎないのであるから、行政機関情報公開法5条3号及び4号該当情報を広く特定秘密として指定することは許されない。

　内閣官房旧逐条解説においては、「秘匿の必要性の判断にあたって③特定の必要性のみを基準とするのでは指定の裁量が大きく、何が特別秘密に該当するのかが不明確となってしまい、ひいては、特別秘密にかかる罰則の構成要件該当性が必ずしも十分に明確にはならない」とされるが（旧逐条解説10頁）、行政機関情報公開法や行政機関個人情報保護法に基づく不開示よりも秘密指定の裁量をできるだけ限定しなければ、不明確かつ漠然ゆえに無効と判断されることとなる。

⑷　行政機関情報公開法5条3号の解釈にかかる最近の判決

　東京高判平成26年7月25日LEX/DB［平成24年（行コ）第412号、平成25年（行コ）第231号］は、1審原告らが、1951年に開始され1965年の日韓基本条約の締結に至るまで韓国との間で行われた日韓国交正常化交渉（日韓会談）に関する外務省保管文書について、行政機関情報公開法に基づく開示請求をしたが、外務大臣から同法5条3号、4号等所定の不開示情報が記録されていることを理由に一部不開示決定をうけたため、不開示決定の取消しと開示の義務付けを求める事案である。当初、1審原告らが2006年4月に外務大臣に対し開示請求した文書は1916文書、合計5万頁余りであり、これに対する外務大臣の開示・不開示の決定は複数回行われ、これまでにも同様の第1次、第2次訴訟が係属したが、本件が第3

次訴訟として、最終のものとなった（以下、第3次訴訟東京高判）[8]。

第3次訴訟の原審の東京地判平成24年10月11日（脚注8記載判決）は、348の文書（当初は369の文書）のうち一部の文書（不開示部分）について外務大臣の不開示決定を取り消して開示を命じ、その余について1審原告らの取消訴訟を棄却して義務付けの訴えを却下する旨の判決をした。

これに対し、1審被告国が控訴し、原判決中の1審被告敗訴部分の一部について取り消して1審原告らの取消請求の棄却及び義務付けの訴えの却下を求め、1審原告らも附帯控訴し、原判決中の1審原告ら敗訴部分の一部について取り消して不開示決定の取消及び開示を求めた。

第3次訴訟東京高判の原審及び控訴審係属中に、外務大臣は不開示部分について追加開示決定をしたため、控訴審口頭弁論終結時における控訴及び附帯控訴による不服申立ての対象文書は、あわせて114文書（1文書につき複数の不開示部分があるものが少なくなく、不開示部分はこれより多数である）となった。

第3次訴訟東京高判は、①控訴による不服申立ての対象とされた部分の不開示情報は、いずれも行政機関情報公開法5条3号または4号所定の不開示情報に該当すると認め、1審被告の控訴に基づき原判決中1審被告の敗訴部分で控訴による不服申立ての対象とされた部分を取り消し、上記部分につき1審原告らの取消請求を棄却して義務付けの訴えを却下し、②附帯控訴による不服申立ての対象とされた部分の不開示情報については、その一部につき法定不開示情報該当性を否定して不開示決定を取り消して開示を命じ、その余につき法定不開示情報に該当すると認めて1審原告らの附帯控訴を棄却した。第3次訴訟東京高判について、控訴人被控訴人共に上告や上告受理申立てはなされず、判決が確定した。

第3次訴訟東京高判は、行政機関情報公開法5条3号及び4号所定の不

---

8 崎外・前掲1・基本コメ49頁（松井茂記）に引用された東京地判平21年12月16日裁判所HP、東京高判平22年6月23日裁判所HPが、上記本文中の「同様の訴訟」であり、東京地判平24年10月11日LEX/DB25498004［平20（行ウ）599号］が本件東京高判の原審にあたる。

開示情報該当性についての裁判所の審査について、概要、以下のとおり述べている。

「同条 3 号及び 4 号によれば、上記各おそれがあるかどうかについては行政機関の長に裁量に基づく第一次的な判断権があるが、同条は、行政機関の長に対し、各号に掲げる情報（不開示情報）のいずれかが記録されている場合を除き、開示請求者に対し当該行政文書を開示しなければならないとして開示義務を定め、これを原則としつつ、開示義務の例外として不開示情報が記録されている場合を定める構造を採っているのであり、不開示情報を定める同条 3 号及び 4 号において行政機関の長が上記各おそれがあると認めることにつき相当の理由があることを要することとしている趣旨に鑑みれば、行政機関の長が外務大臣である場合において外務大臣が同条 3 号所定のおそれがあると認めることにつき『相当の理由がある』といえるかどうかについて判断する場合にあっては、我が国を取り巻く国際情勢、我が国と当該他国又は国際機関との従前及び現在の関係、これらをめぐる歴史的経緯及び事象、我が国の外交方針、我が国と当該他国又は国際機関との今後の交渉及び将来の関係の展望等に関する事実を総合的に踏まえて、他国又は国際機関との上記おそれの根拠があると合理的に判断することができる場合であることを要するものと解するのが相当である。したがって、裁判所は、上記各事実を斟酌して上記の場合に該当するかどうかを判断すべきものであり、その判断は、外務大臣の判断が全く事実の基礎を欠いているかどうか、又は事実に対する評価が明白に合理性を欠いているかどうかなどに限定されるものではないと解するのが相当である」と判示し、被控訴人国の主張を排斥している。

⑸　さらに、第 3 次訴訟東京高判は、行政機関情報公開法 5 条 3 号及び 4 号所定の不開示情報該当性の具体的な判断について、「本件においては、日韓国交正常化交渉関係文書に記録されている情報が情報公開法 5 条 3 号所定の不開示情報又は 4 号所定の不開示情報にあたるかどうかが問題となっており、……1 審被告は、開示請求のあった文書について可能な限り開示するという方針の下に努力を重ねて順次開示の範囲を広げてきており、

新たに開示された部分を含む文書を証拠として提出した。また、当審において、1審被告から外務省アジア局北東アジア課長の陳述書が証拠として提出され、同課長の証人尋問も行われた。……1審原告らからも主張立証が行われ……、これらによって、日韓国交正常化交渉当時及び現在の我が国を取り巻く国際情勢、我が国と韓国及び北朝鮮との当時及び現在の関係、これらをめぐる歴史的経緯及び事象、我が国の外交方針、今後の交渉及び将来の関係の展望、韓国側及び北朝鮮側の国民感情、交渉方針等を相当程度知ることができたし、同課長の陳述書及び証言等により、必要な補充説明も行われた」、「必要な審理は尽くされている」として、概要、以下のとおり、行政機関情報公開法5条3号、4号を解釈した。

　本件の不開示情報該当性の判断の対象である情報は、主として請求権問題、朝鮮半島由来の文化財の引渡しに関するものの他、竹島問題に関するもの等である。本件の審理の結果次のとおり認められる。日韓国交正常化交渉により、日本国と大韓民国との間の基本関係に関する条約が締結、批准され、財産及び請求権に関する問題の解決並びに経済協力に関する日本国と大韓民国との間の協定その他の協定が締結されて既に50年近くが経過するが、日韓両国の関係は改善が求められている状況にあり、また、北朝鮮との国交正常化交渉はまだこれから行われるという状況にある。請求権問題、朝鮮半島由来の文化財の引渡しに関する本件の不開示情報該当性の判断の対象である情報の内容は、日韓国交正常化交渉の過程において専ら我が国の政府内部での検討のために調査収集した資料や検討内容等であり、開示すれば、北朝鮮との国交正常化交渉で北朝鮮側に有利に援用され、我が国が交渉上不利益を被るおそれがある。文化財については、開示すれば、韓国との間でも引渡問題を再燃させ、我が国が交渉上不利益を被るおそれがある。竹島問題に関する情報は韓国との関係で無用な軋轢を生じ、我が国が交渉上不利益を被るおそれがある。さらに、本件の不開示情報該当性の判断の対象である情報には、政府高官等の率直ではあるが、韓国国民を刺激するおそれのある発言等が含まれ、また、外交上の信義の見地から、開示すれば他国との信頼関係の維持に悪影響を及ぼすなど問題があると考えられるものも含まれており、さらに、国の安全にかかわる情報も含

まれている。

　そこで、当裁判所は、本件の判断の対象である不開示情報のうち、内容を推知することができると認めたものにつき原判決中 1 審原告ら敗訴部分を取り消して 1 審原告らの取消請求を認容して開示を命じたが、それ以外の不開示情報については、行政機関情報公開法 5 条 3 号、4 号所定のおそれがあると外務大臣が認めることにつき相当の理由がある情報（法定不開示情報）に該当すると判断した。

　なお、第 3 次訴訟の原判決である前掲東京地判平成 24 年 10 月 11 日においては、行政機関情報公開法 5 条 3 号の解釈中に、「時の経過」を考慮事由とし、同号は国の安全等に関する情報の特質を考慮し、開示請求に係る行政文書に記録された情報が国の安全等に関する情報に該当するか否かの認定について、行政機関の長の合理的な判断に委ねたものとしつつ、被告行政機関において、前提として事実関係その他の不開示処分当時の状況等、一般的または類型的にみて当該情報が国の安全等に係ることを推認するに足りる事情を主張立証すべきだとし、さらに同号にいう「おそれ」については、「法的保護に値する蓋然性が必要であると解され」、その有無の判断は、「政策的又は専門的・技術的判断を伴うものであり、当該情報の内容や当該不開示処分当時の状況等の諸般の事情をふまえて行われるのであるから、当該行政文書が作成された後における時の経過、社会情勢の変化等の事情の変化についても、その考慮すべき要素になるものと解されざるを得ない」し、「歴史資料として重要な公文書については廃棄せずに国立公文書館等で公開することを予定していた……が、これらの点は、情報公開法 5 条各号の解釈にあたっても参酌されるべきである」とし、「条約その他の国際約束に関する文書又はこれに準ずる文書等であって、その作成から当該不開示処分が行われるまでに少なくとも 30 年以上経過している場合には、被告は、一般的又は類型的にみて……当該行政文書の作成後における時の経過、社会情勢の変化等の事情の変化を考慮しても、なお当該不開示処分の時点において同条 3 号……にいう『おそれ』が法的保護に値する蓋然性をもって存在することを推認するに足りる事情をも主張立証する必要があると解するのが相当である」と判示し、348 文書のうちの一

部の文書（不開示部分）の不開示決定を取り消し、開示を命じた（前掲東京地判平24年10月11日）。

しかし、第3次訴訟東京高判は、30年の「時の経過」について、東京地判のようには解釈していない。

3 「当該行政機関についての……事項」と公文書管理法

(1) 特定秘密の指定と公文書作成義務

特定秘密の指定の対象は、特定秘密保護法制定前の「防衛秘密」と同様、事項（事実、情報、知識その他の一定の内容の集合体たる無体物をいう。）であり、個々の文書、物件ではない。したがって、特別秘密の指定の効果は、個々の文書や物件にとどまるものではなく、客観的に同一性がある限り、事項を記録または化体する媒体の異同にかかわらず、いわば無限に及ぶものである、とされる（旧逐条解説11頁、逐条解説17頁）。

他方、公文書管理法は、行政機関の職員は、政府の諸活動を「現在及び将来の国民に説明する責務が全うされるようにすること」という目的の達成に資するため、「当該行政機関における経緯も含めた意思決定に至る過程並びに当該行政機関の事務及び事業の実績を合理的に跡付け、又は検証することができるよう、処理に係る事案が軽微なものである場合を除き、……文書を作成しなければならない」として行政文書の作成義務を規定する（公文書管理法4条本文）。

作成義務の対象となるものは、「法令の制定又は改廃及びその経緯」（同法同条1号）のほか、「閣議、関係行政機関の長で構成される会議又は省議（これらに準ずるものを含む。）の決定又は了解及びその経緯」（同条2号）、「複数の行政機関による申合せ又は他の行政機関若しくは地方公共団体に対して示す基準の設定及びその経緯」（同条3号）などの事項である。国の安全・外交、公共の安全等、特定有害活動、テロリズムなど、「当該行政機関の所掌事務に係る別表に掲げる事項に関する情報であって、公になっていないもののうち、その漏えいが我が国の安全保障に著しい支障を与えるおそれがあるため、特に秘匿することが必要であるもの」は、特定

秘密として指定されるのではあるが（3条本文）、重要な国家機密の指定であれば、当然に、これに関する「閣議、関係行政機関の長で構成される会議又は省議（これらに準ずるものを含む。）における決定又は了解及びその経緯」について、行政文書が作成されなければならない。特定秘密の指定行為は、公文書管理法4条に基づき、行政文書として作成され保存されなければならないのである。その保存年限については、同法5条において規定されている。すなわち、行政文書の分類、行政文書ファイルの作成、名称の設定とともに、「保存期間及び保存期間の満了する日を設定しなければならない」（同法5条1項）。さらに、「レコード・スケジュール」として、個々の文書ごとに保存期間、期間満了時の措置等の文書のライフサイクル等を定める「レコード・スケジュール」の仕組みを導入している[9]。特定秘密情報も、公文書管理法に基づく、レコード・スケジュールに基づいて取り扱われることに留意する必要がある。

(2) 運用基準における「公文書管理法と情報公開法の適正な運用」

運用基準は、上記2、(3)及び3、(1)の関係をふまえて、「特定秘密である情報を記録する行政文書についても、公文書管理法や情報公開法の適用を受けることは、他の行政文書と異なることはない」、「特定秘密保護法の運用その他特定秘密に関する業務を行うすべての者は、……特定秘密保護法だけでなく公文書管理法と情報公開法についても適正な運用を徹底し、国民への説明責務を全うしなければならない」と明示している（Ⅰ、2、(2)）。

同時に、本法22条1項は、本法を「拡張して解釈して……はなら」ないことを規定し、これを受けて、運用基準においては、「特定秘密保護法が定める各規定を拡張して解釈してはならないこと」、「特に、……必要最低限の期間に限って特定秘密として指定するものとすること」も明示されている（Ⅰ、2、(1)）。

国民が主権を有する民主主義国家にあっては、国の情報はすべて国民の

---

[9] 『逐条解説公文書管理法・施行令［改訂］』（ぎょうせい、2011年）36頁。

情報であり、公開が原則とされることは、既に、行政機関情報公開法制定の立法運動の際に、「国民の目と耳が覆われ、基本的な国政情報から隔離されるとき、いかなる惨禍に見舞われるかは、過去の戦争をとおして私たちが痛切に体験したところである」と宣言されてきた[10]。

　本法の強行採決による制定にあたり危惧されたように、本法が戦前の治安維持法、軍機保護法、国防保安法等のように解釈適用されることがあってはならないのであって、そのためには、特定秘密が現用文書の中にあるときは行政機関情報公開法や行政機関個人情報保護法を、特定秘密が非現用文書の中にあるときは公文書管理法を十分に活用することが、満州事変からアジア・太平洋戦争に至った過ちをくり返さないためにも必要である[11]。

　ところが、今般の特定秘密保護法は、防衛（別表一）、外交（別表二）の他、特定有害活動の防止（別表三）及びテロリズムの防止（別表四）をも、特定秘密として指定する。これらの秘密情報は、都道府県警察においても保有される。都道府県警察が特定秘密を保有するのは、①本法5条2項により警察庁長官が指定した場合において都道府県警察が保有するもの、②本法7条に基づき都道府県警察に利用させる必要があると認めて警察庁長官から提供したもの、及び③本条1項1号ロに基づき特定秘密の漏えい等の刑事事件の捜査において行政機関の長から提供を受けた場合であるとされる（逐条解説62頁）。

　このうち、③の場合については、当該警察本部長が提供しようとする特定秘密が本条1項1号ロに掲げる業務において利用するものとして提供を受けたものである場合（刑事事件の捜査または公訴の維持であって刑訴法316条の27第1項（同条3項及び同法316条の28第2項において準用する場合を含む）の規定により裁判所に提示する場合の他、当該捜査または公訴の維持に必要な業務に従事する者に特定秘密を提供することを前提に

10　情報公開法を求める市民運動「情報をわれわれの手に！情報公開」5号（1981年）。秋山幹男＝三宅弘＝奥津茂樹『情報公開』（学陽書房、1987年）18頁。

11　三宅・前掲2書371頁。

提供する場合）、例えば、「捜査のため都道府県警察から検察庁に特定秘密を提供すること」（逐条解説 62 頁）は、「当然に予定されたものであることから、改めて、我が国の安全保障に著しい支障を及ぼすおそれがあるかどうか判断する必要はない」とされる（逐条解説 63 頁）。

　しかし、上記①及び②の場合については、「我が国の安全保障に著しい支障を及ぼすおそれがあるかどうか」の判断は行われておらず、「そのような判断は、国内外の関係機関と情報交換を行い、全国警察の関連情報を集約し、分析評価を行っている警察庁のみが適切な判断を行うことができると考えられる」。このため、③以外の場合により都道府県警察が保有する特定秘密を本法 10 条 1 項 1 号に掲げる場合に警察本部長が提供するときには、「同号に規定する我が国の安全保障に著しい支障を及ぼすおそれがないと認めることについて、警察庁長官の同意を得た場合に限る」とした（逐条解説 63 頁）。

　警察本部長は、文書提出命令申立て手続において民訴法 223 条 1 項の規定により裁判所に提示する場合及び都道府県の情報公開条例に基づき、審査会設置法 9 条 1 項の規定に相当するもの（一般に、情報公開審査会または情報公開・個人情報保護審査会）に提示する場合に限り特定秘密を提供することができる。この場合に、「当該都道府県の条例」とは、情報公開条例の規定による諮問に応じて審議を行う情報公開審査会等の設置根拠が情報公開条例とは異なる場合の都道府県の条例を含むものとされる。

　しかし、本法においては、公文書管理条例は、特定秘密提供の前提とされていない。前記(1)で述べたとおり、特定秘密情報は、公文書管理法に基づくレコード・スケジュールに基づいて取り扱われるが、警察本部長は、国の「行政機関の長」ではなく、公文書管理法の適用対象外となる。公文書管理法と同様の公文書管理条例が都道府県レベルで整備されるか、情報公開条例が公文書管理法と同様の行政文書の保存・管理・利用について定めることになるのでなければ、警察本部長の段階で特定秘密情報が恣意的に廃棄される危険が極めて高い。日本には、特別高等警察が思想弾圧し、

その記録を戦後すぐに廃棄した、横浜事件[12]や宮沢事件[13]などの非難されるべき先例がある。そのような先例の再来を許さないためにも、公文書管理条例を整備し、都道府県レベルでの特定秘密の保存、管理、利用を条例レベルにおいて確立することが必要である。その内容については、別稿で述べたとおりである[14]。

4　特定秘密指定の有効期間と解除

(1)　指定の有効期間

　法4条は、特定秘密の有効期間に関する規定を設けている。その趣旨は、「無制限に特定秘密が指定されたり、特定秘密の指定が解除された後に、特定秘密が記録された行政文書等が不適切に廃棄されたりし、国民が後に何が特定秘密として指定されていたかを検証することができないような事態は適切ではない」ことによる（逐条解説25頁）。

　本法の政府原案時の立法趣旨は、「指定を行った行政機関の長に対し、指定の要件充足性を欠くに至った場合に解除により速やかに指定の外形を除去する義務を課すとともに、解除を補完するための制度として指定の有効期間について規定するものである」とだけ明示されていたが（旧逐条解説16頁）、本法の逐条解説においては、特定秘密の不適切な廃棄や検証不能の事態を避ける観点が強調されている。本条は、公文書管理法の適切な運用と共に、廃棄や検証不能の事態を避けるために厳格な運用が求められる。前掲2、(1)の19の行政機関の長は、特定秘密保護法（以下本題においては「本法」または「法」）本法3条に基づく特定秘密の指定をすると

---

[12]　横浜事件・再審裁判＝記録／資料刊行会『全記録・横浜事件・再審裁判』（高文研、2011年）4頁。同『ドキュメント横浜事件』（高文研、2011年）452頁（海野普吉「横浜事件の裁判」）。

[13]　上田誠吉『ある北大生の受難——国家秘密法の爪痕』（花伝社、2013年）134、141、144頁。三宅・前掲2書374頁。『引き裂かれた青春——戦争と国家秘密』（花伝社、2014年）258、259頁。

[14]　三宅・前掲2書220頁。

きは、指定の日から起算して5年を超えない範囲内において有効期間を定める（法4条1項）。

5年の期間満了時に、なお本法3条に基づく特定秘密の指定の要件を満たすことから、指定の必要があるときは、5年を超えない範囲内において有効期間を延長するものとする（法4条2項）。「定期的に特定秘密の要件充足性を確認することとし、特定秘密の指定の要件充足性の確認に仮にも漏れが生じることのないようにするものである」[15]。

原則として、指定の有効期間は、通算して30年を超えることができない（法4条3項）。国民が主権を有する民主主義国家にあっては、国の情報はすべて国民の情報であり、公開が原則とされる。1968年ICA［国際公文書館会議］マドリッド大会における決議による30年原則は、日本の公文書管理制度の運用においては、厳格に適用されるべきである。

本法4条3項にかかわらず、「政府の有するその諸活動を国民に説明する責務」（行政機関情報公開法1条、公文書管理法1条参照）を全うする観点に立っても、なお指定に係る情報を公にしないことが現に我が国及び国民の安全を確保するためにやむを得ないものであることについて、その理由を示して、内閣の承認を得た場合は、行政機関の長は、当該指定の有効期間を、通算して30年を超えて延長することができる（法4条4項本文）。会計検査院は独立性が強いことから内閣の承認を得る手続からは除外されている。

その延長期間は、さらに通算して60年を超えることができないが（法4条4項ただし書）、①武器、弾薬、航空機その他の防衛の用に供する物（船舶を含む。別表第1号において同じ。）（同4項ただし書一）、②現に行われている外国（本邦の域外にある国又は地域をいう。以下同じ。）の政府又は国際機関との交渉に不利益を及ぼすおそれのある情報（同4項ただし書二）、③情報収集活動の手法又は能力（同4項ただし書三）、④人的情報源に関する情報（同4項ただし書四）、⑤暗号（同4項ただし書五）、⑥外国の政府又は国際機関から60年を超えて指定を行うことを条件に提

---

[15] 内閣官房特定秘密保護法施行準備室・神原紀之「法令解説」時の法令1953号13頁。

供された情報（同4項ただし書六）、⑦前各号に掲げる事項に関する情報に準ずるもので政令で定める重要な情報（同4項ただし書七）については、60年を超えても、なお、特定秘密指定の有効期間を延長することができる。

　行政機関の長は、特定秘密指定の有効期間を30年を超えて延長するにあたり内閣の承認を得ようとする場合においては、収納物を外部から見ることができないような運搬容器に特定秘密文書等を収納し、施錠したうえで、行政機関の長が当該行政機関において当該特定秘密の取扱いの業務を行わせる職員のうちから指名するものに当該運搬容器を携行させたうえ（施行令10）、内閣に当該特定秘密を提示することができる。この場合に、閣議については公文書管理法4条の趣旨に基づき議事の内容を記載した議事録が作成されているから[16]、特定秘密の提示がなされたことは、外形的には明らかとなるはずである（法4条5項）。

　行政機関の長は、特定秘密指定の有効期間を30年を超えて延長するにあたり内閣の承認を得ることができなかったときは、公文書管理法8条1項の規定にかかわらず、当該指定に係る情報が記録された行政文書ファイル等の保存期間の満了とともに、これを国立公文書館等に移管しなければならない（法4条6項）。公文書管理法8条1項は、行政機関の長は、保存期間が満了した行政文書ファイル等については、歴史公文書等に該当するものは国立公文書館等への移管の措置をとるか、それ以外のものにあっては、廃棄の措置をとる。しかし、特定秘密に係る行政文書ファイル等は、特定秘密指定の有効期間を30年を超えて延長するにあたり内閣の承認を得ることができなかった、当該指定に係る情報が記録された行政文書ファイル等の保存期間の満了とともに国立公文書館への移管を義務付けられる。

　しかし、有効期間を30年を超えて延長することなく、したがって内閣の承認を得る手続を経ない特定秘密情報が記録された行政文書ファイル等は、公文書管理法8条1項により、同法5条5項に基き、移管または廃棄する。保存期間が満了した行政文書ファイル等を廃棄しようとするときは、あらかじめ、内閣総理大臣に協議し、その同意を得なければならない（公

---

[16] 2014年3月28日閣議決定「閣議等の記事の記録の作成及び公表について」。

文書管理法8条2項)。特定秘密の指定が解除された情報を記録した行政文書ファイル等が、公文書管理法8条の手続によらず、違法に廃棄されることのないように注意を要する。

また、この廃棄にあたっての公文書管理法8条2項の内閣総理大臣の同意の手続は、そもそも、内閣府公文書管理課による実際の手続において、適正になされるか、課題のあるところであるから[17]、特に注意を要する。

行政機関の長は、指定をした情報が、本法3条1項に規定する特定秘密の指定の要件を欠くに至ったときは、有効期間であっても、当該指定に係る旧特定秘密文書等について、特定秘密表示を抹消したうえで、指定解除表示をし（施行令11条1項1号）、当該指定について通知を受けた者（法3条2項2号または法5条2項もしくは4項の規定による）や当該行政機関の長から当該指定に係る特定秘密の提供を受けた者（法6条1項、7条1項、8条1項、9条、10条1項または18条4項後段の規定による）に対して、当該指定を解除した旨及びその年月日を書面により通知し（法11条1項2号）、特定秘密指定管理簿に当該指定を解除した旨及びその年月日を記載し、または記録する（法11条1項3号）措置を講ずる。その際、特定秘密であった情報を記録する文書または図面（施行令11条2項1号）、電磁的記録（同11条2項1号）、記録または化体する物件（同11条2項3号）のそれぞれについて、指定解除表示の方式が定められている（同11条2項本文）。

しかし、行政情報の公開原則の立場から認められるべき、国民の特定秘密指定解除請求は認められていない。特定秘密指定制度について参考とされた米国においては、秘密指定解除請求制度が認められている[18]。日本においても、国政情報は「国民共有の知的資源」（公文書管理法1条）であ

17　右崎外・前掲1・基本コメ475、476頁（二関辰郎）。

18　三木由希子「アメリカの機密保護制度との比較検討」法セミ2014年9月号19頁。永野秀雄「米国における国家秘密の指定と解除──わが国における秘密保全法制の検討材料として」法政大学人間環境学会『人間環境論集』13巻1号（2012年）6、26頁。

るという観点から、特定秘密指定解除請求制度が認められるべきである。そして、この制度は、前記3、(2)で述べたとおり、警察本部長が特定秘密を保有することから都道府県における公文書管理条例においても制度化されるべきである。

5　公文書管理法による特定秘密の利用請求と「時の経過」をふまえた答申

(1)　国の安全・外交、公共の安全等、特定有害活動、テロリズムなど、「当該行政機関の所掌事務に係る別表に掲げる事項に関する情報であって、公になっていないもののうち、その漏えいが我が国の安全保障に著しい支障を与えるおそれがあるため、特に秘匿することが必要であるもの」は、特定秘密として指定されるのではあるが（法3条本文）、重要な国家機密の指定であれば、当然に、「閣議、関係行政機関の長で構成される会議又は省議（これらに準ずるものを含む。）における決定又は了解及びその経緯」について、行政文書が作成されなければならない。特定秘密の指定行為は、公文書管理法4条に基づき、行政文書として作成され保存されなければならないのである。

現用文書については、行政機関情報公開法に基づく公開請求や、行政機関個人情報保護法に基づく本人情報開示請求ができるが、非現用文書として、国立公文書館や外交史料館に移管された行政文書については、利用請求（公文書管理法16条1項）ができる。

上記のとおり、特定秘密の指定の対象は、事項を記録または化体する媒体の異同にかかわらず、いわば無限に及ぶというのであるから、行政文書として記録または化体された情報については、現用、非現用の区別なく、何人も情報公開請求や特定歴史公文書利用請求をして、これを捕捉することができる[19]。利用請求に対する処分について不服がある者は、国立公文

19　桜井敏雄「公文書をめぐる諸問題——公文書管理法、情報公開法、特定秘密保護法」立法と調査（参議院事務局）2014年1月号3頁。

書館等の長に対し、行政不服審査法による異議申立てをすることができる（公文書管理法21条1項）。異議申立ては、公文書管理委員会に諮問されるが（同法同条2項）、特定歴史公文書等不服審査分科会に付託される（公文書管理委員会運営規則6条1項）。

　以下では、最近の公文書管理委員会（特定歴史公文書等不服審査分科会）の決定事例について、かつての外交機密情報が、やがてその大半において利用可能となったことを紹介したい。

⑵　公文書管理委員会の決定例に見る「時の経過」を考慮した秘密文書の公開

　①　平成25年度答申第1号「経済協力・韓国27・日韓請求権問題参考資料（第3分冊）」の一部利用決定に関する件については、2014年3月25日に答申された。独立行政法人国立公文書館の諮問による平成24年度諮問第1号の事例である。いわゆる日本と韓国の国交回復にあたっての、日韓基本条約締結のための実務担当者の交渉記録である。

　②　公文書管理委員会（特定歴史公文書等不服審査分科会）は、次のとおり判断した。以下、本件第1答申といい、本⑵においては、決定本文を〈　〉で引用し、筆者のコメントを［　］で付記する。

〈ア　総論
（中略）
（イ）「移管元行政機関の長」の判断についての相当の理由
　請求権問題については、我が国と韓国の2国間で完結するものでなく、今後予想される北朝鮮との国交正常化交渉においても大きな課題となるものと考えられる。そうした場合、今後、北朝鮮が、我が国との国交正常化交渉を進めるにあたり、過去において我が国と韓国との交渉に対する個別具体的な交渉方針や請求額に対する試算額の検討内容等が具体的に記載された資料に十分関心を持つことを否定することは出来ず、また、当時の韓国との交渉においても、我が国政府内で検討していた交渉方針や論点が、韓国側に全て明らかにされたとまでは言えず、我が国にとって不利な論点は韓国側に提示していない可能性も否定することは出来ない。

そうすると、本件対象文書に含まれる機微な情報を利用に供した場合には、北朝鮮側が当該情報の内容を把握することになり、その結果、北朝鮮側が、当該情報の内容から我が国の国交正常化交渉における対応を事前に推測し、我が国に不利な条件や更に厳しい条件を提示し受け入れや譲歩を迫ることになるなど、交渉上我が国が不利益を被るなどのおそれがあるとする「移管元行政機関の長」の判断につき、「相当の理由」があるとする諮問庁の主張を否定することはできない。
　（ウ）「時の経過」について
　法16条2項によれば、国立公文書館等の長は、利用請求に係る特定歴史公文書等を利用に供するか否かを判断するに当たり、特定歴史公文書等が行政文書又は法人文書として作成又は取得されてからの時の経過を考慮するとされている。また、平成20年11月4日の公文書管理の在り方等に関する有識者会議最終報告によれば、一般的に時の経過とともに不開示とすべき事由は減っていくものであることや、国際的動向・慣行（1968年ICA（国際公文書館会議）マドリッド大会において決議された、利用制限は原則として30年を超えないものとすべきとする「30年原則」等）を踏まえたものとするとされている。
　そうすると、本件対象文書は、異議申立人も主張するとおり、既に作成から50年近く経過し、国立公文書館に移管され特定歴史公文書等として保存されていることから、時の経過も踏まえ、利用制限する部分は必要最小限として、可能な限り国民の利用に供する必要がある。
　そのため、本件対象文書が作成から50年近くなるという時の経過も勘案しながら、以下、諮問庁がなお利用を制限するとしている部分の利用制限事由該当性を検討する。〉
　〔以上の総論においては、本件文書の利用請求について、「移管元行政機関の長」の判断についての相当の理由は、上述した行政機関情報公開法5条3号に準じて尊重されるが、特に公文書管理法の適用においては、「時の経過」（同法16条2項）をふまえて、利用制限は原則として30年を超えないものとすべきとする「30年原則」等をふまえて利用拒否の可否を検討することで、公開の幅が広がるのである。以下、具体的に公開の判断

が論じられている。]

〈イ　各論
（ア）利用制限部分の情報の公知性について
ａ　公にされているか否かの確認等について
（中略）
　諮問庁は、本件対象文書の情報の公知性について移管元行政機関の長（財務大臣）及び参考人（外務省）に確認を行ったほか、大蔵省が公刊している「昭和財政史」、「覚書終戦財政始末」及び本件対象文書で出典が記されている文献資料等について、国立国会図書館など公の図書館で利用できる資料等をできる限り調査するとともに、国立公文書館で利用に供している特定歴史公文書等やアジア歴史資料センターでの公開状況についても精査を行った。その結果、本件対象文書に記載された情報と同じ又は類似のものがすでに公になっていることが明らかとなり、当該情報を利用に供しても差し支えないと判断されたものは、原処分を変更し、利用に供することにしたと説明する。
　また、参考人（外務省）は、公になっていることが確認できた情報については、利用に供することとしたが、当委員会及び国立公文書等からの意見照会に当たり、改めて、外務省の過去の情報公開開示請求で開示した文書及び当省図書館に所蔵されている大蔵省編集昭和財政史等を対象として確認を行ったが、確認した資料等に類似または同一の記述が公になっているとしても、その文書の性格、当該情報の記述ぶり、前後の文脈等が異なることから、その事実をもって、本件対象文書で直ちに利用に供することができるわけではないと説明する。
　なお、参考人（外務省）は、本件対象文書と関連する行政文書の開示・不開示が争われている係争中の前記日韓会談文書公開訴訟の判決を受けているところである。〉
［公文書管理法16条1項の適用においては、類似の情報によって、利用拒否部分が依然として非公知か否かを判断し、既に公知とされるものについては、公開される。「係争中の前記日韓会議文書公開訴訟」とは、前記

2、(4)の東京地判平24年10月11日（脚注8記載判決）である。本件第1答申は、東京地判平24年10月11日とその控訴審・東京高判平26年7月25日との間になされている。これら訴訟の原告と本件第1答申にかかる異議申立人は同一人物ではないが、被告側処分庁と異議申立相手方の公文書作成者はいずれも外務省であるから、「時の経過」の解釈等について、外務省としては、できる限りの統一的解釈がなされ、本件訴訟及び本件異議申立ての途中において原処分を一部取消して開示・利用請求の範囲を広げている。］

〈b　諮問庁が、なお利用制限を維持する情報の公知性について
（中略）
（a）当委員会をして諮問庁がなお不開示を維持する別紙3の記載内容が他の資料等で公になっていないかを確認したところ、外務省が本件とは別に行われた行政機関情報公開法に基づく開示請求に対する開示決定において、本件対象文書に該当する内容が記載された文書を一部開示していることが認められた。

そのため、当委員会において諮問庁を通じて外務省から別途行われた開示決定に係る開示実施文書等の関係書類を提示させ内容を確認したところ、外務省は、平成24年6月21日に行われた「日韓会議に関する136文書」の開示請求に対して、同年8月20日及び平成25年1月21日にその一部を開示する決定を行っているが、その中で、例えば開示実施文書の一部である「日韓関係想定問答（未定稿）（37．2．26）理財局外債課」等（以下「開示実施文書」という。）において、別紙4の1(1)に掲げる部分の内容を既に開示されていることが認められる。

また、異議申立人が本件対象文書で利用制限している部分については、既に「経済協力105」で開示されていると主張することから、当委員会をして諮問庁に内容を確認させたところ、別紙4の1(2)に掲げる部分の内容は既に国立公文書館において当該文書で公開されているとのことであった。また、当該情報は、外債課保存資料の内容を掲載したものに過ぎないと認められる。

(中略)

［以上のとおり、日本中のアーカイブズの関連情報を通じて、「現時点においては、当該情報が公にされているかを、インカメラ審理によって判断する。不服審査分科会でのインカメラ審理が極めて重要な手続であることが、行間から伺えるのである。］

〈（イ）既に公にされている情報以外の利用制限事由該当性について
次に別紙3の利用制限部分のうち、上記（ア）で既に公にされている情報以外の利用制限事由該当性について検討する。
　a　本件対象文書は作成から既に50年近く経過し、現用文書として保存する必要な期間が過ぎたものとして国立公文書館に移管され、特定歴史公文書等として保存されているものであることからすれば、時の経過も踏まえ、可能な限り国民の利用に供する必要があることは前述したとおりである。
　このことについて諮問庁は、別紙3の利用制限部分のうち、上記（ア）で既に公にされている情報以外の部分に記載されている内容は、今後予定される北朝鮮との国交正常化交渉において、なお外交交渉上の戦術的価値を有するものであるとともに韓国側にも明らかにしていない情報であることから、作成から時間が経過したからと言って、一律に利用に供することはできない旨説明する。
　確かに、我が国は北朝鮮との関係においては、諸所の事情によりいまだ国交正常化されておらず、戦後処理に伴う北朝鮮への賠償問題は、日朝平壌宣言以降具体的な交渉に至っていないものの、今後、北朝鮮との国交正常化交渉が行われることは否定しえないところであるが、当委員会で別紙3の利用制限部分のうち、上記（ア）で既に公にされている情報以外の部分に記載されている内容について見分したところ、別紙4の2に掲げる部分については、以下のような状況が認められる。
　(a) 53頁の12行目ないし54頁の最終行目、65頁の17行目ないし最終行目の表及び66頁2行目ないし最終行目の部分
　当該部分に記載された内容は、1946年4月及び1947年11月の2回に

よる日銀券等の焼却状況の合計金額等が記載されているが、当該情報は、諮問庁が既に利用に供することとした 61 頁ないし 65 頁及び 67 頁ないし 73 頁に記載された焼却日銀券等の第 1 回目分と第 2 回目分の各数値を合計したものに過ぎず、また、67 頁の「4　日銀券焼却に関する諸証拠資料」の（注）において、韓国側は、67 頁ないし 73 頁の英文証拠資料と同一の資料を第 6 次会談請求委員会に提出しているとの記載があることからすると、韓国側は当該資料を保有しており、当該資料を利用に供したとしても、この資料を根拠として韓国側が新たな請求をしてくることはないと認められる。
　（後略）
　［以上の部分は、まさに、不服審査分科会が本件文書をインカメラ審理することにより、極めて詳細に、利用拒否事由（不開示事由）を判断していることを明らかにするものである。裁判所においてのインカメラ審理の必要性については、別稿で述べたが[20]、その必要性をインカメラ審理の実例からも明らかにすることとなった。］

　〈ｂ　しかし、別紙 3 のうち、上記 a を除いた部分には、日韓国交正常化交渉に対する①韓国の対日請求項目に対応する我が国政府部内の交渉方針や試算の検討過程を示す内容、②我が国政府部内で請求権問題に関する検討・試算を行うに当たって収集した参考資料の内容、③当時の閉鎖機関・在外会社が所有していた資産や債権・債務に関する内容及び④我が国政府部内の検討をまとめた内容が詳細に記載されていることからすると、これらの情報は、日韓請求権問題に関する我が国政府部内の検討状況等の機微な情報であると認められる。
　そうすると、北朝鮮との国交正常化交渉においては、日朝平壌宣言において、韓国の場合と同様、請求権を相互に放棄し、経済協力について協議することが今後想定されていることを否定できないのであるから、日韓国交正常化交渉における請求権問題が、我が国と韓国の 2 国間で完結したも

20　三宅・前掲 2 書 167、294、326 頁。

のとはいえず、引き続き北朝鮮との間でも交渉が行われていくものであると認められる。また、当時の韓国との交渉においても、我が国政府内で検討していた交渉方針や論点の全てを韓国側に明らかにしたとまでは言えず、我が国にとって不利な論点は韓国側に提示していない可能性及び韓国国内において当時の請求権問題の解決に批判的な見解が依然として存在することも否定出来ないと認められる。

　これらのことを踏まえると、当該部分に記載された機微な情報が明らかになると、今後、北朝鮮と協議する際に重要な根拠として使われるおそれ、若しくは韓国との関係において、我が国の今後の外交上のやりとりを不利にするおそれを否定することはできない。

　したがって、たとえ本件対象文書が作成から50年近く経過しているという事実や日韓交渉の時とは経済情勢等が変化しているという事情等の時の経過を勘案したとしても、当該部分に記載された内容が公にされれば、今なお我が国が交渉上不利益を被るおそれがあると言わざるを得ず、諮問庁の説明自体を不合理であると否定するに足りる理由を見いだすことはできない。〉

　[以上の部分は、上記のとおり、「時の経過」をインカメラ審理で判断しても、なお、不開示（利用拒否）にしなければならない部分とされている。]

〈(3)　結論

　諮問庁が自ら利用に供するとした部分の他に、諮問庁が、法第16条第1項第1号ハに該当するとして、なお利用を制限するとした別紙3の部分のうち、別紙4に掲げる部分については、当該部分を利用に供した場合、我が国が北朝鮮との交渉上不利益を被るおそれ、若しくは韓国との関係において、我が国の今後の外交上のやりとりを不利にするおそれがあると本件対象文書を移管した行政機関の長（財務大臣）が認めることにつき相当の理由があるとは認められないので、利用に供すべきである。

　しかし、上記以外の部分については、当該部分を利用に供した場合、我が国が北朝鮮との交渉上不利益を被るおそれ、若しくは韓国との関係にお

いて、我が国の今後の外交上のやりとりを不利にするおそれがあると本件対象文書を移管した行政機関の長（財務大臣）が認めることにつき相当の理由があると認められるので、利用を制限することが妥当である。〉

〔異議申立人は、本件異議申立てによって、利用拒否処分を覆し、相当部分の開示（利用）を実現するに至った。なお、本件第1答申をふまえての、異議申立てに対する諮問庁の決定については、これを不服とする利用請求拒否処分取消訴訟は提起されることなく、確定した。〕

(3) 「時の経過」を考慮して「慣行として公にされている個人情報」かを判断した公文書管理委員会の答申

　公文書管理委員会（特定歴史公文書等不服審査分科会）は、公文書管理法21条2項に基き、独立行政法人国立公文書館から諮問された平成25年度諮問第2号ないし諮問第5号に対する審議（利用制限部分の妥当性）を行った結果、2014年12月17日に利用制限部分の一部を利用に供すべきとの答申を決定した（答申番号：平成26年度答申第1号、同第2号、同第3号及び同第4号）。

　利用請求の対象となった特定歴史公文書等は、4件あり、これらは1970年2月から1985年9月までの間に日本経済短期大学を運営する学校法人亜細亜学園が、学則の変更や学科の廃止等に際して文部省の認可を求めるために申請した書類を決裁文書と共に綴ったものであり、文部省において保有し、法施行前の2007年度に国立公文書館に移管されたものである。

　諮問庁は、本件対象文書の利用請求に対し、個人に関する情報（教員の生年月日、本籍、現住所等）及び法人に関する情報（学校法人の理事長印、契印等）の一部が法16条1項1号イ及びロに該当するとして利用制限する原処分を行ったが、異議申立人から本件対象文書のすべてを利用に供するよう異議申立てが行われた。

　公文書管理委員会（特定歴史公文書等不服審査分科会）では、処分庁の利用制限した部分が、公文書管理法16条1項1号イ及びロに該当するかについて審議したが、審議過程において、諮問庁が公文書管理委員会の指

摘等をふまえて、自ら原処分の一部を新たに利用に供することとしたため、同委員会では、当該部分を除いた部分についての利用制限事由の該当性について審議した。

審議においては、大学等の教員が行う教育研究活動に係る個人に関する情報の取扱いや学校法人亜細亜学園への聞き取り調査等をふまえ、また、本件対象文書が作成から 30 年程度経過するものであるという「時の経過」も勘案しながら、利用制限部分の情報の公知性（いわゆる慣行として公にされている情報か）について慎重に審議を行った。

公文書管理委員会（特定歴史公文書等不服審査分科会）においては、諮問庁が同委員会からの指摘等をふまえ、自ら原処分の一部を見直して利用に供するとしたものの、公文書管理法 16 条 1 項 1 号イ及びロに該当するとして利用を制限するとした部分について、特定歴史公文書等が原則として利用に供すべきものとされていること、大学等の教員としての教育研究活動に係る個人に関する情報の取扱い、さらに、個人の死亡などによる「時の経過」等をふまえ、当該部分のうち一部情報については、利用に供したとしても、同法 16 条 1 項 1 号イ及びロの利用制限事由につき相当の理由があるとは認められないことから、利用に供すべきであると判断した。

上記の結果、諮問庁が自ら原処分の見直しを行った後に、なお利用を制限するとした利用制限部分（297 ヵ所）のうち、61 ヵ所を新たに利用に供することとなる具体的には、個人の死亡などによる「時の経過」を考慮して利用請求の拒否処分を違法と判断し、その一部を取り消した。

⑷　行政文書ファイル管理簿による公文書管理と特定秘密の表記

行政文書の管理に関するガイドラインによれば、「①「行政文書ファイル」や「当該行政文書ファイルに含まれる行政文書」を容易に検索することができるよう、行政文書ファイルの内容を端的に示す（複数の）キーワード……を記載する。②特定の担当者しか分からない表現・用語……は使用せず、具体的なプロジェクト名や地域名を盛り込むなどして、他の職員や一般の国民も容易に理解できる表現・用語とする」とされる。

さらに、行政文書ファイル等の管理を適切に行うため、行政文書ファ

イル管理簿を作成し（公文書管理法7条1項）、公表しなければならない（同条2項）。

　特定秘密についても、行政文書ファイル管理簿において、行政文書ファイル等として適正に表記されていれば、何人も、現用文書については行政機関情報公開法による情報公開請求を、非現用文書について公文書管理法による特定歴史公文書等利用請求を、それぞれすることができる。特定秘密が、保存期間中に、公文書管理法8条2項に基づく内閣総理大臣の同意を得ないで廃棄されることがないように、適正に運用されれば、前記(2)の「日韓請求権問題参考資料（第3分冊）」のように、「時の経過」を経て、やがては利用可能となる。

　公文書管理法に基づく公文書管理と特定秘密法に基づく秘密の管理との調整は、特定秘密保護法の廃止や抜本的見直しにおいても、重要な課題である。

6　公文書管理法に基づき管理された行政文書の存在の推認と沖縄返還密約文書の無断廃棄

　最判平26年7月14日判時2242号51頁は、行政機関情報公開法2条及び3条をふまえて、「当該行政機関が当該行政文書を保有していることがその開示請求権の成立要件とされていることからすれば、開示請求の対象とされた行政文書を行政機関が保有していないことを理由とする不開示決定の取消訴訟においては、その取消しを求める者が、当該不開示決定時に当該行政機関が当該行政文書を保有していたことについて主張立証責任を負うものと解するのが相当である。そして、ある時点において当該行政機関の職員が当該行政文書を作成し、又は取得したことが立証された場合において、不開示決定時においても当該行政機関が当該行政文書を保有していたことを直接立証することができないときに、これを推認することができるか否かについては、当該行政文書の内容や性質、その作成又は取得の経緯や上記決定時までの期間、その保管の体制や状況等に応じて、その可否を個別具体的に検討すべきものであり、特に、他国との外交交渉の過程

で作成される行政文書に関しては、公にすることにより他国との信頼関係が損なわれるおそれ又は他国との交渉上不利益を被るおそれがあるもの（情報公開法5条3号参照）等につき、その保管の体制や状況等が通常と異なる場合も想定されることを踏まえて、その可否の検討をすべきものというべきである」と判示している。

そのうえで、沖縄返還密約文書については、「その開示請求の内容からうかがわれる本件各文書の内容や性質及びその作成の経緯や本件各決定時までに経過した年数に加え、外務省及び財務省（中央省庁等改革前の大蔵省を含む。）におけるその保管の体制や状況等に関する調査の結果など、原審の適法に確定した諸事情の下においては、本件交渉の過程で上記各省の職員によって本件各文書が作成されたとしても、なお本件各決定時においても上記各省によって本件各文書が保有されていたことを推認するには足りないものといわざるを得ず、その他これを認めるに足りる事情もうかがわれない」（傍点─引用者）として、開示請求者による上告を棄却した。

沖縄返還密約文書については、この最判の原審・東京地判平成22年4月9日判時2076号19頁の口頭弁論終結後に、外務大臣の委嘱により発足した有識者委員会が2010年3月9日付で「いわゆる『密約』問題に関する有識者委員会報告書」を発表し、同東京地判では証拠とはならなかったものの控訴審・東京高判平成23年9月29日判時2142号3頁においては、証拠として評価の対象とされている。

同東京高判は、沖縄返還密約文書については、吉野文六・外務省アメリカ局長（当時）とリチャード・スナイダー・駐日米国公使（当時）が、それぞれ「イニシャルを書き込んで完成させ、北米第一課の事務官にその写しをとらせ、所管課の北米第一課においてこれを保管することとなった」旨事実認定していた。しかし、外務省は、「情報公開法の制定により、情報公開請求に応じて……公開しなければならなくなり、それまでの外務省の説明が事実に反していたことを露呈することを防ぐため、その施行前に、……通常の管理方法とは異なる方法で管理されていた可能性の高い（密約文書を）秘密裏に廃棄し、ないし外務省の保管から外したという可能性を否定することができない」という認定をしている。

しかし、前掲最判平 26 年 7 月 14 日は、「原審の適法に確定した諸事情の下において」の事例判断である。その後、公文書管理法が制定され、すべての現用文書について、レコード・スケジュールにしたがって保存、管理されるという現在においては、このような外務省による無断廃棄は、あってはならないことであり、本来ならば公用文書等毀棄罪（刑法 258 条）に該当する。

　公文書管理法に従って現用文書が保存、管理される限り、前記東京地判平成 22 年 4 月 9 日が判示するとおり、「当該行政文書が、当該行政機関の職員が組織的に用いるものとして一定水準以上の管理体制下に置かれることを考慮すれば、原告である開示請求者において上記①（過去のある時点において、当該行政機関の職員が当該行政文書を職務上作成し、又は取得し、当該行政機関がそれを保有するに至ること―引用者注）を主張立証した場合には、上記②（その状態がその後も継続していること―引用者注）が事実上推認され、被告において、当該行政文書が上記不開示決定の時点までに廃棄、移管等されたことによってその保有が失われたことを主張立証しない限り、当該行政機関は上記不開示決定の時点においても当該行政文書を保有していたと推認されるものというべきである」という判旨が、公文書管理において尊重されるべきであろう。このことは特定秘密の管理であろうとも変わりのないはずである。

7　情報公開法制と特定秘密と「特定秘密以外の公表しないこととされている情報」との関係

　情報公開法制の体系は、本章末尾記載の情報法制体系図のとおりとなるが、この体系においては、本来、特定秘密は、存在するとしても、行政機関情報公開法と行政機関個人情報保護法の枠内のいわばピンポイントにすぎない、ごく限られたものとしてしかないはずである。

　情報公開法制定時の「情報公開法要綱案の考え方」（「考え方」）によれば、「国家公務員法第 100 条等、行政機関の職員に守秘義務を課している規定における秘密とは、実質秘（非公知の事実であって、実質的にそれを

秘密として保護するに値するものをいう。）に限られるとされており、実質秘を漏らせば国家公務員法等違反となり、懲戒処分又は刑事罰の対象となる」と解釈されている（「考え方」4⑽）。この他に、この秘密とは、形式的な秘密指定を前提条件とする最判昭和52年12月19日刑集31巻7号1053頁もあり、極めて限定的に解釈されている。これらを前提に、「考え方」は、「行政機関の職員は、情報公開法による不開示情報以外の情報を開示しなければならない義務及び不開示情報を開示してはならない義務と、国家公務員法等による実質秘を漏らしてはならない義務とを負っており、実質秘と不開示情報の位置付けの問題と職務義務規定の適用の問題との２点について、両者の間に矛盾抵触があってはならない」ものとしている（同4⑽）。

　以上の関係は、形式秘の指定を受け、不開示情報にも該当し（「開示してはならない」）かつ実質秘ともいえる情報だけを、究極的に職員がどうしても守秘しなければならない情報として、開示請求によっても開示されないものとする。この情報が公務員の「職務上知り得た秘密」に該当すると考えられる。

　さらに、以上の関係をふまえて、「考え方」は「情報公開法に基づき適法に開示をしている限りにおいては、国家公務員法等の守秘義務違反による責任を問われないとすることが可能と考え」たうえで、「個別具体的な場合においては、開示することに優越的な公益が認められる場合があり得るところであり、このような場合には、行政機関の長の高度の行政的判断により開示することができるとすることが合理的である」との観点から、公益上の理由による裁量的開示の規定（法7条）を認めている（「考え方」4⑻、⑽）。この関係をさらに発展させると、それでも開示されない行政情報について、民事訴訟法の文書提出命令の規定によって開示される場合が生じることになる[21]。

21　三宅弘『情報公開法の手引き──逐条分析と立法過程』（1999年、花伝社）210頁。北沢義博＝三宅弘『情報公開法解説第２版』（三省堂、2003年）59頁。なお、右崎外・前掲1・基本コメ36頁（右崎正博）、宇賀克也『新・情報公開法の逐条解説〔第６版〕』（有斐閣、2014年）65頁も、同様の見解に依拠していると解せられる。

また、「国家公務員法等の実質秘の範囲は具体的に定められているとは言い難いことから、それが明確であることを前提として、不開示情報の範囲と法律の規定上関連付けることは困難であり、また、両者の範囲を関連付けることは、情報公開法の立法において不開示範囲を定める場合の必須要件ではない」との趣旨から（「考え方」4⑽）、法令秘の不開示情報の規定を設けていない。また、「開示・不開示の判断は、開示請求があった都度なされるのであるから、いったん不開示とされた行政文書であっても、その後の事情の変化により、開示されるべきものとなることがあることは当然である」との考えにたち（同4⑴）、行政文書の作成または取得からの一定年数の経過を開示・不開示の判断基準とする規定、いわゆる時限秘の規定は設けられていない。

　政府は、1965年の事務次官等会議申合せ「秘密文書等の取扱いについて」に基づき各行政機関がそれぞれ規定を整備し、管理を行ってきた特定秘密以外の情報が記録された行政文書について、公文書管理法の下で各行政機関統一の文書管理のルールとして整理することとした。2015年3月13日内閣総理大臣決定による「行政文書の管理に関するガイドラインの一部改正」である。同時にそれは、特定秘密保護法の施行を受け、特定秘密である情報が記録された行政文書についても公文書管理法の体系下で管理されることを明確化するための改正でもある。

　これによれば、特定秘密は、各府省庁の特定秘密保護規程に基づき、また、国家公務員法等の実質秘は、「特定秘密以外の公表しないこととされている情報が記録された行政文書のうち秘密保全を要する行政文書」（以下、本項で「特定秘密以外の秘密保全を要する行政文書」という）として、「極秘文書」及び「秘文書」として管理される。

　しかし、行政機関情報公開法・行政機関個人情報保護法・公文書管理法に基づく、情報公開請求・利用請求と特定秘密及び「特定秘密以外の秘密保全を要する行政文書」との関係は、行政機関情報公開法の制定時の「考え方」で既に明らかにされている。これら行政機関情報関連三法中の不開示情報・利用請求拒否情報と国家公務員法等の実質秘についての考え方と、何ら変更されるものではない。

行政情報関連三法の枠内の不開示情報・利用請求拒否情報と同等の広範な特定秘密指定・「特定秘密以外の秘密保全」の指定の取扱いをされることのないよう、その厳格な運用がなされない限り、特定秘密保護法及び秘密保全を要する行政文書の管理規定は、廃止か抜本的見直しを求められることになろう。

8　結びにかえて──特定秘密の保存・移管の徹底から知る権利の保障へ

　本稿では、行政機関情報公開法・公文書管理法と特定秘密保護法の関係を明らかにし、さらに「時の経過」（公文書管理法16条2項）にかかる裁判例と公文書管理委員会（特定歴史公文書等不服審査会）答申を紹介し、特定秘密情報文書も適正に管理されて、レコード・スケジュールに従って、行政情報公開請求や特定歴史公文書等利用請求の対象となって公開（利用）されなければならないことを明らかにした。
　問題は、沖縄返還密約文書の無断廃棄の悪例にみるような特定秘密情報文書の無断廃棄である。そのような無断廃棄を許さない公文書管理と、廃棄についての内閣総理大臣の同意手続（公文書管理法8条1項）が適正になされるかにかかっている。
　特定秘密の保存・移管の徹底から「国民共有の知的資源」及び「現在及び将来の国民に説明する責務」（公文書管理法1条）をはたすことをもって、「国民の知る権利の保障」（特定秘密保護法22条）も実施されるよう、その運用にあたっては特段の注意を要するのである。
（最先端技術関連法研究（国士舘大学）13号・14号合併号（2015年3月）初出）

補遺

　本稿と同様に、行政機関情報公開法・公文書管理法と特定秘密保護法の関係を明らかにするものとして、藤原静雄「政府保有情報の公開と秘密保護」論究ジュリスト13号（2015年春号）28頁がある。同藤原論文は、本

稿と同様、司法審査にあたってのインカメラ審理の必要性、そして、そのための情報公開法改正の必要性についても論じている。

　本稿や藤原論文を参考として、さらに、情報公開法改正、公文書管理法の運用改善、及び特定秘密指定解除請求権の制度化などを追求していくことが、特定秘密保護法の廃止・抜本見直しと共に、情報法制における、これからの残された課題である。

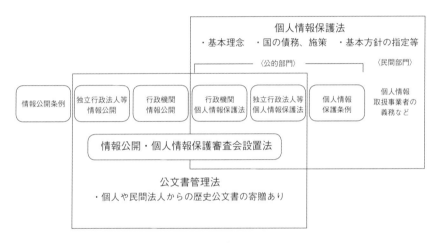

情報公開法制・個人情報保護法制の体系イメージ

あとがきにかえて
―― 法科大学院教育の再生と法学部教育の改革を視野に入れて

　本書を公刊したいという思いは、「はしがき」（本書4頁）と序論「教育現場から見た司法改革――獨協大学法科大学院特任教授13年をめぐる教育と研究についての座談」（本書5頁）において述べたとおりです。

　司法制度改革については、裁判員裁判、日本司法支援センター（法テラス）による民事法律扶助事業と被疑者被告人国選弁護制度の運用、これらを担う弁護士を増やすための法科大学院教育が、その三大改革といわれました。裁判員裁判と法テラスは課題を残しつつも、ほぼ順調に実施されていますが、法科大学院教育は、修了生の司法試験合格率の低迷と、教育課程の時間的経済的負担から、近年、志願者が減少しました。特に、社会人・他学部出身者の減少及び地方・中小規模法科大学院の募集停止等の事態が進行しました。さらに、大学入学と同時に、司法試験予備校をも利用し、大学在学中に予備試験に合格することで法科大学院を修了することなく司法試験受験資格を得ようとする流れが強まっています。獨協大学法科大学院も、そのあおりを受けて、2015年入学からの募集を停止し、在学生の卒業を受けてその幕を閉じます。

　ふり返ると、1999年当時、司法制度改革において、法科大学院教育が提言されると、獨協大学は周到に少人数教育の法科大学院を準備しました。2004年開校時の学生募集用パンフレットにおいては、次のとおり、右崎正博・法務研究科長の挨拶文が掲げられていました。

　「創立以来、一貫して外国語教育に取り組み、"語学の獨協"と称されてきた獨協大学が、なぜ法科大学院を設けるのか。そのルーツは1885（明治18）年、『九大法律学校』の一つとして誕生した獨逸学協会学校専修科にさかのぼります。獨逸学協会学校専修科は、わずか10年の活動期間ながら、卒業生の8割以上を行政官や司法官として輩出するという、当時の法律学校の中でも抜きんでた存在でした。その流れを汲み、『大学は学問を通じての人間形成の場である』を建学の理念として1964年に天野貞祐（旧制一高校長・第3次吉田内閣文部大臣）が開学した獨協大学の法学部

も、地域に開かれた学部として、多くの優秀な人材を世に送り出し、地元の方々との太いパイプを築いています。

　生来の国際性と地域密着。この２つを財産とし、獨協大学法科大学院は、2004年春、誕生します。その教育理念は『地域に密着し、かつ国際的視野に富んだ法曹の養成』。『社会生活上の医師』として一般市民の生活感覚を大切にした『町の法律家』であると同時に、国際化に伴うグローバルな視野を有した法曹の育成こそこれからの日本に不可欠だからです。この理念を全うするために、本学では埼玉弁護士会や地元自治体と緊密に協力しながら、実務教育＝体験学習の場として『リーガル・クリニックⅠ（初級）』を設け、必修科目として義務づけました。これは、生の事実から法的諸問題を抽出し分析と判断を加えるという、法律家にとって最も重要な法的技術の基礎を、法律相談実習を通して実地に学習することを目的として開設された科目です。また、東京弁護士会等の協力を得て、より高度な『リーガル・クリニックⅡ（上級）』（選択科目）も開講することとなっています。（後略）」

　この建学の精神をふまえて、「子ども」の問題、少年事件をはじめ、高齢者や障がい者の問題、地域で働き生活する人々の法的な問題に積極的に取り組む、地域密着型の、「獨協地域と子ども法律事務所」も開設されました。同時に、この法律事務所は、隣接する「地域と子どもリーガルサービスセンター」と連携し、法律的な問題解決だけではなく、教育、医療、臨床心理など、スタッフが相談者の話を聞いたうえでそれぞれのケースの専門家につなぎ、法律事務所とNPOが協働して問題解決へと導く、「地域と子どもの問題」について世界的にも新しい紛争解決モデルを提案・発信してきました

　この13年間の司法制度改革の大きなうねりの中で、実務家教員が何を考え、どのように教育しまた研究してきたか、その足跡を残すことは、それなりの意義があることと考えて、本書をとりまとめました。法科大学院の教え子との共同執筆論文も掲載することができました（本書81頁）。

　1885年に創設された獨逸学協会専修科が10年の後に何故に閉じられたのか、その記録は残されてはいないということですが、今回の13年間の

記録は、三度、獨協大学が法学教育に挑戦する時に参考にしていただきたいと考えます。その時まで、この 13 年間に育て上げた、獨協大学法科大学院修了生からなる法務博士、実務法曹、獨協地域と子ども法律事務所、地域と子どもリーガルサービスセンターを中核として、司法制度改革の教育実践を続けていくことを大いに期待したいと存じます。せっかく用意周到に準備した法科大学院でしたから、その遺産というべき法律事務所とリーガルサービスセンターに併設してでも、法科大学院修了生のみならず、法科大学院を目指す学部生のための進学支援を含む教育支援センター、さらには後述の法科大学院が設置されていない北関東でのサテライト・キャンパスとしての活用などができれば理想です。

　さて、私自身は、13 年間の特任教授を務める中で、2005 年度は第二東京弁護士会副会長、2015 年度は第二東京弁護士会会長兼日本弁護士連合会（日弁連）副会長を兼務し、司法制度改革を担ってきました。特に、2015 年度は、日弁連副会長として法科大学院センターを担当しました。この最中、2015 年 6 月 30 日には、法曹養成制度改革推進会議決定「法曹養成制度改革の更なる推進について」（以下、推進会議決定）が取りまとめられ、「平成 27 年度から平成 30 年度までの期間を法科大学院集中改革期間と位置付け、法科大学院の抜本的な組織見直し及び教育の質の向上を図ることにより、各法科大学院において修了者のうち相当程度（※地域配置や夜間開講による教育実績等に留意しつつ、各年度の修了者に係る司法試験合格者が概ね 7 割以上）が司法試験に合格できるよう充実した教育が行われることを目指す」、「法科大学院生に対する経済的支援の更なる充実や優秀な学生を対象とした在学期間の短縮により、法科大学院課程修了までに要する経済的・時間的負担の縮減を図る」、「文部科学省は、地理的・時間的制約がある地方在住者や社会人等に対する ICT（情報通信技術）を活用した法科大学院教育の実施について、平成 28 年度までの間に実証的な調査研究を行い、その結果を踏まえ、平成 30 年度を目途に、法科大学院における本格的な普及を促進する」などとされました。

　これを受けて、日弁連は、2016 年 3 月 11 日の臨時総会において、法科

大学院については、「法科大学院の規模を適正化し、教育の質を向上させ、法科大学院の多様性の確保と経済的・時間的負担の軽減を図る」ことを可及的速やかに実現するために、全国の会員・弁護士会と力を合わせて取り組むという内容を含む「法曹養成制度改革の確実な実現のために力を合わせて取り組む決議」を、圧倒的多数の賛成（賛成 1 万 0379 票、反対 2948 票、棄権 79 票）をもって採択しました。

　さらに議論をすすめるために、第二東京弁護士会法科大学院支援委員会が 2015 年度に検討したところですが、これを参考に、個人的見解としては、以下の方策が具体化されるべきであると考えます。

・専門職大学院設置基準を含む法令の改正により、主に大規模の法科大学院に対しては夜間コースの設置、法科大学院が設置されていない地域でのサテライト・キャンパスの設置または通信制課程（もしくは ICT を活用した遠隔授業システム）の導入の義務付け。
・修業年限 3 年の法学未修者コース及び修業年限 2 年の法学既修者コースを併設するか、法学未修者について、特に法律基本科目の学習効果を高める目的で、法学既修者とは異なる「未習修者限定」の授業科目を多数設ける等、法学未修者のコースのカリキュラムを法学既修者コースのそれとは独立させ、法律基本科目の必要履修単位数を大幅に増加させた課程として再設計するべきこと。
・法学既修者に対しては、より充実した「理論と実務を架橋する」教育を行うため、認定（履修免除）単位数は 30 単位程度にとどめ、法律実務基礎科目群及び展開・先端科目群の必要単位を法学未修者より増加させること。
・法科大学院の入学資格は、原則として大学卒業程度とされ、例外として、推進会議決定においては、「質の確保を前提として、学校教育法上定められた大学院への早期卒業・飛び入学制度を活用して優秀な学生が学部段階で 3 年間在学した後に法科大学院の 2 年の既修者コースに進学できる仕組みの確立及び充実を推進する」とされている。「学部 3 年 + 法科大学院 2 年」のルートの拡充である。しかし、これだけでは、経済的時間的負担をできる限り軽減し、大学入学と同時に司法試験予備校をも利

用し、大学在学中に予備試験に合格することで法科大学院を修了することなく司法試験受験資格を得ようとする流れを止めることはできない。それゆえ、早期卒業・飛び入学制度をより一層活用して、「学部3年＋法科大学院2年」のルートを積極的に運用するとともに、さらに、法科大学院の入学選抜にあたり、学部2年修了または一般教育科目の学習終了を入学資格として認める、いわば、「学部2年＋法科大学院2年」のルートなども拡充すること。

・予備試験は、法科大学院課程を修了したものと同等の学識・その応用能力等を有するかどうかを判定する試験であるにもかかわらず、司法試験と似通って出題がなされ、その結果実質的には司法試験の予行演習として機能していることをふまえ、本来の制度趣旨に依拠した試験内容に変更すること。具体的には、司法試験論文式試験の選択科目について、その全科目を予備試験科目とし、各法科大学院における展開・先端科目群の学修と同等の学識・その応用能力等を有するかどうかを判定する試験とすることなど。

・法曹を目指す学生が大学入学と同時に、司法試験予備校をも利用して大学在学中に予備試験に合格することで法科大学院を修了することなく司法試験受験資格を得ようとする流れが強まっているが、これは、そもそも法曹を目指す学生にとって法学部教育は、どのような意味を持っているか、この13年間に議論が詰められなかったことによる。この点については、推進会議決定も見解を示していない。その手掛りとして、法学部教育においても、法曹を目指す学生のための法科大学院特進コースを設け、大学入学時点から、「学部3年＋法科大学院2年」のルートのみならず「学部2年＋法科大学院2年」のルート等の拡充を積極的に進めること。また、法科大学院教育として開発されたアクティブラーニングや事例研究演習を法学部教育にも取り入れ、法曹を目指す学生についても、リベラルアーツの観点からさらに魅力ある法学部教育にしていくこと。

・法科大学院の学生についても返還不要の奨学金制度を積極的に制度化し運用すること。さらに司法研修所における修習に当たっては、給付型の

修習手当を実現すること。法曹養成は、法の支配、基本的人権を擁護し社会正義を実現する司法国家の実現のための社会的インフラである。それゆえ従前より、司法試験合格者に司法修習を命じ、裁判官、検察官または弁護士にふさわしい品位と実務能力を習得するべく、司法修習を課してきた。現在においても、司法修習は、法科大学院教育との有機的な連携のもと上記の社会的インフラの役割を果たす法曹を養成する重要な実務修習であることに変わりはなく、司法修習生は修習に専念する義務が課せられている。修習専念義務を課しながら給付型の修習手当を支給しないことは背理である。法科大学院教育と司法修習の役割分担（本書50頁）に照らし、法科大学院と司法修習における、経済的負担の軽減は、喫緊の課題である。

本書でも述べたとおり、法科大学院教育は、法律基礎科目についても、事例研究を導入し、実際の紛争解決のために効果的な教育プログラムを開発し、日本の法学教育を短期間で集中的に向上させたといえます。本書において、法科大学院の教育と研究についての私なりの成果をご理解いただけたでしょうか。

この中で、特に、要件事実論と「筋と位取り」について、この13年間の教育実践において対象化・理論化できたことは、日本の法学教育の大きな成果であると自負しています。私の所属する法律事務所の前所長原後山治弁護士が晩年、民事紛争の仲裁的解決のために尽力したことが偲ばれますが（本書22頁）、前掲の拙著『原子力情報の公開と司法国家』の終章においては、「依頼者の種々の事実のうちから、民事上は要件事実を、刑事上は構成要件該当事実を、それぞれ事実として摘示し、請求原因ないし構成要件を組み立てる。直観によって同感したうえで、分析に入り組み立てる主張立証事実を法廷に提示する弁護士の『筋と位取り』は、このような『自覚における直観と反省』によって営まれている」と述べました（同著359頁）。本書における序論8「自覚における直観と反省」から「筋と位取り」まで（本書19頁）は、このあたりの着想を少しばかり展開したものですが、やはり「この課題は、法科大学院における臨床実務教育を踏ま

えての基礎法学研究として、法科大学院卒業生とともに、さらに探求を求めたい課題である」（前掲『原子力情報の公開と司法国家』361頁）という点において変わりはありません。

しかし、この点については、折原浩・東京大学名誉教授から、既に、序論についての感想として、以下の問題提起をいただきました。なお、私と折原教授との関係については、拙著『弁護士としての来し方とこれから福井でしたいこと——原田湛玄老師と折原浩教授からの"学び"をふまえて』（シングルカット社、2013年）において述べたとおりです。

「（前略）『実務法学の学問的総括』において、人間的実践および学問における創造の契機という問題に関連して、西田哲学ないし滝沢普遍神学が、貴兄の再論のテーマとなりそうです。

つきまして、小生は、『直感的』ないし『直覚的』という抽象的集約には、問題を感じます。

小生自身、滝沢の『神―人の不可分・不可同・不可逆の原関係』とか、『インマヌエルの原事実』というような抽象的論議そのものには、共感を覚えられず、ただ『競技・芸術・人生』におけるオイゲン・ヘリゲルを引証しての『弓道の実例』についてだけは、経験科学的・具体的検証にたえられる議論として賛同し、状況におけるわれわれ自身の具体的な実践と思索をとおして展開すべきテーゼとして採り上げてきましたし、ヴェーバーの『着想』論とも関連づけました。

滝沢神学を抽象的テーゼのまま反芻するだけの『協会』活動には、まったく関与できませんでした。

むしろ、駒場時代の学生で、伝統的な『武道』『芸道』や『禅』との関連と本質を究めようとする魚住孝志君の仕事には、関心をもって見守ってきました。そのかれが、みずから弓道の稽古を積んで確認したところにしたがって、つい最近、オイゲン・ヘリゲル『弓と禅』の新訳・解説を角川ソフィア文庫の一冊として出版しましたので、ご紹介します。

ただ、この領域には、西田門下京都学派の戦争加担や、広くはハイデガーのナチズム荷担（ヴェーバー的にいえば、政治活動に挫折して、脱政治化された「遁世的知識人」の政治的無責任）に通じる、看過すべからざ

る問題があります。」（2016年2月8日折原浩の三宅弘、清水靖久宛メール）。

　実は、この批判については、私自身も、「縦深的な探求だけでは、自らの立ち位置を見誤ることは、過去の歴史からも批判されている（ブライアン・アンドルー・ヴィクトリア（エイミー・ルィーズ・ツジモト訳）『禅と戦争――禅仏教は戦争に協力したか』（光人社、2001年）。歴史比較的研究と縦深的探究の双方を行うことが必要なゆえんである」として注意を喚起し、さらに遡れば、2003年10月初出の「米国アーカンソー州にて想う」（本書35頁に一部加筆のうえ再録）において、「仏道をならう」、「茶道をならう」、「弁護士の道も」として提示してきましたが、縦深的探究においても、「経験科学的・具体的検証にたえられる議論として」展開すべきものであることを改めて確認しておきたいと思います。この点は、本書でも引用した魚住孝志『道を極める――日本人の心の歴史』（本書38頁）が参考になりそうです。剣道の山岡鉄舟、柔道の嘉納治五郎、弓道の阿波研造らの、近年の道の探究者と同じレベルに要件事実論や構成要件論をふまえて紛争解決へと導く弁護士の道を極めていく可能性を改めて提示しておきたいと思います。

　そして、この縦深的探究と同時並行して法律学を研究していくにあたり、その方向性を見誤らないために、本書序論9「科学としての法律学」から相関社会科学としての臨床法学（本書22頁）についても注目していただきたいと存じます。法律家としての素養として、上述の要件事実論や構成要件論を前提として、「諸所の学問を含めて判断するのが、法律家であり裁判官であり、また主張を組み立てる弁護士のあり方」として把えて、「細分化された専門領域の科学の世界ではなくて、それを、総合的に学び直す」相関社会科学の範疇を視野に入れて、個々の事件を取り扱い、必要に応じ社会科学の領域に位置付ける仕事もしていただきたいと願います。この点は、3・11福島第一原発事故をなぜ司法は防ぐことができなかったのかという問題提起により、前掲『原子力情報の公開と司法国家』69頁

において論じたところです。また、法科大学院教育の経験を踏まえた、法学部のリベラルアーツ教育を構想するときに、参考になるべき指針ではないかと思います。13年間の法科大学院教育の実践は、この点において、貴重な教育実践でした。

　最後に、本書の公刊にあたって、私の長年の依頼者であった故笹山ナオミ氏から助成を得たことについても公表しておきたいと存じます。故人は生前、遺言により前夫から資産の遺贈を受け、渡米後、私を日本国内の不動産管理をゆだねた依頼者でした。私の活動についてもよき理解者であったことから、亡くなる前の遺言書は、病気療養費用等を差し引いた残金を日本の市民運動の発展のために使ってほしいというものでした。残された親族にもご報告し、本書出版助成等として使わせていただきますが、これを手掛かりとして、故人の希望どおり日本の市民運動が諸外国のそれと同様、固定経費を必要としない活動の拠点となる不動産の購入まで寄付や遺贈を募っていきたいと存じます。

　また、この出版をお願いした花伝社の平田勝社長、水野宏信担当にも御礼申し上げます。同社においては、長年、情報公開立法運動にご支援いただき、拙著『情報公開ガイドブック』(1995年)や『情報公開法手引き──逐条分析と立法過程』(1999年)を公刊していただき、これを含め情報公開にかかる数多くの出版を手掛けていただきました。私においては、情報公開の制度化を含む行政改革の次の課題が、司法改革、法科大学院教育でした。自省しつつ、さらなる歩みを続けたいと思っています。

索　引

あ　行

違憲立法審査　28
インカメラ審理　230、241
請負　81
請負人の報酬請求権　90
沖縄返還密約文書　236

か　行

慣行として公にされている個人情報　233
基本方針（債権法改正の基本方針）　82、119
行政機関情報公開法　211
クリニック教育　6
原発事故　10
公文書管理法　217
公法演習　41
個人情報取扱事業者の法的義務の適用除外　176
個人情報の保護に関する法律案（旧法案）　163、190
個人情報の漏えい　184
個人情報保護法　160
個人情報保護法旧法案の修正提案　164
個人情報保護法制化専門委員会　199
国家公務員法等の守秘義務　238

さ　行

債権法改正　18
自己情報コントロール権　192
実務と理論の架橋　8
純粋経験　20
上告受理申立　103
情報公開法改正　9
情報法制体系図　207
条理　114
知られたくない権利　181
知る権利　181、240
事例判断　98、108
筋と位取り　21、37、111
スチューデントプラクティス条項　6、36
相関社会科学　23
損害軽減義務　18、98

た　行

タックスペイヤーズの思想　24
地域と子どもリーガルサービスセンター　243
中間試案（民法（債権法関係）の改正に関する中間試案）　82、99、117、118
通常損害　123
時の経過　226

特定秘密指定解除請求　224
特定秘密の有効期間　221
特定秘密保護法　9、208
獨協地域と子ども法律事務所　243

な 行

日韓国交正常化交渉　212

は 行

弁護士会員名簿　181
弁護士の道　37、249
法曹養成制度改革推進会議決定　244
法曹養成制度改革の確実な実現のために
　力を合わせて取り組む決議　245
法廷メモ事件（レペタ事件）　46
法的安定性　23
法律文書作成　52
本人情報開示請求権　17、191
本人情報開示請求権の裁判規範性　205

ま 行

丸山―折原論争　13
民事訴訟法演習　48
民事法総合演習　47
民法（債権法）改正検討委員会　95、
　119

や 行

要件事実論　49

ら 行

リベラルアーツ教育　31、250
ローマ法　94

三宅弘（みやけ・ひろし）

弁護士・獨協大学法科大学院特任教授・内閣府公文書管理委員会委員。1953年福井県小浜市生まれ。1978年東京大学法学部卒業。1983年弁護士登録（第二東京弁護士会）。1993年筑波大学修士課程経営・政策科学研究科修了（修士（法学））。愛媛大学法文学部非常勤講師、米国アーカンソー大学客員研究員、BPO放送人権委員会委員（2006年4月～2015年3月。2012年4月～2015年3月、委員長）、日本弁護士連合会情報問題対策委員会委員長、内閣府・高度情報通信社会推進本部個人情報保護検討部会委員、総務省・行政機関等個人情報保護法制研究会委員、内閣府・国民生活審議会委員、独立行政法人国立公文書館有識者会議委員、内閣府・消費者委員会個人情報保護専門調査会委員、情報公開クリアリングハウス理事、公益社団法人自由人権協会代表理事、内閣府・行政透明化検討チーム座長代理、内閣府・消費者委員会個人情報保護専門調査会委員、日本弁護士連合会副会長、第二東京弁護士会会長などを歴任。

法科大学院──実務教育と債権法改正・情報法制の研究

2016年8月25日　初版第1刷発行

著者 ──── 三宅　弘
発行者 ─── 平田　勝
発行 ──── 花伝社
発売 ──── 共栄書房
〒101-0065　東京都千代田区西神田2-5-11 出版輸送ビル
電話　　03-3263-3813
FAX　　03-3239-8272
E-mail　kadensha@muf.biglobe.ne.jp
URL　　http://kadensha.net
振替　　00140-6-59661
装幀 ──── 澤井洋紀
印刷・製本 ── 中央精版印刷株式会社

Ⓒ2016　三宅　弘
本書の内容の一部あるいは全部を無断で複写複製（コピー）することは法律で認められた場合を除き、著作者および出版社の権利の侵害となりますので、その場合にはあらかじめ小社あて許諾を求めてください
ISBN978-4-7634-0789-4　C3032